国家社科基金
GUOJIA SHEKE JIJIN HOUQI ZIZHU XIANGMU
后期资助项目

隋唐五代僧人塔铭研究

Research on Monk's Stupa Inscriptions in Sui, Tang and Five Dynasties

李谷乔 著

社会科学文献出版社
SOCIAL SCIENCES ACADEMIC PRESS (CHINA)

国家社科基金后期资助项目
出版说明

　　后期资助项目是国家社科基金设立的一类重要项目，旨在鼓励广大社科研究者潜心治学，支持基础研究多出优秀成果。它是经过严格评审，从接近完成的科研成果中遴选立项的。为扩大后期资助项目的影响，更好地推动学术发展，促进成果转化，全国哲学社会科学工作办公室按照"统一设计、统一标识、统一版式、形成系列"的总体要求，组织出版国家社科基金后期资助项目成果。

全国哲学社会科学工作办公室

史有征信　述论新警

王树海

　　塔铭属碑志类，用来撰述僧人的生平故实。隋唐五代塔铭作者队伍庞大，背景驳杂，举凡帝王将相、士庶文人，均可充任塔铭的创作者，他们与塔主的亲疏关系各异，创作动机不一，体悟佛理深浅有别，有主动创作的，也有受人请托的，有深味佛法、弘扬佛理的，亦有敷衍说法的，不计目的、效应如何，都须有所制。至于当世或后来者看到、悟到了什么，该是塔铭学者、研究专家的职责任务。

　　论著作者搜罗尽可能多的塔铭文本，运用考据、金石、文学、美学、史学及阐释学的方法，来研究塔铭的发生发展之于中华民族的文化心理、丧葬习俗、碑刻制度、书法篆刻所产生的影响及其相互间产生的影响，其入手的角度是科学的，学术基础是坚实可靠的。

　　论著逻辑起点是先对塔铭的研究现状进行精心梳理并对既往研究进行了审慎的评判，肯定了前人的成就，指出了不足和时代局限，有理论概括力，理性的眼光极具穿透力。

　　作为后世研究者经过研究追寻之成果，我们遵循本书的研发逻辑这样来看：塔铭是什么？立于今天的立场平台，窥见或认识到塔铭里有什么？设若通晓历史的逻辑归宿，还可回答必须有什么？这自然要求研究者的学养、素养和理性的演绎能力，还须有系统丰饶的历史知识，扎实的专业训练和精准的预判能力。

　　作为专业研究者，李谷乔看到塔铭可以为一个时代还原历史真相提供史料凭信。隋代智颛塔铭即是。塔铭记叙了智颛明知自己大限将至仍急急应杨广之约，其反常行为的背后定有其合理的逻辑，这逻辑推演得惊心动魄；唐代圣僧玄奘死后 175 年才得以刻立塔铭，让人窥见大师晚境的凄凉；嵩山法如的塔铭，印证了历史上禅宗"六祖之争"的激烈；密宗高僧塔铭从一个侧面揭示出中晚唐皇室对密宗法力的狂热崇拜；会昌法难的历史真相在塔铭里也有隐晦再现……诸如此类的例子证明，塔铭文献很明确地为我们提供了相应历史研究的新视角，具有重要的文献学、历史学研究价值。

作者从塔铭的产生、体式演进研究发现：墓志铭自汉代出现以来，后人因成风气，及至南北朝塔铭产生的时代，墓志铭文体业已成熟，大体上是"其人若无殊才异德者，但纪姓名、历官、祖父、姻媾而已。若有德业，则为铭文"（封演《封氏闻见·石志》）。早期塔铭都是按照墓志铭的写作思路撰述，实际上更像一篇僧人的生平简记。最早出现较成熟的且以"塔铭"名之的应该是作于东魏元象元年（538）的《大魏比丘净智师圆寂塔铭》。此塔铭在正式介绍净智大师前，作者先以骈文的形式赞美佛教东来的伟大意义，然后叙述净智大师生前修持高深，指出其亡故时间、地点，接着又用骈文哀悼了净智大师的不幸辞世，文末是一篇四言铭文。这在当时应该是有模有样的塔铭了。及至隋唐，塔铭创作已臻于成熟，作者队伍已变得庞大起来，贵戚帝王、文人士庶都参与了塔铭写作，内容呈现出鲜明的佛教文化色彩，已迥异于墓志铭，在塔铭之序与铭等文体形式上，都有多方面的探索创获，可谓众体兼备，异彩纷呈，是塔铭创作的创变成熟期。

宋以后，文人学士对塔铭这种文体渐渐有了深入认识，慧洪、周必大、陆游等人都开始在文集中辟专卷收录塔铭。文人的努力与重视，使塔铭终于从碑志类文体中独立出来。塔铭由雏形到发展繁荣、成熟定型并最终形成文体理论认识的漫长过程中，隋唐五代人可谓居功至伟。

论著指出塔铭创作的繁盛与文学家的参与，有着极为密切的关系，仅唐代就有张说、李邕、王维、李华、独孤及、梁肃、权德舆、裴休、柳宗元、刘禹锡、白居易、刘轲、皎然等文学大家参与到塔铭的创作中来。这同时也表明，优秀塔铭紧系着时代的文运。唐中期塔铭一改过去骈文范式，使用散体行文，究其实，这与中唐文学领域重大革新相呼应，"古文运动"主张"文从字顺""词必己出",文章要清晰表达个人主见,受此文学思潮影响,文人们在撰写塔铭序文时,以奇句散行直述其事,摒弃偶对、声律、辞采、用典等形式,务求"言之有物""顺理成章"。此中尤以白居易、刘禹锡最具代表性,他们的塔铭写得明白晓畅,几乎看不到用典,即或现代人看来也没有什么阅读障碍。

论者依照隋唐五代塔铭的创作实际将其划分为四个发展阶段:第一阶段是隋代塔铭,第二阶段是从唐朝立国至唐德宗贞元末年,第三阶段是从唐德宗贞元末年至唐文宗大和末年,第四阶段是从唐文宗大和末年至五代。此种划判,主要考察了塔铭的文学表现。隋代塔铭,作者选析了柳辩的《天台国清寺智者禅师碑文》,此篇成就极高,是最早的鸿篇巨制,对后世长篇塔铭创作影响深远。全文三千余字,文辞华赡、气势恢宏,开创了塔铭创作的新范式。该篇塔铭首创宕开法,开篇写道:

> 臣闻在天成象,穹苍之法存焉;在地成形,区方之均效矣。二仪既尔,三才同然。上圣之姿,为王所以敬教;先觉授道,契会方乃升仙。是故命驾崆峒,纤光善卷,篆图宣业,赤诵弘风。练质九府之间,腾虚六合之内,斯并权宜汲引,暂保逍遥。终覆蔽于苦空,卒遭回于生死,未臻夫不生不灭,无去无来,匪实匪虚,非如非异,常乐我净,凝寂恬愉,不可思议之解脱也。粤若我大隋皇帝,法讳总持,载融佛日。瑞发净宫,利见法王。应阎浮主,以封唐入绍。叶继高辛,立圣与能。祚隆姬发,自天攸纵。包大德而翼小心,希世膺期;内文明而外柔顺,知微知彰。鉴穷玄览,乃武乃文,能事斯毕……

在正式介绍塔铭主人智颛前,柳辩先写这么一大段歌颂佛教高僧和隋炀帝盛德的文字,这样不遗余力地写颂词,此前绝少见到,也深刻地影响到后世塔铭的开篇构思。全文讲求偶对,精巧用典,表现出深厚的佛学、文学功力,着意使用骈四俪六的行文和典故来增强感染力,昭示着下一阶段塔铭创作光彩辉煌的未来。

第二阶段是从唐朝立国至唐德宗贞元末年。这一阶段的塔铭多为长篇,行文骈散兼行,叙事崇理,豁然大度,构成了唐代长篇塔铭的新气象。论者选择李邕为普寂撰写的《大照禅师塔铭》为例。铭文叙述普寂先从璧上人学习《法华》《唯识》《起信》诸论，后赴东都洛阳依端和尚受具足戒，转依景和尚学习律法，然后隐居。曾想投少林寺法如和尚，可惜法如在普寂到来前便圆寂了，追攀不及的普寂又远赴玉泉寺礼拜神秀和尚，服勤五年得悟真谛。李邕对普寂这段求学经历记叙得十分周详，散句叙述间以骈句以增益文采。文中描述了普寂访学期间北宗禅的盛况，并对禅法给予阐释，文辞铺排富丽堂皇，整体效果通脱畅达、无晦涩感，有典雅深厚之美，这颇与初唐时代士人蓬勃自信的精神气质相通。

冲破骈体拘束，转以散体行文的塔铭在第三个阶段开始涌现（唐德宗贞元末年至唐文宗大和末年）。这短短的四十余年是塔铭创作的变化期。由于一大批著名文学家的积极参与，使得塔铭创作呈现出许多新特点，可谓别开生面。最显著的特点是文字量锐减，以散体为主，刘禹锡为慧能写的《曹溪六祖大鉴禅师第二碑并序》，白居易为神照禅师、上宏禅师、明远禅师等撰写的塔铭，堪为此时期的代表。

将不同作者为同一禅师所写的塔铭比照分析，能清楚地见出不同时期作者的创作特色。例如盛唐王维、中唐刘禹锡为慧能所写的塔铭，王铭共1300余字，纯熟的对偶句式和不露声色的典故运用，极富文采且佛法况味深刻。而刘铭直叙其事，散体行文，全文总共400余字，是刘氏简洁晓畅之典型文风的体现。

从唐文宗大和末年直至五代，是隋唐五代塔铭创作的第四阶段，此阶段呈现两个发展方向。其一，沿着上一阶段平实晓畅的散体文风继续发展，较有代表性的作品有陆希声的《仰山通智大师塔铭》，王讽的《漳州三平大师碑铭并序》、宋齐邱《仰山光涌长老塔铭》、延昭《临济慧照禅师塔记》等等。其二，骈体风尚再次抬头，一部分作者又重回骈体行文的老路，较有代表性的作品有段成式《寂照和尚碑》、公乘亿《魏州故禅大德奖公塔碑》、陈守中《大汉韶州云门山大觉禅寺大慈云匡圣宏明大师碑铭并序》等，均呈叙事拖沓之弊，连篇累牍的四六句式，结构思维僵化，冗繁不堪。

塔铭里有什么，该研发思路让论著作者收获丰多。例如通过对李华的《杭州余姚县龙泉寺故大律师碑》的分析，厘清了铭主法篆的律宗思想，所谓"因戒生定""见性情静"，是强调律宗戒定双修，意在"裂除意网，磨拂心镜"。"会一乘""修万行"，是说律宗由修心而致悟的空寂过程。最后，"既断言语，又非空色"，说的又是禅宗破执除碍、非色非空，不立文字、又不离文字的思想主张。

在论及塔铭叙议结合的表现手段时，说到禅宗南北之争顿渐之别，刘禹锡在《袁州萍乡县杨岐山故广禅师碑》，借助乘广口吻表达了南北禅宗本质上并无差别，论点相当深刻透辟：

> （乘广）常谓：机有浅深，法无高下。分二宗者，众生存顿渐之见；说三乘者，如来开方便之门。名自外得，故生分别；道由内证，则无异同。

刘禹锡传习既广，修养深厚，能文能政，有"诗豪"之誉，史称其"长于论"，在塔铭创作中也有卓异表现。

刘氏的诗朋战友柳宗元的生平遭际及其哲学思考，在塔铭里同样有所呈现。柳宗元受无染坚请而给惠闻律师写了《南岳大明寺律和尚碑》。柳氏"气质悍戾""毕竟不和平"，还表现在他受人请托撰写的《曹溪第六祖赐谥大鉴禅师碑并序》中。此前王维已经为慧能写过《六祖能禅师碑铭》，不同的是，柳氏在铭中没有着力表现慧能的生平德履，甚至对于南宗禅的禅旨法要也只草草几句了事。柳氏只用两句话概括说，"师用感动，遂受信具"，如此轻描淡写地概述了南宗引以为傲的传衣大事，其态度不言自明。而王维在《六祖能禅师碑铭》里却非常详细地写道："（弘忍）临终，遂密授以祖师袈裟，而谓之曰：'物忌独贤，人恶出已。吾且死矣，汝其行乎！'禅师遂怀宝迷邦，销声异域。"通过比较，可以看出王维被佛衣传付的故事深深打动，而柳宗元似乎对此印信故事很不屑。塔铭真可谓是求索文学文化价值意蕴的史证凭信。

论著之于史学公案和悬疑都进行了科学的考释，给出了不含混的答案，这包括隋代柳辩为智𫖮所撰塔铭以及天台宗获利的原委，从一个方面为"佛不自佛，唯王能兴"的史实提供了佐证。一代高僧玄奘的凄凉晚境与其开创的慈恩宗骤然衰落，是因玄奘对武则天新政权的疏离，连带造成慈恩宗遭到打压。正如晋代道安所言"不依国主，则法事难立"。历史上纷纷攘攘的禅宗"定祖之争"，实际上是第七代禅宗传人们有意制造出来的，元珪、普寂、神会在这场"定祖之争"中各自采取了自家的攻防策略。被尊为六祖的前后共有三人：神秀、慧能和法如。人们熟知"南能北秀"，法如则知者未多。事实上，法如的佛学造诣高深非常，其《唐中岳沙门释法如禅师行状》立于永昌元年（689），比推尊神秀的《大照禅师塔铭》和推尊慧能的《六祖能禅师碑铭》都早了50年之多。北宗的普寂和义福两大禅师，都备极崇拜法如，他们原本都要去参学法如，又都因为行至半路而得知法如圆寂的消息，才转而投奔神秀座下的。

论著作者还从塔铭中追索到密宗在中唐崛起的原因，其中对佛学史研究权威人士的论点之舛，运用了塔铭史迹予以匡正，颇耐人寻味。此外，作者征用塔铭对我国历史上"三武灭佛"之一的"会昌法难"进行了全面的寻幽探微，给出了令人信服的结论。

令人欣慰的还有论著辟专节论述"唐五代塔铭的书法贡献"，其中讲到唐五代很多著名书法家都曾书写过塔铭，如欧阳询书《化度寺故僧邕禅师舍利塔铭》、欧阳通书《益州多宝寺道因法师碑文并序》、史惟则书《大智禅师碑铭并序》和《大智禅师碑阴记》、颜真卿书《大唐兴唐寺净善和尚塔铭》、柳公权书《唐故左街僧录内供奉三教谈论引驾大德安国寺上座赐紫方袍大达法师玄秘塔碑铭并序》、刘禹锡书《袁州萍乡县杨岐山故广禅师碑》等等，都是书法史上的精品妙品，其中颜真卿与柳公权的书法，还是影响中国一代又一代学生的描红习字范本。此外，作者还指出唐五代有很多僧人参与到塔铭的书法创作中来，且书体多为楷书和行书。从现存拓片看，楷书有僧智详书《进法师塔铭》、季良书《清真残塔铭》、僧无可书《寂照墓碑》；行书有僧温古书《景贤塔记》、僧元应书《宪超塔铭》、僧元幽书《甄叔禅师塔碑铭》、僧建初书《玄奘塔铭》和《基公塔铭》等等，都堪称书法精品。僧人的书法造诣往往很高，后世论者不应该因书家的声名不显而埋没其作品的艺术价值。此外，论著作者还探究了僧人书法能取得高超成就背后的原因，阐释了书道何以与佛教契合的道理。

论著作者论述了塔铭是什么，进而生发出塔铭"有什么"，并在自觉不自觉间回答了"必须有"的意义，即塔铭的文学、文化含蕴以及种种传统文化价值所升华出来的文化自信，我们于此沾溉多矣。

谷乔聪慧有定力，长期在选定的学术事业中沉潜遨游，不改初衷，时或有所见、有所得。这部著作是在其博士论文的基础上增删改进而成的，其中新增及修改的部分占到全篇文字量七成左右，诚可谓用心尽力了。从她博士顺利通过答辩到获此国家社科基金项目，再到如今按期结项，得到阅卷师们的称赏指点，幸亦是，苦亦是，劳碌亦是，这说到底缘于个体孜孜以求、永不退缩。她曾说过：你追求什么，你就是什么。

拉杂述来，权为序。

序于吉林大学中心校区世纪三栋 14 宅"直、谅、多闻斋"

2022 年 2 月 28 日（壬寅正月廿八）

目　　录

文化功能相当于墓志①铭，但在形制上，二者的区别比较明显。墓志铭通常是随死者埋入坟墓里的，而塔铭是在亡僧的葬塔正面砌一块方形或长方形的石碑；墓志铭是在地下，而塔铭在地上。可见，塔铭的兴起发展与中华民族的文化心理、丧葬习俗、碑刻制度、书法篆刻等密切相关，具有重要的文化学、民俗学、金石学方面的研究价值。

塔铭撰述僧人的生平事迹，写人记事追求真实可信，是僧人的传记。从创作主体看，塔铭的作者群体庞大，背景驳杂，上至帝王将相，下到文人士庶，都参与到了塔铭的创作中。他们与塔主的亲疏关系各异，创作动机不同，体悟佛理的深度更是不同，因而塔铭的创作情况丰富多样，既有主动创作的，也有请托之作；既有自由撰述的，也有奉帝王旨意写作的；既有深刻理解佛法，宣扬佛理的，也有敷衍说法的……加之作者的个人才情志趣、文学修养以及人生经历不同，造成塔铭呈现出不同的风貌。作为古代散文的一个分支，塔铭与文学发展的大潮密切相关，体现出文人创作心理、审美取向的时代特色。从创作的客体看，塔铭的描写对象，也就是塔主们，其人生履历各不相同，学行德履高尚的高僧塔铭，与出入宫廷、结交贵戚的名僧，以及穷乡僻壤、修行不彰的普通僧人的塔铭，无论是在铭文规模还是在碑石刻制的质量方面，都不能相提并论。总之，优秀的塔铭具有明确的现实应用性与文学的审美性，其文学、社会学研究价值不容小觑。

塔铭是对僧人命运和所经历事件的全面回顾。悠悠中国古代史，史家在记述历史的时候难免有为尊者讳、求名自保以及个人认知疏漏的情况，千载之下我们通过史书去还原历史真相，势必也会存在理解偏差的情况。塔铭恰好可以作为史料文献，给我们提供新的历史研究线索。智顗明知大限将至仍急急应杨广之约，反常行动的背后一定有其合理的逻辑；圣僧玄奘死后 175 年才有塔铭得以镌刻竖立，极为反常情况的背后则折射出这位佛学大师的凄凉晚境；嵩山法如的塔铭，印证了历史上禅宗"六祖"之争的激烈；密宗高僧塔铭从一个侧面揭示出中晚唐皇室对密宗法力的狂热

---

① 赵超在《汉魏南北朝墓志汇编·前言》中对"墓志"做出了三方面界定：一、有固定的形制；二、有惯用的文体或行文格式；三、埋在墓中，起到标志墓主身份及家世的作用。

崇拜；会昌法难的历史真相在塔铭里也有隐晦的再现；等等。诸如此类，例子很多。塔铭文献确实为我们提供了相应的历史研究新视角，具有重要的文献学、历史学研究价值。

基于以上考虑，本书择取隋唐五代僧人塔铭为研究对象。

二　塔铭的研究现状

目前，学界还没有关于隋唐五代僧人塔铭的系统性研究，但这并不意味着学者们没有注意到塔铭的研究价值，在征引塔铭探讨佛教史问题，借由塔铭治金石研究，以及借助塔铭文献进行相关的文学问题阐释，都成为现阶段塔铭研究的主要侧重点。

第一，利用塔铭研究佛史问题，即根据塔铭文献记载来论述佛教史上的重要人物与事件。这类研究成果可分为两方面，一是通论佛教史的著作，二是对佛史人物做个案研究。

通论佛教史的著作主要有以下几部。杨曾文的《唐五代禅宗史》，将禅宗置于广阔的社会历史大背景下，以塔铭等资料为论据，不仅揭示了禅宗各代表人物以及各宗派的禅法思想，还考察了唐五代时期朝廷和地方势力与重要禅僧之间的密切交往情况，为我们清晰地展现出在唐五代时期，中国禅宗的形成与早期的传播发展状态。葛兆光的《增订本中国禅思想史——从六世纪到十世纪》，研究自北朝以迄五代四百余年的禅宗发展史。这部书在研究方法上，零星利用塔铭文本，对思想史进行了历史阐释，努力还原当时的实际情况，并加以辩证分析，而不是对资料文本做简单的意义阐释。印顺《中国禅宗史》，着眼点是印度禅演化为中华禅的过程，作者强调在这一转型过程中，牛头禅起到了不容忽视的特殊意义。作者对曹溪禅的开展与分化过程都有深入探讨，其中偶有塔铭的文献引述。杜继文、魏道儒的《中宗通史》，着力研究的是禅宗的产生和变迁的历史，提出了禅宗是依托于农业基础上的"农禅"理论。作者还探究了各家各派的哲学思想，且不是简单信任各派自家记载的文字，而是深入辨析宗师的言行、语录、塔铭以及本宗所信奉的经典，进而得出各派差异的关键点。全书意欲揭示"禅"的实际内涵，解开围绕在"禅"周围的许多"迷雾"。美国学者斯坦利·威斯坦因的《唐代佛教》，研究兴趣主要集中在唐代历史与制度方面，整部书是按照唐代帝王世系对有唐一代佛教与朝廷的关系做了编年考察，着重探讨了唐代朝廷与佛教关系之兴衰隆替。书中对高僧塔铭也偶有引述，其中很多观点至今仍很有价值。

利用塔铭对佛史人物做个案分析。温玉成的《读碑杂录——碑刻资料对佛教史的几点重要补正》，根据一些碑刻资料，对佛教史上个别事件和问题提出了质疑。虽然文章只提问题，没得出结论，但为我们的进一步研究提供了思考方向，其学术价值应给予极大肯定。李文生的《论中国佛教禅宗定祖之争》，主要引用慧能与神秀的塔铭，论述定祖之争的过程。张乃翥、叶万松《禅宗七祖荷泽大师神会塔铭引论》，结合神会塔铭，对神会的生平经历给予了考述。徐文明的《唐衡岳大律师希操考》和《天台宗玉泉一派的传承》，都是借助相关塔铭中的记载，对佛史人物及其传承脉络进行考辨、解析。此外，还有相当多的个案研究成果集中在对一些名僧塔铭的考释方面，如纪华传的《菩提达摩碑文考释》，杨曾文的《关于〈唐故招圣寺大德慧坚禅师碑〉的补充说明》，肖一亭的《萍乡杨岐寺唐碑校勘记》，韩金科、王均显的《新发现唐法门寺住持〈惠恭禅师大德之碑〉》，杜玉文的《〈唐慈恩寺普光法师墓志〉考释》等，都对塔铭原始文献进行了充分的注解与阐释，这些研究成果，给隋唐五代塔铭的进一步研究做了最基本也是非常必要的工作。

第二，利用塔铭做金石研究，主要是探究拓本真伪、校勘碑文，学者着力于金石考证方向。罗振玉、王壮弘、施安昌、黄永年、杨曾文等，都是这一研究领域的权威。相关论著主要有施蛰存《金石丛话》、岑仲勉《金石论丛》、朱剑心《金石学》、马衡《老北大讲义——中国金石学概论》、王壮弘《增补校碑随笔》及《碑帖鉴别常识》等，都涉及塔铭碑刻的鉴赏常识，风格深入浅出，语言平实，对我们学习考辨塔铭真伪、疏通碑刻文本提供了最专业的指导。论文方面主要有仲威《化度寺塔铭传世藏本考》、施安昌《观〈化度寺邕禅师舍利塔铭〉敦煌本补记》、黄永年《碑刻学》、张晓旭《隋—唐碑刻研究》、赵超《中国古代石刻的存留状况》等。这些论文或关注某一碑刻的传本情况，或概述古代佛教碑刻留存的整体情况，其中对塔铭碑刻的论述，既让我们领略了论者深厚的金石书法考辨功力，又为我们进一步深入研究隋唐五代塔铭书法提供了极有价值的研究思路。

　　第三，对塔铭进行文学阐释。目前学界基本是借助塔铭文献考证文人与僧人间的交游情况，论述文人对儒、释两家思想的认知。主要论文有俞学明《梁肃与天台宗——唐代儒释交游的一个范例》、姜光斗《论梁肃的佛学造诣及其对唐代古文运动的贡献》。前一篇论文，着重探讨梁肃的天台宗渊源及其融通儒释的思想；后一篇论文，阐述了梁肃对天台宗思想的深入认知，以及其在散文创作中，以儒家理念为根本，间或流露对佛家思想的倾向。陈曙雯《李华与佛教关系考论》列举了李华给各位僧人所做的塔铭，考证其佛教交游圈子。陈允吉在《王维与华严宗诗僧道光》中，对王维撰写的《大荐福寺大德道光禅师塔铭》进行了缜密考辨，梳理出了道光其人、师承、宗教思想及其与王维交游的情况。同样，在另一篇论文《王维与南北宗禅僧关系考略》中，陈允吉先生也是通过辨析塔铭等文献资料，分别整理出了与王维交游的南北禅僧名单。陈铁民的《王维与僧人的交往》对陈允吉的上述考证做了进一步考证与商榷，陈铁民同意陈允吉关于道光、神会、瑗公及惠澄的论证，补充了净觉生平考，对燕子龛禅师的宗派倾向存疑，而通过考辨璿禅师生平，陈铁民认为璿禅师及其弟子元崇，应属禅宗北宗一派。王辉斌《王维崇佛原因综论》中，利用塔铭考述了王维的母亲、弟弟王缙与北宗禅师间的密切师徒关系。王国安《论柳宗元的佛教天台宗信仰》和杜寒风《柳宗元的净土宗天台宗教派观》，都依据柳宗元所撰写的塔铭论述其精深的佛教天台宗、净土宗信仰。李志强的博士学位论文《刘禹锡与佛教关系原论》，通过刘禹锡撰写的塔铭来分析其援佛入儒的思想。刘泽亮《黄檗禅学与裴休、李忱》利用《大达法师碑铭》考证了裴休与黄檗希运交游的时间及地点。

　　冯国栋的《钱谦益塔铭体论略》是塔铭研究方面一篇很有价值的文章。虽然作者主要探讨的是明末钱谦益的塔铭文特点，并推究其佛学主张，但文中考辨塔铭源流，辨析涉佛文体的研究价值与未来研究方向，都极富学术开拓意义。

　　上述三个方面是目前塔铭研究的主要侧重点，整体来看，其中不乏学术力作与经典，但是略显遗憾的是，这些研究成果罕有以塔铭为主要研究对象的，塔铭在现有研究文章中往往起到说明论点的"配角"作用，而且塔铭文献的征引与相关论述也常常显得零星分散,可以说,学界对塔铭的研究还不够系统,作为兼具文学、文献、历史、金石、社会文化等方面研究意义的塔铭,应该得到学界更深入的关注。

三　本书的研究范围与研究思路

从上述研究综述里,我们不难看出现阶段塔铭研究还存在许多缺憾。首先,目前学术界虽然对隋唐五代塔铭已有研究,但有关基础文献的系统梳理工作,迟迟未见有成果发表,而资料梳理是该领域深入研究的前提和基础。其次,从研究的总体情况看,虽然专论唐代佛教历史、文化或金石碑刻的著作已有很多,且取得了瞩目的学术成就,但专门以塔铭作为主要辨析依据的系统研究,实为少见。最后,塔铭在文学、文化学、历史学等方面的研究还不够深入,学术价值有待进一步挖掘。学术界对于塔铭的注意程度不够,也在一定程度上制约了隋唐文学整体研究的进展。

隋唐五代僧人塔铭,是指撰写完成于隋唐五代的塔铭。具体讲,若僧人生活在隋以前,而其塔铭成于入隋以后,则其塔铭是本书的研究对象。若僧人生活在隋唐五代,但塔铭成于入宋以后,则不在本书研究范围。经过仔细搜检,笔者总共搜集到隋唐五代塔铭文献四百余篇(存目详见"附录")。此外,塔铭属于石刻铭文,具有极高的书法研究价值。截至目前,笔者尚未看到有关隋唐五代塔铭的书法研究成果出版,因而相应地,整理出了一份隋唐五代有明确书家姓名的塔铭留存情况表(详见表2-1),并为其做了初步的评述性研究。

塔铭是传记文学,常常使用多种文学表现手法来塑造人物形象,刻画出形神兼备的立体化人物形象。塔铭又是涉佛文体,它阐扬佛家理念,自不待言。同时,塔铭也体现出难以割舍的世俗情怀。本书结合历史文化和文学思潮,从文体流变规律和作家创作心理、技巧等方面,对隋唐五代塔铭进行系统性研究。研讨塔铭的文体形态、时代特征,对其艺术成就做出综合分析总结,揭示出隋唐五代散文的演变规律,并在此基础上探寻其中蕴含的哲学理念、价值取向、审美意识,挖掘隋唐五代塔铭所蕴含的文化内涵。

塔铭还是重要的文献资料,是治僧史、佛教史都离不开的一手材料,也为我们提供了新的研究视角。正如前面提过的，诸如天台宗的崛起、慈恩宗的早衰、禅宗的"定祖之争"、中晚唐帝王佞佛、会昌法难等历史事件的背后，都还有一些疑云笼罩，塔铭无疑可以给我们提供一些研究线索和思路，再结合有关历史文献的记载，其实能够解析出很多历史事件背后的因果关系，有助于我们还原历史真相。

鉴于塔铭问题的深入研究空间比较巨大，我们认为非常有必要对隋唐五代僧人塔铭做一次系统研究。本书将主要致力于隋唐五代塔铭的文学文化方面的阐释，兼及塔铭文献的史料线索价值。

作为文科基础性研究课题，涉及文学、社会学、文化学、历史学、美学等多学科交叉研究，在写作过程中，本书主要综合运用了文学理论与实证互见、塔铭文体整体论述与个案研究相结合、文献与历史交叉互证等研究方法，对隋唐五代塔铭进行定性分析。具体讲，本书一方面采用定量与定性研究方法，对塔铭文体的生成演进规律深入探讨，研究隋唐五代塔铭的文体特征和文学审美特性；另一方面通过社会文化、书法美学、历史学等方法，探讨塔铭与社会风气、文化思想、价值取向以及政治历史之间的种种联系。本书将结合这两个方面的研究，力求对塔铭的文学特质、文化内涵、史学线索价值进行揭示与分析。

此外，塔铭是刻在石头上的，时至今日，我国还保存了大量的古代碑刻实物，典型的有西安碑林博物馆、少林寺塔林等，这些都是研究塔铭的实物活证。因而在本书的写作过程中还注意实地考察与文献辑录相结合，力争文本准确。事实上，隋唐时期文化昌明，封建经济空前发展，社会思潮多元并进，文学艺术也高度繁荣，加之上层社会的导向，使得石刻文化艺术在这一时期达到了前所未有的高峰，涌现出大量石刻精品。这数量庞大的塔铭碑刻遗存为我们研究那个时期的文学文化、历史考古、文字美学等诸多学科，提供了丰富的科研实物证据。如果你想更直观、更深刻地理解隋唐社会的文学、文化、历史、宗教、艺术等方面的总体风貌，那么隋唐塔铭可以帮助你实现这次文化穿越之旅。

绪　论

一　选题缘起

所谓"塔铭"，是指僧人的葬塔铭文。① 塔铭有很多别题，碑铭、墓志铭、塔记、碣铭、幢铭等称谓都比较常见，刘勰在《文心雕龙·诔碑》里写道："碑实铭器，铭实碑文，因器立名，事光于诔。"② 讲的就是碑石与铭文的关系，即碑石为铭文的载体，文因载体而命名。塔铭的别题多样，在很多情况下正是由志石载体的形制不同造成的。虽然名称繁多，但内容大体一致，都是叙写僧人一生缘悟，对其梵行进行总结，目的也都在于悼念亡者，致礼仪之需。故而，本书题旨取宽泛的塔铭概念，即凡是受过正规佛教训练的僧人坟前所立的碑、碣、幢、志石上的志幽文字，都在本书论述范畴之内。

塔铭属碑志一类。我国的碑志发源于先秦，兴起于汉代，此后历经王朝更替，碑制政策各不相同，其间几度禁碑、废碑，但碑刻风尚以多种形式一直延续下来，记功碑、记事碑、墓碑等，都是人们希望树芳名、纪德行，追求永垂不朽的见证，中华民族树碑刻文、刊石纪功早已成为一种文化传统和民间习俗。塔铭是世俗社会致敬亡者的礼仪在佛教中的表现，其

---

① 需要特别说明两点：第一，古人为了祈福修缮而建的"功德塔"，以及专用来供奉佛祖舍利的"舍利塔"，塔前也都有铭文石刻，但这些塔铭都不在本文论述的范畴内；第二，所谓僧人，专指那些出家群居，接受正规佛学教育的佛教徒，至于在家的信教居士，以及那些虽拥有度牒，却只为逃避税负，极少在寺庙里进行正式修行的人，都不在本文论述范畴内。

② 周振甫：《文心雕龙注释》，人民文学出版社，1981，第128页。

第一章

塔铭的产生及体式演进

　　塔是印度佛教的发明，随着佛教东传来到我国，在传统丧葬碑志文化的深刻影响下，衍化出了中国僧人的葬塔和塔铭。塔铭是僧人的志幽之文，属碑志文范畴，它脱胎于墓志铭，于南北朝时期产生，经隋唐五代文人的不断创新而体式日臻成熟完善，至宋以后塔铭逐步受到文人的重视，并在明清时期得到了文体学的关注与认同。

第一节　世俗的生命意识与碑志

　　中国传统文化观念里，生命价值观以"三不朽"说最为著名。《左传·襄公二十四年》载："大上有立德，其次有立功，其次有立言，虽久不废，此之谓不朽。"① 而"立德""立功""立言"往往需要诉诸金石才可昭示未来，"虽久不废"，由此便促成了中国人为亡者树碑立传的传统，所谓"存荣亡显，没而不泯"（蔡邕《胡公碑铭》），"刊石树铭，光示来世"（蔡邕《贞节先生范史云碑》）。

　　最早的碑，据《礼记·丧大记》载，是"君葬用辁，四綍二碑，御棺用羽葆。大夫葬用辁，二綍二碑，御棺用茅"②。可见，君王或士大夫死后，要在墓圹旁竖立大木柱子，用以引绳下棺。后世改为石柱，又在石柱上刻上文字，此后遂逐渐发展成为墓碑。但是到了魏晋南北朝时期，统

---

① 杜预：《春秋左传集解》，上海人民出版社，1977，第 1011 页。
② 阮元校刻《十三经注疏》（影印版），中华书局，1980，第 1584 页。

治者屡次禁碑，非常著名的有建安十年（205），曹操反对厚葬而下禁碑令；晋武帝咸宁四年（278），皇帝以碑志文虚美不实、伤财害人为由，下令禁碑；东晋安帝义熙年间，裴松之建议禁碑；此后，齐、梁、陈对碑的禁令一直未变，若确实需要为亡者立碑，则要奏请朝廷特许；与南朝对峙的北朝，在法令礼仪的制定上多参照南朝，也实行禁碑制度。①

唐代统治者重视碑刻，这与其奉行以礼治国，倡导刻石勒铭、纪功旌德密切相关。比较著名的如贞观三年（629）唐太宗颁布《虞世南等为战阵处寺刹写碑铭诏》，令虞世南、李百药等为在隋末战乱中殒命的死者撰写碑文"以纪功业"。唐朝皇帝不同于魏晋帝王，他们更看重碑刻宣扬王化与教育民众的作用，所以在利用碑刻来彰显政治强权、笼络臣民方面，唐代帝王可谓用力颇深，他们或亲自撰写碑志，或书丹题额，或敕令臣下立碑纪功等，不仅体现了唐代皇权对碑志的重视，还展现了帝王们贯彻这一统治思想所采取的切实行动。唐太宗有《秦王告少林寺主教碑》《晋祠铭》《圣教序》，唐高宗有《大唐纪功颂》《万年宫铭》《李勣碑》，武则天有《述圣记》，唐睿宗有《升中述志碑》《孔子庙塘碑额》，唐玄宗有《纪泰山铭》《石台孝经》《大唐金紫光禄大夫行侍中兼吏部尚书弘文馆学士赠太师正平忠宪公裴公碑铭》……安史之乱以后，虽然王政不振，但帝王仍屡有为臣下树碑纪德的诏敕，唐肃宗在《答颜真卿乞书天下放生池碑额批》里谓："慎徽盛典，润色大猷。能以懿文，用刊乐石……成不朽之立言，纪好生之上德"。② 唐文宗《赐义成军节度使凉国公李听立德政碑敕》谓："大将及三军官吏僧道耆寿百姓等，感卿惠政，咸请立碑……刊石旌贤，庶谐朕意。"③

统治者出于政治需要而崇扬碑刻，带来了有唐一代的崇碑风尚。官绅士子自不必论，就是平民百姓也都好碑。除了恐陵谷迁移，渐次湮没考虑以外，民众更多的是受儒家"慎终追远"④ 观念的影响。中国传统文化中

---

① 参见李士彪《汉魏六朝的禁碑与碑文的演变》，《中国典籍与文化》1999 年第 4 期，第 85～87 页。
② 董诰：《全唐文》卷四四，中华书局，1983，第 486 页。
③ 《全唐文》卷七四，第 773 页。
④ 钱穆：《论语新解》，生活·读书·新知三联书店，2002，第 3 页。

素有阴阳两界、生死两隔的凄哀，对于长眠于地下的亲友，巍巍墓碑，累累铭文，述德旌美，福佑后世，寄托拳拳的爱敬之情，似乎于生者、于死者都是一种安慰，也是浓厚亲缘观念之下生者缅怀祭奠死者的重要方式。然而历史上持久漫长的禁碑令造成了碑铭萎缩，人们被迫想出了变通的方法，于是另一种与碑的功能近似的志墓刻石——墓志兴盛起来，这实际是碑转地下的变通形式，区别只在于碑立于墓旁，墓志铭埋在坟墓里。隋代以后，虽然统治者不再严令禁碑，使得碑与墓志二者并行于世，但彼时民众更倾向于使用墓志随葬。

唐人饰终之典相当讲究。只要条件允许，为亡者刻写墓志铭已成为社会上通行的丧葬礼仪。据《唐会要》记载，唐代治丧，出殡队伍中要有"志石车"①，就是在一个彩扎的车子里装上墓志石，公开送到墓穴里，民俗民风由此可见一斑。甚至一贫如洗之家也要硬撑着为死去的亲人刻写墓志，大历五年《唐前滑州白马县尉柳公夫人河东薛氏墓志》称墓主"家途壁立，多不备礼"②，但仍要在如此困顿中刻立墓志。这充分反映出当时殡葬墓志风尚之盛，贫家亦不得免俗，则富豪权贵之家墓志碑刻竞相攀比，奢华侈丽便可想而知了，以致唐太宗要诫勉民间薄葬，其中言"勋戚之家，多流遁于习俗，闾阎之内，或侈靡而伤风……遂使衣衾棺椁极雕刻之华，灵輀明器穷金玉之饰，富者逾法度以相尚"③。

第二节　塔与塔铭

塔是佛教特有的建筑名称，产生在古印度，相应的梵文有两个，分别是窣堵婆或塔婆（stupa）和支提（chaity）。区别在于释迦牟尼逝世后，佛教徒们为了纪念祖师的德业，而将其遗骨或遗物埋葬成冢状，作为祭祀、净心的所在，这样的冢叫作窣堵婆或塔婆；而支提则是佛教徒们在释迦牟尼生前行迹处，积物高显，以示崇敬之情，这种为示纪念的高大堆积

---

① 王溥：《唐会要》卷三十八，中华书局，1960，第695页。
② 周绍良、赵超主编《唐代墓志汇编续集》，上海古籍出版社，2001，第701页。
③ 《全唐文》卷七，第83页。

物就是支提。① 二者的区别在于窣堵婆是葬有佛祖遗骨或遗物的，支提只是纪念塔，这在隋代吉藏《法华义疏》中也说得很清楚，"依《僧祇律》，有舍利名塔婆，无舍利名支提"。② 中国也有舍利塔。如隋仁寿元年（601），文帝诏沙门三十人分道送舍利往诸州起塔，③ 这与印度窣堵婆意义相同。

不过，塔传入中国后，受中华文化美学的影响，在建筑形制、风格以及功用方面都有新发展。从我国现存的塔建筑看，有为祈愿修福而建造的塔，如安庆的文峰塔，有振兴文风之意；有为趋吉避凶而修建的，如杭州六和塔，是为了镇住钱塘江大潮；有为纪念某人或某事的纪念塔，如承德须弥福寿庙的琉璃塔，是为庆祝乾隆七十大寿而建的，南京大报恩寺的琉璃砖塔是明成祖为报生母之恩而建的；有攘除水患的，如大理三塔；还有的是为了存放佛经或举行佛事活动而建的，如西安大雁塔；还有为修功德的，如隋仁寿三年（603）隋文帝敕造的龙华塔、唐天宝十一载（752）楚金禅师造的多宝塔都属于这一类，被称为功德塔。由此可见，随着时间推移，中国塔的建造目的、式样都发生了很大变化，特别是塔的功用已明显不再仅仅局限于佛祖崇敬这一个方面了。

在这林林总总各式中国古塔中，有一种为数众多的塔——僧人的舍利塔，即僧人圆寂后藏其遗烬的葬塔。中国人有为亡化的僧众作塔安置骨灰的习俗，佛经对此也给予相应的认可，《诸经要集》卷三引《阿含经》云："有四种人应起塔：一、如来，二、辟支佛，三、声闻，四、轮王。"《十二因缘经》又补入"菩萨"。再后来，僧众死后也多作塔安置。律制，许持律法师、营事比丘、德望比丘皆可起塔，甚至一般信众也可作塔埋骨。④

我们知道，由于僧人的遗骨被称为舍利，故而相应地，僧人的坟墓被称作舍利塔，塔前的志石叫作塔铭。中国佛教的丧葬礼制虽然受世俗社会

---

① 任继愈主编《佛教大辞典》，江苏古籍出版社，2002，第 1147 页。
② 吉藏：《法华义疏》卷十一，《大正新修大藏经》第 34 册，台北：新文丰出版公司，1983，第 621 页。
③ 道宣：《广弘明集》卷十七，《大正藏》第 52 册，第 213 页。
④ 孙维张主编《佛源语词词典》，语文出版社，2007，第 249 页。

丧葬礼俗的影响，表现出了对亡者遗体的深深敬意，但舍利塔的墓主人身份是僧人，不同于世俗人，因而塔铭与墓志铭既存在功用和意义上的共同之处，但同时二者也存在着区别。这在朱剑心的《金石学》里已经说得很清楚了，"释氏之葬，起塔而系以铭，犹世法之有墓志也"，而二者的区别主要在于安置的位置不同，墓志铭是埋在地下，而塔铭则是竖立在地上，嵌于塔的正面，上面通常无盖。①

舍利塔——中国僧人的葬塔，既承袭了印度原始佛教起塔葬骨的习俗，又创造性地在塔前竖立石碑，刻写铭文，记述其一生学行德履。大体上，这种僧、尼、居士的塔形墓有以下几种类型：用来安放骨灰的称作"灰身塔"、"舍利塔"或"灵塔"，这是最普遍的一种葬塔；安放肉身尸体的称作"身塔"或"寿塔"，荷泽神会禅师、临济义玄禅师都是肉身入塔；塔前刻画了僧人画像的称作"影塔"，武周时期愿力寺神赡法师的塔前便刻了画像，所以他的塔铭就是影塔；寺院的普通僧人死后共同葬在一座塔里，称作"普同塔"，少林寺塔林里就有几座普同塔。与前面介绍的三种个人的葬塔不同，普同塔是僧人的合葬墓。僧人的葬塔建好以后，人们通常会在塔的正面砌一块方形或长方形的刻有铭文的石碑，这就是塔铭了。塔和塔铭共同构成了中国佛教徒的墓制结构。

为亡故僧人处理后事，建造葬塔的情况大体可分为三种。第一，官方主持修建或重修僧人的葬塔，有时是来自皇家的意愿，有时是地方官的主张，毫无疑问，这类情况的塔主一定是高僧或者名僧。第二，弟子为老师建塔送终，以示崇敬，这种情况是十分普遍的。第三，已故僧人生前的好友或亲属为其操持后事，修造葬塔。葬塔修好以后还要竖立塔铭，由于塔铭要经历撰写、刊刻、运输、竖立等环节，程序繁杂，且经过多人之手，因而安置塔铭有时候要晚于葬塔建造的时间。

也许有人会问，刻在石碑上的应该叫作"碑铭"，刻在碣上的是"碣铭"，刻在幢上的是"幢铭"等，那么，为什么本书论述的僧人志幽之文被笼统称为"塔铭"呢？事实上，在古代给亡僧撰写塔铭文，其所用文题的称谓在相当长的时间里都是不统一的，这便造成了塔铭的别题

---

① 朱剑心：《金石学》，文物出版社，1981，第 177 页。

甚多。有称"墓志（铭）"的，如《威神寺故思道禅师墓志铭》《古衍禅师墓志》；有称"塔碑（铭）""塔记"的，如《唐少林寺灵运禅师塔碑》《唐抚州景云寺故律大德上宏和尚石塔碑铭并序》《三藏无畏不空法师塔记》；有称"功德幢记""石幢记""幢铭"的，如《如信大师功德幢记》《唐观心寺禅律故尼大德坟前尊胜石幢记》《大唐东都弘圣寺故临坛大德真坚幢铭》；还有称"碑铭"或"碑"的，如《唐玉泉寺大通禅师碑铭并序》《唐元览法师碑》《故左溪大师碑》……凡此种种称谓，往往是由两方面原因造成的。其一，是古人在相当长的时间里对塔铭文体的认识不够清晰，所以称谓也非常混乱。比如称为"墓志"的，是因为塔铭这种文体最初是源于墓志文的，在人们对文体区分普遍还不清晰的时代，塔铭作者往往会笼统地称僧人的塔铭为"墓志铭"。其二，铭文的称谓依据志石的形制以及安放位置而定。譬如称作"碣"，是因为石碑是方趺圆首的造型，据王三聘《古今事物考》谓"唐葬令五品以上，螭首龟趺，降五品为碣，方趺圆首"，[①]和尚的塔铭志石也有用这种造型的，可见世俗社会礼制对佛教的影响。"功德幢"和"石幢"，则是一种六角形或八角形的石柱，一般上有盖、下有座，柱的各面刻有佛经、画像和志主的碑铭。又因为"幢"这种形式，既能刻记佛教徒的生平经历，又能刻写经文、宣扬佛法，所以"幢"在唐代很盛行，我们现在看到很多僧人的葬塔铭文题为"纪德幢""幢记"等。"碑"，据《说文·石部》解释："碑，竖石也"[②]，即直立的石板，一般都是离墓独立的。

　　然而，不论塔铭有多少别题称谓，从根本上说，这些碑刻铭文的内容都是铺叙悟缘、评骘梵行，其功能也大致相同，都是为了刊石纪德，传诸久远，且本书研究内容无涉志石的形制等问题，只着重在塔碑铭文的文学、文化、历史价值等方面做探讨，故为了方便起见，本书笼统地将这些志石上的志幽文字称为"塔铭"。

---

① 王三聘：《古今事物考》（第一册），《丛书集成初编》，商务印书馆，1936，第 23 页。
② 许慎：《说文解字》，中华书局，1963，第 194 页。

第三节　塔铭辨体

从文体上讲，塔铭属碑志类。明人徐师曾在《文体明辨序说》中讲，"至论其题：则有曰墓志铭，有志、有铭者，是也。曰墓志铭并序，有志、有铭而又先有序者，是也……其在释氏，则有曰塔铭，曰塔记……皆志铭之别题也"。① 塔铭与墓志铭的文体特征一致，前序后铭，记人生平事迹，是盖棺论定之传记文章也。

容易与塔铭混淆的两个涉佛文种是邈真赞和浮图铭。首先，邈真赞与塔铭确有相近之处，它同样也是记人叙事，有序有铭，下面我们将这二者进行对比，分析塔铭文体的特性。

邈真赞在敦煌莫高窟有大量发现，"邈"即描画，"真"乃容貌，邈真赞其实是在赞主的丹青画影上所题的文字，还可称为写真赞、图真赞、邈影赞等，如果画像敷以彩料，则被称为彩真赞。邈真赞分为两种，即供养像和邈真像。供养像是画上佛像或菩萨像，其下为施主像和题记。邈真像则类似于现在的遗像，供往来人等瞻仰。供养像的题记相当于佛菩萨画像功德赞，邈真赞相当于追悼亡者的颂词，即所谓"哀人之没而述德以赞之"②。"赞"在唐代敦煌地区非常流行，凡画像必请人题赞，详述主人功业，③ 因此我们看到敦煌莫高窟各洞窟的墙壁上留存了大量邈真赞。事实上，邈真赞与塔铭有着明显区别，通常情况，邈真赞是有画有赞的，而绝大多数塔铭石上只镌刻塔铭文，虽然也有一种影塔铭，在塔碑上刻有僧人的画像，但事实上这种影塔铭是比较少见的。具体讲，邈真赞与塔铭的区别具体如下。

第一，从写作时间看，邈真赞可以是生前撰写，也可以是死后撰写。生前请人画像写赞，往往是年事已高，恐身后祭礼不周，故先行为之。相比之下，死后撰写邈真赞是更普遍的情况。由于敦煌丧仪是人死后到入土埋葬有七天准备葬礼的时间，所以邈真赞、墓志铭往往是在这七日内撰写完成。而塔铭则一定是僧人圆寂后撰写的，且时间上无规律可循，有的僧

---

① 徐师曾：《文体明辨序说》，人民文学出版社，1962，第149页。

② 徐师曾：《文体明辨序说》，人民文学出版社，1962，第143页。

③ 参见郑炳林《敦煌碑铭赞辑释》（增订本），甘肃教育出版社，1992，第8页。

人是圆寂不久便竖立了塔铭，有的僧人则在圆寂若干年后才有人为其刻写塔铭，甚至像玄奘这样的高僧，他的塔铭是在死后 175 年才镌成。

第二，文章内容侧重点不同。邈真赞不论是序还是铭，侧重点都是赞主的德行业绩，是一篇典型的歌颂文章。而塔铭叙述的是僧人一生的行迹，内容大到悟缘德履、生平荣耀，小到儿时故事、师徒对话等。比如用《沙州释门索法律窟铭》与《金光明寺索法律邈真赞并序》① 对比，可知邈真赞篇幅很短，是一篇颂歌，骈体行文，内容空泛，多溢美之词；塔铭则详述了索法律显赫的家世及其悟道修缘一生。显然，邈真赞对亡者的撰述是不全面的，所以通常情况下，不仅要为亡者写一篇邈真赞，还要再写一篇墓志铭或塔铭，邈真赞用来突出亡者一生最显赫的功绩，墓志铭或塔铭则是对墓主从生至死生平德业的总结。

第三，邈真赞的赞主既可以是佛、菩萨，也可以是凡尘僧俗人等，因而邈真赞的应用范围很广泛。而塔铭是为特定人群撰述的。只有那些入寺修行的僧人及在家的虔诚居士过世后，才为其起塔窆葬，世俗社会普通人死后则是修坟建墓。

第四，书写的介质与功用不同。邈真赞可以画在绢帛上，也可以画在洞窟的墙壁上；可以悬挂于灵堂，作招魂之用，供人祭奠，也可作为礼佛供养像，供人瞻仰礼忏。而塔铭则一定刻石立于塔前，功能是撰述僧人一生学行德履。

第五，文体性质不同。邈真赞属颂赞文，刘勰《文心雕龙·颂赞》谓："赞者，明也，助也……扬言以明事，嗟叹以助辞也"。② 其为赞美之辞，篇幅不长，行文务求流美，因而刘勰说，赞之为体是"促而不广，必结言于四字之句，盘桓乎数韵之辞，约举以尽情，昭灼以送文"③。而塔铭是碑志文体，务求"标序盛德，必见清风之华；昭纪鸿懿，必见峻伟之烈"④，文章讲究写实追虚，题材更丰富，蕴含多重主题。

其次，易与塔铭混淆的是浮图铭。浮图是塔的意思，中国人以造塔为

---

① 详见陈尚君辑校《全唐文补编》，中华书局，2005，第 1086～1088 页；郑炳林《敦煌碑铭赞辑释》（增订本），甘肃出版社，1992，第 360 页。
② 刘勰著，周振甫注《文心雕龙注释》，人民文学出版社，1981，第 96 页。
③ 刘勰著，周振甫注《文心雕龙注释》，人民文学出版社，1981，第 96 页。
④ 刘勰著，周振甫注《文心雕龙注释》，人民文学出版社，1981，第 128 页。

功德，从魏至唐初建造尤多，常见的浮图塔制式有三种：三级的，如魏太和十二年（238）的晖法寺三级浮图；七级的，如北周武成三年（561）程德造七级浮图；九级的，如唐天宝十一载（752）李晋造九级浮图。① 浮图上刻文的题目称谓不一，有称"记"的，有称"铭"的，有称"颂"的，有称"赞"的。通常浮图塔会在三面、四面或五面镌刻经咒，并附一篇简述修造缘起、赞叹佛法高妙、乞求福佑的颂辞。只有极少数的浮图塔建于墓所，上面的铭文相当于墓主的志幽之文，如唐开元六年《幽栖寺尼正觉浮图铭》。② 绝大多数的浮图铭是古人欲修功德而写的尊崇佛教的赞文，属于颂赞文体，其与记述僧人生平、隶属于碑志文的塔铭是不同的。

第四节　塔铭的体式演进

徐师曾考证墓志铭自汉代出现以来，后人因成风气。及至南北朝塔铭产生的时代，墓志铭文体业已成熟。赵超先生认为，南北朝时期的墓志在形制和文体上都已经固定化了，大体上是"其人若无殊才异德者，但纪姓名、历官、祖父、姻媾而已。若有德业，则为铭文"（《封氏闻见记·石志》)③。塔铭是在墓志铭之后发展起来的。南北朝时期，塔铭还处在雏形期，因此，这一时期为塔铭的初创期。④ 作于北魏神龟元年（518）的

---

① 参见叶昌炽撰，柯昌泗评，陈公柔、张明善点校《语石　语石异同评》（卷四），中华书局，1994，第268页。

② 详见周绍良、赵超《唐代墓志汇编续集》，上海古籍出版社，1992，第1202页。

③ 封演撰，赵贞信校注《封氏闻见记校注》，中华书局，2005，第56页。

④ 笔者查阅《汉魏南北朝墓志汇编》《全宋文》《全齐文》《全梁文》《全陈文》《全隋文》，唐以前的塔铭（记），共30篇，篇目分别为：北朝计11篇，《魏瑶光寺尼慈义（高英）墓志铭》、《安熹僧达法度铭》、《魏故比丘尼慈庆（王钟儿）墓志铭》、《孙辽浮图之铭记》、《魏故车骑大将军平舒文定邢公继夫人大觉寺比丘元（纯陀）尼墓志铭》、《魏故昭玄沙门大统僧令法师（杜）墓志铭》、《大魏比丘净智师圆寂塔铭》、《云门寺法懃禅师（张氏）墓志》、《魏故□玄沙门都维那法师惠猛之墓志铭》（残志）、《尼慈云墓志》、《南宗和尚之塔》。南朝计16篇，《远法师铭》《菩提达摩大师碑》《同泰寺故功德正智寂师墓志铭》《宋姬寺慧念法师墓志铭》《甘露鼓山寺敬脱法师墓志铭》《湘宫寺智蒨法师墓志铭》《净居寺法昂墓志铭》《庄严寺僧旻法师碑》《光宅寺大僧正法师碑》《扬州僧正智寂法师墓志铭》《比丘尼僧敬法师碑》《栖玄寺云法师碑铭》《志法师墓志铭》《齐安乐寺律师智称法师碑》《国师草堂寺智者约法师碑》《扬都兴皇寺释法朗墓铭》。隋代3篇，江总的《明庆寺尚禅师碑》《建初寺琼法师碑》，柳辩的《天台国清寺智者禅师碑文》。其中《尼慈云墓志》和《南宗和尚之塔》两篇被赵超先生疑为伪作。

《魏瑶光寺尼慈义（高英）墓志铭》，就十分明显是依照当时墓志铭的模式构思成文的。

> 尼讳英，姓高氏，渤海条人也。文照皇太后之兄女，世宗景明四年纳为夫人，正始五年拜为皇后。帝崩，志愿道门，出俗为尼。以神龟元年九月廿四日薨于寺，十月十五日迁葬于硙山。弟子法王等一百人，痛容光之日远，惧陵谷之有移，敬铭泉石，以志不朽。
>
> 其辞曰：三空杳眇，四果攸绵，得门其几，惟哲惟贤。猗与上善，独悟斯缘，出尘解累，业道西禅。方穷福养，永保遐年，如何弗寿，祸降上天。徒众号慕，涕泗沧连，哀哀戚属，载辦载援。长辞人世，永即幽泉，式铭兹石，芳猷有传。①
>
> ——《魏瑶光寺尼慈义（高英）墓志铭》

这位法号慈义的尼姑俗名高英，她是文昭皇后高照容的侄女，在北魏宣武帝正始五年（508）被宣武帝元恪立为皇后。延昌四年（515），宣武帝驾崩，高英皇后出家为尼，直至孝明帝神龟元年（518）去世。高英死后，弟子法王等人为其安葬，并刻写了墓志铭。

早期的塔铭大致如此，都是按照墓志铭的写作思路，"述其人世系、名字、爵里、行治、寿年、卒葬年月"②，并附以一篇简短的四言铭文。由于尚在初创阶段，这一时期的塔铭在行文上没有什么特色，篇幅短小，叙事非常简略，没有文学色彩，甚至题目都是"××墓志"。这反映出当时的作者对于塔铭的文体特色还远远没有形成清晰的认识，他们还不能从出家人的学行德履的特点，构思出区别于世俗墓志铭的写作样式。应该说，初创阶段的塔铭更像是一篇僧人的生平简记。

笔者查阅相关资料，认为最早出现的比较成熟的且以"塔铭"为题的应该是作于东魏元象元年（538）的《大魏比丘净智师圆寂塔铭》。

---

① 赵超：《汉魏南北朝墓志汇编》，天津古籍出版社，2008，第102页。
② 《文体明辨序说》，人民文学出版社，1962，第148页。

夫佛教远讫，自西徂东，普天率土，咸与企仰。良以至道无上，括六合而靡遗；堂奥可窥，摄众生而迅悟也。净智师以太和六年戒念奉佛，超神尘壤。蕤衣冠之藻绘，契禅院之通灵。是以河雒沙门，识解无此敏慧；邺都缁侣，讲贯逊其静深。春秋七十有三，于元象元年四月十一日，圆寂于隆虑山摩云峰下净室，诸檀越建墣一堀。永怀高洁，丧抱古芳，莲花净土，贝叶上乘。时华淹苒，□释迦其再生；日月递辉，怅如来其何逝。陵苦有迁，佛国久在。

铭曰：法力幽邃，超生众妙。降龙纬神，伏虎证道。至德无为，广慧深造。一旦圆寂，云烟去邈。建兹显墣，卓然物表。以寄高瞻，日星炳耀。①

——《大魏比丘净智师圆寂塔铭》

这篇塔铭是为佛教徒而作的。在正式介绍净智大师之前，作者先宕开一笔，以骈文的形式赞美佛教东来的意义。然后叙述净智大师生前修持高深，以及亡故的时间、地点，接着又以骈文形式表达对净智不幸辞世的哀悼。文末是四言铭文。相较于同时期的塔铭，这篇塔铭不论是在称谓、体式上，还是在措辞上，都称得上是写得比较好的一篇了。

早期塔铭基本上是塔记，只简单记录了塔主的身份信息，我们很难通过铭文看到作者对佛教的态度，而有关塔主生前修行的经历或轶事，更是只言片语，难窥其详。总之，这一时期的塔铭，在内容上体现不出塔主作为佛教徒的志文特色；在文体形式上照搬墓志铭，篇幅极其简短，文末的铭辞也缺乏变化。

到了隋唐五代时期，塔铭经历了从探索发展到成熟的阶段。其一，塔铭的作者队伍变得十分庞大，上至帝王贵戚，下至士庶文人，都参与了塔铭的写作。其二，这一时期的塔铭呈现出了佛教文化色彩，已与世俗的墓志铭形成明显的区别。其三，这一阶段塔铭的序和铭在范式探索、文学表现手法、主题呈现以及风格特色上，都有多方面的探索，可谓众体兼备，

---

① 赵超：《汉魏南北朝墓志汇编》，天津古籍出版社，2008，第326页。

缤纷多样。这一时期被视作塔铭创作的创变成熟期。

　　宋以后，文人对塔铭这种文体逐渐有了深入认识，如慧洪《石门文字禅》、周必大《文忠集》、陆游《渭南文集》、居简《北涧集》等，都开始在文集中辟专卷收录塔铭，这表明塔铭已经受到了文人的重视，最终从碑志类文体中独立出来。在创作上，宋人塔铭基本都是效法唐人，少有创变。譬如陆游共写了8篇塔铭，其中《祖山主塔铭》《定法师塔铭》《良禅师塔铭》《高僧猷公塔铭》《海净大师塔铭》都是短篇，主要介绍了塔主出身、学行修养、师资传承、亡故的时间、埋葬地点以及自己与塔主的渊源，整体的写作思路非常类似唐代的短篇塔铭。我们以《高僧猷公塔铭》为例，来看一下宋人是如何写塔铭的。

　　　　宋山阴有高僧曰子猷，字修仲，晚自号笑云老人。宏材博学，高行达识，卓然出一世之表，虽华严其宗，而南之天台，北之慈恩，少林之心法，南山之律部，莫不穷探历讨，取其妙以佐吾说。虽浮屠其衣，百家之书，无所不读。闻名儒贤士，虽在千里之远，必往交焉。笃行义，励风操，严取与，一得丧。接物简而峻，不屈于富贵。有以供施及门者，苟礼不足，虽累百金，辄拒不取。呜呼贤哉！修仲出陈氏，生七岁，从同郡大善寺晏时为童子。十有二岁，祝发受具，习《华严经论》于广福院，择交得其学。又游钱塘，见惠因院师会，博尽所疑，二师皆自以为弗迨。遂还山阴，说法于城东妙相院。仅二十年，学者常百余人，修仲厌其近城市，思居山林，乃舍众遁于梅山。上方学者不肯散去，而院隘不能容，相与言于府，愿迎修仲还妙相。于是法席加盛于昔，所著书大行于世，院亦益葺，号为壮刹。大慧禅师宗杲过而异之，为留偈壁间。然修仲竟弃去，学者犹不舍，又说法者三。最后住姜山，阅三年，喟然叹曰："老矣，将安归耶？"亟橐书归梅市，结庵以老。淳熙十六年八月二十有六日，忽命舟遍别平日所往来者，明日晨起说法，遂坐逝，寿六十有九。又三日，火化，得舍利，五色粲然。弟子即庵之西建塔，奉灵骨及舍利以葬。修仲度弟子四人：戒海，戒先，戒明，戒坚。戒先传家学。而四方之学者，得法出世，又十有七人。隐于众者，盖以百数。修仲之道，其传又可涯哉！戒明来乞铭。铭曰：

予尝观古高僧，穷幽阐微，能信践之，不为利诱，不为势挠，未
尝不与学士大夫同也。考修仲之为人，可谓有古高僧之风矣。吾予之
铭，非独以厚故人，盖亦天下之公也。①

全篇平铺直叙，只在子猷清心寡欲、好学广游方面稍作描述，但事例
平平，没精彩传神之笔。最后的铭文没有用韵，写得相当随意，乏善
可陈。

相较于短篇塔铭，陆游在另外三篇长篇塔铭《别峰禅师塔铭》《松源
禅师塔铭》《退谷云禅师塔铭》里，加入了塔主开悟得道、机锋问答、行
道济世、传法盛事以及皇室钦敬等方面的内容，文章具有一定的可读性，
但事实上这些内容也都没超出唐人塔铭的写作范式，称不上是宋人的新发
明。总之，宋代的塔铭囿于唐代塔铭的格局，没有什么创变。金元时期，
塔铭创作情况也基本还是如此，即便如元好问这样的文学大家写的《冠
山寂照通悟禅师徽公塔铭》，② 在文章体式、创作思路以及叙事重点上也
都不出唐人范式。

到了明清时期，塔铭在文体理论上得到普遍认同，文人们已经能清晰
地给塔铭文体定义，除了前面提到的徐师曾的《文体明辨》以外，还有
明人吴讷的《文章辨体》、清人姚鼐的《古文辞类纂》，以及曾国藩的
《经史百家杂钞》等。他们几乎将塔铭视作僧碑，认为塔铭是专门用来记
载僧人学行德履的志文。不过，虽然理论已经明确，但在具体创作上，明
清人的塔铭却更加中规中矩，创作思路拘谨，模式固化。因而，宋以后直
至清末被作为塔铭创作的稳定期。

综上来看，塔铭在南北朝时期产生，但长期以来，它都混杂在碑
志文中，没能自成一体。直到宋代，文人才开始在文集中辟专卷收录
塔铭，这表明塔铭受到了作家重视，最终从碑志类文体中独立出来了。
此后一直到清末，塔铭基本因袭固定的写作模式，没有太多创变。在

---

① 曾枣庄主编《全宋文》，上海辞书出版社，2006，第 269~270 页。
② 参见温玉成《元好问〈徽公塔铭〉注》，《山西大学学报》（哲学社会科学版）1985
年第 3 期，第 41~42 页。

从雏形到发展繁荣、成熟定型，并最终形成文体理论认识的漫长过程中，隋唐五代人对塔铭的创作贡献甚大，可以说，塔铭最终能够走出碑志类文体的笼罩，形成自家写作风貌，主要应该归功于隋唐五代塔铭作者们的创造力。

第二章
隋唐五代塔铭概论

　　隋唐五代是塔铭的创变繁荣期。这一时期的塔铭不仅篇章数量猛增，而且内容丰富，思想鲜明，体例完备，文化内涵深刻，流传广泛，成为后世塔铭文的典范。可以说，塔铭是在隋唐五代迅速成熟起来的涉佛文体，其对后世影响深远，最终促成宋以后的塔铭从墓志铭文体中独立出来，并为文学理论家们所认可。隋唐五代塔铭在文学、文化以及史料研究等方面的价值，是不言而喻的。

第一节　隋唐五代塔铭文献的留存情况

　　搜集整理隋唐五代塔铭，是我们开展相关研究的基本要求。笔者搜检了目前学界权威性隋唐五代文献，主要有严可均辑《全上古三代秦汉三国六朝文》，中华书局1983年版的《全唐文》（其中包括陆心源编的《唐文拾遗》和《唐文续拾》），吴钢《全唐文补遗》（第一至九辑，另有《全唐文补遗——千唐志斋新藏专辑》），陈尚君《全唐文补编》，周绍良、赵超《唐代墓志汇编》和《唐代墓志汇编续集》，郑炳林、郑怡楠《敦煌碑铭赞辑释》（2019年增订本），天津古籍出版社的《隋唐五代墓志汇编》，北京图书馆金石组的《中国历代石刻拓本汇编》，台湾新文丰出版公司编辑部的《石刻史料新编》等。笔者对其中撰写完成于隋唐五代时期的塔铭进行了整理。

一 塔铭文本留存情况

清代文献学、金石学大盛。自清中期以来，陆续有学者辑录隋唐文献。最著名的有：嘉庆时的严可均辑《全隋文》，内中收录塔铭文三篇，分别是：隋江总的《明庆寺尚禅师碑》、《建初寺琼法师碑》以及柳辩的《天台国清寺智者禅师碑文》。

乾隆时海宁人陈邦彦辑《唐文》160 册，成为嘉庆时董诰编修《全唐文》的最重要依据。此外，《全唐文》还参校《四库全书》中的唐人别集，抄撮《文苑英华》《唐文粹》《崇古文缺》《文章辨体汇选》《释藏》《道藏》等多种总集，钩稽了《永乐大典》中的单篇残段，搜集了史子杂家的记载和金石碑刻资料，完成了中国历史上第一部唐文总集。《全唐文》1000 卷，收辑唐五代文章 20025 篇，作者 3035 人。[①]

其后，《全唐文》不断被增补。最早做补编工作的是阮元，辑有《全唐文补遗》一卷，补唐文 141 篇（今见抄本为 128 篇）；陈鸿墀在《全唐文纪事》里补入了十余篇唐文和大量残句。至清光绪时，陆心源编《唐文拾遗》（72 卷）和《唐文续拾》（16 卷），辑补唐文近 3000 篇，这是自《全唐文》之后，唐文补遗工作的一次重大进展。中华书局于 1983 年出版的《全唐文》，即收录了董诰编修的《全唐文》，以及陆心源的《唐文拾遗》和《唐文续拾》。

陆心源去世百年（陆氏 1894 年去世）后，我国又出现几位文献辑考大师。吴钢先生主编了《全唐文补遗》，第一辑是在 1994 年出版的，此后陆续出版了九辑，文献主要源自《千唐志斋藏志》《曲石精庐藏唐墓志》《西安郊区隋唐墓》《昭陵碑石》《咸阳碑石》《北京图书馆藏中国历代石刻拓本汇集》《隋唐五代墓志汇编》，以及《文物》《考古》《考古学报》《考古与文物》《文博》等刊物上发表的最新石刻考古发现成果。2007 年，吴钢依据千唐志斋所收的六百余方墓志拓片，编为《全唐文补遗——千唐志斋新藏专辑》。吴钢这套唐文补遗总集（共 10 册）所收录的几乎是《全唐文》《唐文拾遗》《唐文续拾》所未收的唐文。

---

① 参见陈尚君《全唐文补编·前言》，中华书局，2005，第 1 页。

几乎与吴钢辑录《全唐文补遗》的同时，陈尚君完成了《全唐文补编》。这部书的主要依据是唐宋四部著作、石刻碑帖、地方文献、敦煌遗书、佛道二藏以及明清以来和现代考古工作的成绩。排版技术的变革，使得该书的出版一度中断，不过因祸得福的是，陈先生因此有了充分的时间去进一步增删、校正所收文献，并续编了《全唐文再补》和《全唐文又再补》。这套《全唐文补编》是目前校勘极精细的一部唐文集。如果一篇塔铭在几部文献总集里重复出现，而陈尚君的考证整理往往是其中最细腻的，所存文字也最多。

此外，周绍良、赵超两位先生还编辑了唐代墓志类文献集——《唐代墓志汇编》（1992）和《唐代墓志汇编续集》（2001），所收文献以存世拓本（包括北京图书馆、开封博物馆、济南博物馆的馆藏拓片，周绍良所藏拓片）和新出石（截至1996年出土墓志）为主，另外，也采录石刻专书《千唐志斋藏志》《曲石藏志》《冢墓遗文》《匋斋藏石记》《八琼室金石补正》《隋唐五代墓志汇编》等的成果。该书以时间顺序编排墓志文献，为研究者提供了新的检索方式。

关于从敦煌文献中搜求唐代文献的工作，吴钢《全唐文补遗》（第九辑）和陈尚君《全唐文补编》都曾经做过。陈尚君还通检了《敦煌宝藏》，对英、法和北京所收敦煌遗书的整理非常充分，本书据此搜检出了敦煌遗书中唐末五代塔铭。郑炳林、郑怡楠《敦煌碑铭赞辑释》（2019年增订本）是目前依据《英藏敦煌文献》《法藏敦煌西域文献》《俄藏敦煌文献》以及各地博物馆散藏敦煌遗书而辑录的碑铭赞最全的文献总集。经过比对，笔者发现吴钢、陈尚君书中所收塔铭与《敦煌碑铭赞辑释》中的一致，只是篇目标题有差异。

以上唐文总集中，包含了大量塔铭文本，笔者经过仔细搜检，整理出隋唐五代时期的塔铭文400余篇，具体如下：严可均《全隋文》（商务印书馆，1999），存塔铭3篇；《全唐文》（中华书局，1983，内含《唐文拾遗》和《唐文续拾》），存塔铭196篇；《全唐文补遗》（第一至九辑，以及《全唐文补遗——千唐志斋新藏专辑》），存塔铭117篇；《全唐文补编》（中华书局，2005，内含《全唐文再补》和《全唐文又再补》），存塔铭60篇；《唐代墓志汇编》存塔铭28篇；《唐代墓志汇编续集》存塔铭 25 篇（详细存目情况见"附录"）。

事实上，隋以前的塔铭总数不到 30 篇，而隋唐五代 380 年的时间里塔铭竟 400 余篇，数量上的悬殊对比反映出了隋唐五代塔铭创作的繁荣。不仅篇章数量上陡然增加，隋唐五代塔铭在思想内容、文体结构、写作特点、文化价值等方面，也都发展得相当成熟，可以说塔铭是在隋唐五代突然勃兴，并迅速成熟起来的涉佛文体。

二 塔铭书法遗存情况

经过一千多年的悠长岁月，陵谷变迁、风雨蚀化，以及人为损毁、战乱兵燹等磨难，隋唐五代塔铭石刻只有极少数留存至今，而且即便幸存下来的也多损泐剥蚀。不过，也恰恰是因为稀有，方显得珍贵，尤其是出自著名书家之手的名品，其艺术价值就更不可估量了。笔者依据天津古籍出版社的《隋唐五代墓志汇编》，北京图书馆金石组的《中国历代石刻拓本汇编》，台湾新文丰出版公司编辑部的《石刻史料新编》，周绍良、赵超主编的《唐代墓志汇编》《唐代墓志汇编续集》以及各地出土的碑刻研究报告，梳理出隋唐五代有明确书家姓名的塔铭，并进行了一番查考，兹列表以说明这些书法精品的留存情况，见表 2 - 1（本表以塔铭刻立时间排序，如不能确定刻立时间，则参考塔主的亡故时间）。

表 2 - 1　隋唐五代有明确书家姓名塔铭的留存情况

塔铭标题	作者	书者	年代	留存情况
化度寺故僧邕禅师舍利塔铭	李百药	欧阳询	贞观五年十一月	存帖（北京图书馆藏拓本）
大唐灵化寺故大德智该法师之碑	明濬	明解	贞观十三年六月	存石（西安碑林）
益州多宝寺道因法师碑文并序	李俨	欧阳通	龙朔三年十月刻	存石（陕西博物馆）
实际寺故寺主怀恽奉敕赠隆阐大法师碑铭并序	思庄	怀禅	神龙元年	存石（西安碑林）
唐玉泉寺大通禅师碑铭并序	张说	卢藏用	神龙二年二月卒	碑在湖北当阳

塔铭标题	作者	书者	年代	留存情况
大唐□□寺故比丘尼法琬法师碑文	僧承远	刘钦旦	景龙三年五月刻	存石（西安碑林）
□故大□思谷禅师□□铭并序	言文	愚弟□□	先天二年（癸丑）正月	存帖（北京图书馆藏拓本）
大唐中岳东闲居寺故大德珪和尚纪德幢	智严	陆去泰	开元十三年六月	存石（现存洛阳龙门石窟研究院）
大唐河南府阳翟县善才寺文荡律师塔碑铭并序	卢涣	魏栖梧	开元十三年十月	存帖（北京图书馆藏拓本）
大唐嵩山会善寺故大德道安禅师碑并序	宋儋	宋儋书，李镐题额	开元十五年十月刻	碑在河南登封会善寺
兴圣寺主尼法澄塔铭并序	李志暕	李志暕	开元十七年十一月葬	存帖（周绍良藏拓本）
大唐西崇福寺故侍书僧崇简上人墓志铭并序	陈潭	陈潭	开元二十二年四月	存石（2005年洛阳邙山发现）
嵩山会善寺故景贤大师身塔石记	羊愉	释温古	开元二十三年八月刻	石在河南登封
大智禅师碑铭并序	严挺之	史惟则书并篆额	开元二十四年九月刻	存帖（北京图书馆藏拓本）
大唐大温国寺故大德进法师塔铭并序	陈光	僧智详	开元二十五年七月刻	存帖（北京图书馆藏拓本）
大唐济度寺故大德比邱尼惠源和尚神空志铭	杨休烈	萧定	开元二十五年十一月	存帖（《金石萃编》）
大智禅师碑阴记	阳伯成	史惟则	开元二十九年五月刻	存帖（北京图书馆藏拓本）
大唐广福寺静业和尚（张突）墓志	郭暧	郭暧	天宝二年八月书	存帖（北京图书馆藏拓本）
故和上法昌寺寺主（圆济）身塔铭并序	韩诠	董光朝	天宝二年十二月卒	石在山西芮城
大唐东京大奉国寺故上座宠茔记	石镇	崔英	天宝四载九月	存帖（《芒洛冢墓遗文补遗》）
大唐天宫寺岩和尚墓志	王铄	沙门灵琇	天宝七载六月	存石（2006年龙门西山发现）
唐少林寺灵运禅师塔碑	崔琪	沙门勤□	天宝九载四月刻	存石（少林寺塔林）

续表

塔铭标题	作者	书者	年代	留存情况
沙弥尼清真塔碑铭并序	季良	季良	天宝年间刻	存帖(《隋唐五代墓志汇编》北京卷第一册,北京图书馆藏拓本)
大唐兴唐寺净善和尚塔铭	王延昌	颜真卿	乾元元年九月	存帖(北京图书馆藏拓本)
大唐东都荷泽寺殁故第七祖国师大德(神会)于龙门宝应寺龙岗腹建身塔铭并序	比丘慧空	法璘	永泰元年十一月	存石(洛阳龙门西北侧唐代宝应寺遗址发现)
东京大敬爱寺大证禅师碑	王缙	徐浩	大历四年三月刻	存石(碑在河南登封嵩岳寺后)
唐上都荐福寺临坛大戒德律师之碑	韩云卿	史惟则篆书碑额,韩择木书	大历四年十二月	存石(清末出土,现藏泾阳县文化馆)
大唐荷恩寺故大德敕谥号法津禅师(常一)墓志铭并序	姚骥	姚骥	大历五年九月	存石(西安碑林博物馆)
唐少林寺同光禅师塔铭	郭湜	灵迅	大历六年六月刻	存石(河南登封少林寺东墙外约50米)
大唐真化寺多宝塔院故寺主临坛大德尼如愿律师墓志铭	飞锡	秦昊	大历十年七月葬	存帖(北京图书馆藏拓本)
唐北岳慧炬寺建寺故禅师神道影堂记德碑并叙	良说	比丘贵道篆额并书	大历十一年十二月	存帖(北京图书馆藏拓本)
唐故大德智力禅师遗德之碑	灵曜	□□则书,僧大悟题	大历十五年正月刻	存石(河北曲阳县北四十里慧炬寺)
大唐兴善寺大广智不空三藏和尚碑铭并序	严郢	徐浩	建中二年十一月刻	存石(西安碑林)
大唐皇再从祖姑故宁刹寺比丘尼志弘墓志铭并序	王谅	王鄂	建中三年十一月	存石(2004年,洛阳龙门西山毕沟村)
唐绛州闻喜县大兴国寺故智旻禅宗塔铭并序	于兆	于兆	贞元元年冬十月	存石(闻喜南三十里铁牛峪兴国寺)
大唐东都敬爱寺故开法临檀大德法玩禅师塔铭并序	李充	马士瞻	贞元七年十月刻	存石(少林寺塔林)
唐都安国寺故临坛大德(澄空)塔下铭并序	梁宁	皇甫阅	贞元九年八月葬	存帖(北京图书馆藏拓本)
唐东都同德寺故大德方便和尚塔铭	慧岌	阙名	贞元十一年五月	存石(五台山佛光寺东山坡)

续表

塔铭标题	作者	书者	年代	留存情况
唐故禅大德演公塔铭并序	杨叶	刘钧	贞元十八年正月刻	存石（河南巩县石窟寺）
唐故静乐寺尼惠因墓志铭并序	周皓	周珣	贞元十八年七月葬	存帖（《隋唐五代墓志汇编》陕西卷第四册）
楚金禅师碑	飞锡	吴通微	贞元二十一年七月刻	存石（西安碑林）
唐北岳慧炬寺建寺故禅师（智力）神道影堂纪德碑并叙	沙门良说	僧贵道行书并篆额	贞元十五年正月刻	存石（碑在河北曲阳慧炬寺）
唐故招圣寺大德慧坚禅师碑铭并序	徐岱	孙藏器	元和元年夏四月刻	存石（西安碑林）
袁州萍乡县杨岐山故广禅师碑	刘禹锡	刘禹锡书丹，刘申锡篆额	元和二年五月刻	存石（萍乡市杨岐寺）
大唐故太白禅师塔铭并序	胡的	胡的	元和四年十月	存帖（《古刻丛钞》）
唐故东都安国寺比丘尼刘大德（性忠）墓志铭并序	刘陟	刘陟	元和十年七月	存帖（周绍良藏拓本）
庐山东林寺故临坛大德塔铭并序	刘轲	释云轲	元和十年冬十月	赵明诚《金石录》记载"石在江州"（待查）
唐故法云寺寺主尼大德县简墓志铭并序	韩特	韩较	元和十一年七月	存帖（《隋唐五代墓志汇编》陕西卷第四册）
兴国寺故大德上座号宪超塔铭并序	元应	元应	元和十三年十月葬	存石（淳化县文化馆）
大德塔铭	僧文遁	王叔清	元和十四年四月刻	存石（河南鞏县石窟寺）
安邑县报国寺故开法大德泛舟禅师塔铭并序	袁允	薛颖	长庆二年五月	存石（运城市大渠乡寺北曲村报国寺遗址）
□□和尚塔铭	宗埙	全一	长庆四年五月	存帖（《隋唐五代墓志汇编》山西卷第一册）
唐故东都福先寺临坛大德广宣律师（成公志辩）墓志铭	崔章	崔罕	大和元年八月葬	存帖（北京图书馆藏拓本）
杨岐山甄叔大师碑铭	至贤	元幽书丹，王周古篆额	大和六年四月刻	存石（江西萍乡市杨岐寺）

续表

塔铭标题	作者	书者	年代	留存情况
敕置甘泉山寺禅和尚碑铭并序	王攀	王攀	大和六年十月	存石（文水县西南甘泉寺）
唐故内供奉翻经义解讲律论法师辩空和上塔铭	王申伯	田复	大和七年八月刻	存帖（周绍良藏拓本）
寂照和尚碑	段成式	僧无可	大和七年十二月卒	存帖（北京图书馆藏拓本）
大唐三藏大遍觉法师塔铭并序	刘轲	沙门建初	开成四年五月刻	存石（陕西西安碑林）
大慈恩寺大法师基公塔铭并序	李宏庆	沙门建初	开成四年五月刻	存石（陕西西安碑林）
唐故左街僧录内供奉三教谈论引驾大德安国寺上座赐紫方袍大达法师玄秘塔碑铭并序	裴休	柳公权书并篆额	会昌元年十二月刻	存石（陕西西安碑林）
圭峰禅师碑铭并序	裴休	裴休书，柳公权篆额	大中九年十月刻	存石（陕西省户县东南草堂寺内）
大唐崇福寺故僧录灵晏墓志并序	僧彦楚	绍兰	大中十一年二月	存帖（《隋唐五代墓志汇编》陕西卷第四册）
唐故上都唐安寺外临坛律大德比邱尼广惠塔铭并序	令狐专	孔□□	大中十三年六月葬	存石（陕西西安碑林）
唐云居寺故寺主律大德神道碑铭并序	何筹	张景琮书并篆额	咸通八年十一月刻	存石（北京房山云居寺）
甘泉普济禅寺灵塔记	郎肃	采思伦	咸通十二年闰八月刻	石在天津蓟县，北京图书馆藏拓本
惠光舍利塔铭	阙名	王温	后梁乾化五年十二月刻	存石（河南洛阳）
新罗国故两朝国师教谥朗空大师白月栖云之塔碑铭	崔仁渷	释端目集金生行书	后梁贞明三年十一月葬	存石（朝鲜庆尚道荣川郡石南山寺）
大唐嵩山少林寺故寺主法华钧大德塔铭	虚受	钦缘	后唐同光四年三月	存帖（北京图书馆藏拓本）
高丽国原州灵凤山兴法寺忠湛大师塔铭	高丽王王建	崔光胤集李世民行书	后晋天福五年七月刻	存石（朝鲜江原道原州灵凤山兴法寺）
周晋州慈云寺长讲维摩经僧普静舍身记	藏莹	沙门云蔼	后周显德二年九月	存石（临汾慈云寺）
妙乐寺真身舍利塔碑	苏允平	僧匡宝	后周显德二年刻	碑在河南武陟，北京图书馆藏拓本

表2-1遗漏错讹之处，一定不少，尚须继续完善。事实上，表中所谓的"存石"或"存帖"，也不一定就是唐人的原石或原拓，很可能我们现在所见的"志石"，是后代翻刻或重刻的，"存帖"也不一定是原拓，是后人依据翻刻或重刻的"志石"再拓而成的。如《化度寺故僧邕禅师舍利塔铭》，李百药撰文，欧阳询楷书。碑立于贞观五年（631），共三十五行，每行书三十三字，原石早在北宋初年就已经残断，至北宋末年佚失。据王壮弘考证，现存的六种著名拓本中，只有吴湖帆四欧堂藏本（现存上海图书馆）是唐石孤拓，敦煌石室藏本为翻刻唐石的拓本，大兴翁氏苏斋本、南海吴氏本、临川李氏本、陆氏松下清斋本，则都是宋代翻本。①

由《化度寺故僧邕禅师舍利塔铭》碑帖的流传情况，我们可以得出两点认识。其一，此碑帖被誉为欧阳询楷书第一代表作，艺术价值如此高，像这样受到人们普遍珍视的石刻，最终难免碎裂、佚失的命运，至于那些声名不显的塔铭原石，又能有多大概率被保存下来呢？故而，我们今天能见到的塔铭原始志石，实属"幸运儿"。其二，古人不辞劳苦去翻刻或摹拓石刻文字，从中不难体察到古人对石刻遗存的珍爱。故而，身处文化大繁荣的今天，我们更应该珍惜现有的石刻文物和拓本。

第二节　隋唐五代塔铭勃兴的原因

为什么隋唐五代塔铭能够突然勃兴起来呢？原因当然是多方面的，究其主要原因，无外是如下五方面的因素促成的。

第一，唐代志墓文化发达，墓志铭创作盛极一时。周绍良、赵超主编的《唐代墓志汇编》及《唐代墓志汇编续集》收录的唐代墓志铭有5000余件，这是千载之下我们看得到的墓志铭，数量尚且如此庞大，据此则不难推想有唐一代墓志铭的创作盛况。事实上，在南北朝时期墓志的名称、形制和文体就相对固定下来了。② 到了唐代，墓志铭的创作已是异彩纷

---

① 王壮弘：《增补校碑随笔》，上海书店出版社，2008，第308~310页。
② 赵超：《汉魏南北朝墓志汇编·前言》，第3页。

呈，不仅建立了写作范式，表现手法亦多样化，而且在主题的丰富性以及思辨意识上，唐代墓志铭的成就都明显超过前代。① 塔铭是释氏的志幽之文，写作上与墓志铭存在相当程度的共通性，塔铭借鉴墓志铭的写作经验是顺理成章的。因而，唐代墓志铭的蓬勃发展直接影响到塔铭创作的繁盛。

第二，唐代帝王推重碑铭文化。唐太宗、高宗、武则天、中宗、睿宗、玄宗等，都钟情书丹立碑。据考证，在清乾隆以前，历朝历代御碑数量最多的就是唐代帝王。所谓"上有所好，下必甚焉"，在帝王的垂范之下，立碑撰铭成为一项甚为高雅而庄重的事情，吸引众多高官显宦、著名文士、商贾贵戚争相创制碑铭，从而使唐代的铭刻在规模和质量上都取得了长足的进步。体现在塔铭上，就是唐代的塔铭志石镌刻得极为精致华丽，如《大智禅师碑铭并序》（刻于开元二十四年，736）、《益州多宝寺道因法师碑文并序》（刻于龙朔三年，663）、《唐故招圣寺大德慧坚禅师碑铭并序》（刻于元和元年，806），碑身两侧都雕有精美的图案。唐代塔铭不仅雕刻工艺精湛，书法也是垂范千古的，尤其是楷书铭刻的成就，如欧阳询书《化度寺故僧邕禅师舍利塔铭》、欧阳通书《益州多宝寺道因法师碑文并序》、薛稷书《唐信行禅师碑》、柳公权书《唐故左街僧录内供奉三教谈论引驾大德安国寺上座赐紫方袍大达法师玄秘塔碑铭并序》都是享誉千年的楷书名品。如此一个崇尚碑石铭刻，荟萃众多书碑高手的时代，作为碑刻文化一个小小分支的塔铭，当然也会应运繁荣起来。

第三，隋唐塔铭文创作的繁盛，还与社会思潮多元并举的宽松的意识形态环境有关。历史上，佛教在相当长的时间里处于优势，这一方面使得奉守儒家规范的知识阶层有意无意间接受了相当多的佛家思想，从而在意念上对佛教产生亲和力，在行为上主动参与佛事，并愿意为亡去的佛友撰写塔铭；另一方面，作为风靡社会的文化思潮，特别是像天台宗、法相宗、华严宗、禅宗、净土宗等教派，自然会吸引那个时代众多才识卓越的人去习学，其中又有很多人深深地为佛法所吸引，并主动皈依，最后成为佛学宗师，他们生前在宗教义理、德识修养方面具备过人之处，死后受人追念，并有铭文刻记下来，也是情理之中的事。

---

① 徐海容：《唐代碑志文研究》，中华书局，2018，第47～49页。

第四，塔铭创作的繁盛与众多文人，特别是一些著名文学家的参与，有着极为密切的关系。如张说、李邕、王维、李华、独孤及、梁肃、权德舆、裴休、柳宗元、刘禹锡、白居易、刘轲、皎然等文学大家，皆参与了塔铭的创作。他们以独到的视角、亲身的感悟、文学的笔法、传神的语言，叙写了一位又一位高僧的人生经历与德识，自然促成这一时期的塔铭体制渐备，变化转多，且更具思想性、文学色彩与欣赏价值。

第五，文学艺术的繁荣，在根本上是必须有经济做支撑的，隋唐五代塔铭繁盛终极原因还在于雄厚的社会经济实力。前面提及的魏晋南北朝时期统治者多次禁碑，其中一个重要原因就是社会经济凋敝，而为亡故的人立石碑，刻写铭文，实在太浪费人力、物力和财力，出于社会经济利益考量，统治者才多次下令禁立石碑的。但是到了隋唐时期，封建经济的空前强盛，使得民间储备了足够的钱财，不必说达官显宦，就是普通的殷实之家，也能为亡去的亲人办一个体面的葬礼。故而，我们看到隋唐时代的丧俗有平民百姓修坟、刻墓志铭，佛家则造塔、刻塔铭。

第三节　隋唐五代塔铭的分期

完整的塔铭，体例上往往是前序后铭，鉴于塔铭末尾处的铭赞，多为古体诗，且变化不多，我们这里就主要依据塔铭前面的序文变化，给隋唐五代僧人塔铭分为四个发展阶段。

第一阶段是隋代塔铭，体现出鲜明的承上启下创作特征。

第二阶段是唐前期塔铭，从唐立国至唐德宗贞元末年，此阶段塔铭的序多为长篇，行文骈俪，间有散句，气度恢宏，但内容模式化，缺乏新意。

第三阶段是中唐塔铭，从唐德宗贞元末年至唐文宗大和末年，这一阶段由于一些著名文学家加盟塔铭的创作，使得序文的变化转多，出现大量散体行文、语言平实、篇幅简省的新体塔铭，且行文中夹带议论成分，是为塔铭的创变期。

第四阶段是晚唐五代塔铭，从唐文宗大和末年至五代。

文学创作是有自身规律的。创作主体的变化、文学语言的发展、文学思潮的影响等，都会合力塑造一个文体的演变过程，并且一种新的创作倾向一旦出现，就会给后世作家留下持久的影响，所以文学创作的历史分期不能与历史学的断代分期完全重合。下面具体解析一下这四个阶段塔铭的创作特色。

一　隋代塔铭

《全隋文》辑录了三篇隋代塔铭，其中两篇是江总的《明庆寺尚禅师碑》《建初寺琼法师碑》。这两篇塔铭继承了前代塔铭简约平淡的风格，然而在行文中，作者加入了少量介绍塔主佛学造诣的文字，这可视为作者对塔铭文体独特性的认识已渐趋明确了，约略透露出塔铭创作的新动向。

另外一篇是极重要的塔铭——柳辩写的《天台国清寺智者禅师碑文》。在笔者所搜集的全部塔铭里，这篇塔铭是首次出现的鸿篇巨制，它对后世典丽的长篇塔铭影响十分深远。这篇《天台国清寺智者禅师碑文》是柳辩受隋炀帝杨广之命而作的。我们知道，天台智者大师（智颇）是杨广的授戒高僧，老师圆寂后，杨广命柳辩写一篇碑铭，自然柳辩不敢有丝毫怠慢。这篇塔铭三千多字，洋洋洒洒、面面俱到，开创了塔铭写作的典范。

首先，这篇碑文的写作思路很有创意。柳辩先颂扬一番佛法高妙，接着盛赞皇帝的德能善举，这创造了塔铭开篇的宕开法样式。然后，引入高僧家世、修行经历和生前取得的佛学成就、受过的皇家礼遇，以及死后的哀荣。文末，叙述这位高僧亡故的时间、地点以及相应的灵异感应故事。在相当漫长的时间里，这个写作思路被后代塔铭作者沿用，成为标准的长篇塔铭写作范式。

其次，在行文方面，柳辩倾向使用骈体并间以散句的模式，在具体表现技法上，作者开始使用对话等来塑造人物形象。如在写到智颇最后一次赴约觐见杨广时，为了凸显二人关系默契，柳辩特意记述了智颇临下山时对弟子们说的话，"当成就陇南下寺，其堂殿基址一依我图"。侍者答云："若无师在，岂能成办？"重谓之曰："当有皇太子，为我建造。汝等见之，吾不见也。"智颇临行前的这段师徒对话，含蓄地表现出他对杨广依赖之深、托付之重。

最后，在宣扬佛教的神秘性方面，柳辩运用大量冥感、梦境乃至预言等情节，以烘托佛法莫测以及智颛的道行高深。

总之，隋代塔铭，有继承、有创新，昭示着下一个塔铭创作时代的到来。

二 唐前期塔铭

自唐立国至唐德宗贞元末年，是隋唐五代塔铭创作的第二个阶段。这一阶段长篇塔铭居主要地位，在写作思路上，大体都是依照柳辩的写作范式，而在篇幅上，一两千字的塔铭较为普遍，不过像《天台国清寺智者禅师碑文》三千字以上的塔铭，则没有再出现。

我们知道，受志石大小的制约，塔铭不宜写得太长，否则石面难以容纳全部文字。一般说来，800 字以内的塔铭，在选石、镌刻、竖立等环节上还都比较易于操作。如果塔铭超过 1200 字，不仅巨大的石料难以获取，就是后续的书丹、雕刻以及竖立等工作，也都不易做好。因此，我们把字数超过 1200 字的塔铭，视为长篇。在唐贞元年间以前，长篇塔铭居多，如张说写的《唐玉泉寺大通禅师碑铭并序》1300 余字，严挺之的《大智禅师碑铭并序》1700 余字，李适之的《大唐蕲州龙兴寺故法现大禅师碑铭》1500 余字，陆长源的《唐故灵泉寺元林禅师神道碑并序》1300 余字，李吉甫的《杭州径山寺大觉禅师碑铭并序》近 1400 字，吕温的《南岳弥陀寺承远和尚碑》近 1500 字，李华的《杭州余姚县龙泉寺故大律师碑》1400 余字、《荆州南泉大云寺故兰若和尚碑》近 1300 字、《东都圣善寺无畏三藏碑》近 1400 字、《故左溪大师碑》近 1400 字、《润州天乡寺故大德云禅师碑》近 1500 字、《扬州龙兴寺经律院和尚碑》1400 余字、《润州鹤林寺故径山大师碑铭》1700 余字，明濬的《大唐灵化寺故大德智该法师之碑》2000 余字，李俨的《益州多宝寺道因法师碑文并序》2300 余字，而文豪李邕撰写的《大照禅师塔铭》，更是长达 2600 余字，例子极多，不胜枚举。

这些长篇塔铭，在写作思路、骈体行文，用典、写人等手法上，继承了柳辩的遗风。唐前期塔铭的主要特征有如下两点。

其一，写作思路模式化。大体都是使用宕开法开篇，先发一段议论，慨叹佛法深妙；接着记述禅师的出身、求学和传法经历；再由生平功德写到其受皇权贵族礼遇等生前荣耀；最后记述示灭及葬礼经过，并缀以铭文。

其二，有骈俪的倾向，句式追求整齐、排比铺张、声韵和谐。但是并不像六朝骈文那样过于拘泥于骈俪、辞采、声韵等形式，故而，唐前期塔铭也没有六朝骈文晦涩难懂的弊病，风格流畅自然，且带有盛大浑厚的气势。

但是，在骈体长篇塔铭占主流的唐前期，也出现了不重俪偶章句、枝对叶比，以散体行文、说理言事为特点的中短篇塔铭，羊愉、独孤及、梁肃等人写作的塔铭便体现出这种风貌，这也可视作开中唐散体精简塔铭之先。

三　中唐塔铭

从唐德宗贞元末年至唐文宗大和末年，是唐代塔铭创作的变化期，虽然这一阶段只有不到 50 年的时间，但因为一大批著名文学家的积极参与，使得这一时期的塔铭别开生面，出现了许多新特点。

最明显的特点是，这一时期塔铭的文字量锐减，多数在 200~800 字。如权德舆《唐故章敬寺百岩大师碑铭并序》650 余字，柳宗元《曹溪第六祖赐谥大鉴禅师碑并序》660 余字、《南岳弥陀和尚碑并序》480 余字、《南岳云峰寺和尚碑》420 余字、《南岳般舟和尚第二碑并序》650 余字、《南岳大明寺律和尚碑并序》420 余字、《龙安海禅师碑并序》600 余字、《岳州圣安寺无姓和尚碑铭并序》530 字、《南岳云峰和尚塔铭并序》370 余字、《衡山中院大律师塔铭并序》280 余字，白居易《如信大师功德幢记》410 余字、《大唐泗洲开元寺临坛律德徐泗濠三州僧正明远大师塔碑铭并序》760 余字、《唐东都奉国寺禅德大师照公塔铭并序》460 余字、《唐抚州景云寺故律大德上宏和尚石塔碑铭并序》740 余字、《唐江州兴果寺律大德凑公塔碣铭并序》520 余字，刘禹锡《曹溪六祖大鉴禅师第二碑并序》460 余字、《唐故衡岳律大师湘潭唐兴寺俨公碑》540 余字。即使是权德舆为高僧马祖道一写的《唐故洪州开元寺石门道一禅师塔铭并序》，字数也不过 810 余字；陈诩为百丈怀海大师写的《唐洪州百丈山故怀海禅师塔铭》也没超过千字，这一时期序文超过 1000 字的塔铭，实属个别现象。

唐中期塔铭一改前期骈化倾向，以散体文为主。我们不妨将柳宗元、刘禹锡为慧能写的塔铭，与之前王维写的慧能塔铭（塔铭的引文详见第三章的第一节、第二节）做一下对比，会清楚地发现：柳宗元和刘禹锡的序文都是直述其事，通俗易懂，全篇散体行文，丝毫不追求骈偶、声韵、辞采等花哨的形式，这与前期骈化行文特点形成了鲜明对比；而同样是给慧能写塔铭的王维，其序文则明显具有骈化色彩，句式很规整，语言对偶，只在行文间偶尔夹带散句。

那么，为什么唐中期的塔铭一改过去骈文范式，采用散体行文了呢？其实，这是与中唐文学领域的重大革新运动相呼应的。众所周知，散文领域的"古文运动"在创作改革的主张上，追求"文从字顺""词必己出"，文章要清晰表达个人主见。受这一文学思潮的影响，文人们在撰写塔铭的序文时，就像我们前面看到的那样，以奇句散行直述其事，摒弃偶对、声律、辞采、用典等形式枷锁，务求"言之有物""顺理成章"。尤其是白居易和刘禹锡写作的塔铭更具代表性，他们的塔铭写得明白晓畅，几乎看不到用典，这样的散体文就是现代人来读，也是没什么障碍的。

四 晚唐五代塔铭

从唐文宗大和末年至五代，是隋唐五代塔铭创作的第四阶段，此阶段呈现两个发展趋向。

其一，该阶段塔铭是沿着上一阶段平实晓畅的散体文风继续发展，较有代表性的作品如卢简求《杭州盐官县海昌院禅门大师塔碑》、王讽《漳州三平大师碑铭并序》等。这些作品承袭上一阶段序文创作余绪。

其二，骈文势力又重新"抬头"，一部分晚唐五代的塔铭作者又开始使用骈体行文，四六句对仗，叙事繁冗，大有卖弄辞采之嫌，我们可将此阶段视作唐前期盛行的骈体塔铭创作的反复。譬如何筹《唐云居寺故寺主律大德神道碑铭并序》、段成式《寂照和尚碑》等。

纵观隋唐五代塔铭序文的发展变化历程，我们发现，它其实与隋唐时期文学的发展潮流相吻合。自隋炀帝大业年间至初盛唐时期，承接六朝骈文余绪，文人们普遍推崇骈体行文，讲求文章形式美；贞元以后，"古文运动"和"新乐府运动"提出务实切要、清晰流畅的创作主张，于是文风为之一变；至晚唐，散体文的势头减弱，骈文再度盛行，文人们又开始追求偶对、声韵、辞采等形式特色。这里要特别说明的是，我们品评的是每个阶段占据多数的主流塔铭特点，但并不是说这一阶段所有塔铭都一律如此，其实中唐也会有散体行文的塔铭，晚唐五代也有骈体文。凡事都不绝对，文学创作亦如此。

第四节　隋唐五代塔铭的分类

依据分类标准不同，塔铭可以分为不同的种类。譬如按照塔主性别不同，可分为和尚塔铭与尼姑塔铭；按照塔铭的行文样式，可分为骈体塔铭与散体塔铭；按照塔铭作者的身份不同，又有官僚、文人学士、僧人等所作塔铭的区分……本书我们着重探讨两种分类方式：第一种是依据篇幅的长短，我们可以把超过 1200 字的称为长篇塔铭，少于 800 字的称为短篇塔铭，介于 800 字至 1200 字之间的称为中篇塔铭；第二种是按照塔铭的行文样式，将其分为骈体塔铭和散体塔铭。

一　按篇幅长短分类

长篇塔铭，塔主多为名僧。按照慧皎《高僧传·序录》中说："名者，本实之宾也。若实行潜光，则高而不名。寡德适时，则名而不高。"[①]可见，佛教界对高僧与名僧的区分是严格的，"高僧"是对僧人学行德履的真实肯定，"名僧"则是对其生前世俗荣耀的褒赞。从后来实际看，确有高僧者亦"名"，名僧者亦"高"的情况，他们或享誉教界，或称赏于皇家，且圆寂以后都有塔铭。不过，高僧的塔铭长短不拘，篇幅长的固然有，短篇也不在少数，如延昭写的《临济慧照禅师塔记》（临济义玄的葬塔铭文），至贤写的《杨岐山甄叔大师碑铭》（杨岐甄叔的葬塔铭文），符载写的《荆州城东天皇寺道悟禅师碑》（天皇道悟的葬塔铭文），严郢写

---

① 慧皎撰，汤用彤校注《高僧传》，中华书局，1992，第 3 页。

的《大唐兴善寺大广智不空三藏和尚碑铭并序》（不空三藏的葬塔铭文），王申伯写的《唐故内供奉翻经义解讲律论法师辩空和上塔铭》（辩空的葬塔铭文），卢粲写的《大唐龙兴翻经三藏义净法师之塔铭》（义净的葬塔铭文），阎朝隐写的《大唐大荐福寺故大德康藏法师之碑》（法藏的葬塔铭文），李乂写的《大唐大慈恩寺法师基公碑》（窥基的葬塔铭文），混伦翁写的《大唐东京大广福寺故金刚三藏塔铭并序》（金刚三藏的葬塔铭文），唐技写的《龚公山西堂敕谥大觉禅师重建大宝光塔碑铭》（西堂智藏的葬塔铭文），唐玄宗写的《大慧禅师一行碑铭并序》（一行的葬塔铭文）等，这些高僧的塔铭都是短篇。

相比而言，名僧塔铭的篇幅则很长，铺张扬厉，骈化倾向明显。这类塔铭写作上沿用了柳辩创立的范式，内容上则突出了一些神秘玄妙的情节，以表现僧人的道法高深，叙述的重点放在皇室或地方高官的礼遇上，以此表现僧人生前荣耀。相应的例子极多，如张说写的《唐玉泉寺大通禅师碑铭并序》、严挺之写的《大智禅师碑铭并序》、陆长源写的《唐故灵泉寺元林禅师神道碑并序》、吕温写的《南岳弥陀寺承远和尚碑》、李华写的《东都圣善寺无畏三藏碑》、李绅写的《墨诏持经大德神异碑铭》、明濬写的《大唐灵化寺故大德智该法师之碑》、李俨写的《益州多宝寺道因法师碑文并序》、李邕写的《大照禅师塔铭》、徐岱写的《唐故招圣寺大德慧坚禅师碑铭并序》、僧空海写的《大唐神都青龙寺故三朝国师灌顶阿阇黎惠果和尚之碑》、飞锡写的《大唐故大德开府仪同三司试鸿胪卿肃国公大兴善寺大广智三藏和上之碑》等，这些长篇塔铭的写作套路十分近似，我们在以后的章节里，会对其思想内容、艺术特色给予详细论述。

短篇塔铭，多是由塔主生前的同道师友或其弟子请人叙写而成的。一般说来，这类塔铭记述得都非常简洁，重点是叙述塔主的学行德履，行文中偶尔会对佛法的玄奥精微略作几句议论。例子极多，如仁素写的《大唐嵩岳闲居寺故大德珪禅师塔记》，处玉璿写的《大唐众义寺故大德敬节法师塔铭并序》，元应写的《兴国寺故大德上座号宪超塔铭并序》，毕彦雄写的《大唐龙兴大德香积寺主净业法师灵塔铭并序》，崔膺写的《灵识和尚塔铭》，沈亚之写的《灵光寺僧灵佑塔铭》，刘轲写的《庐山东林寺故临坛大德塔铭并序》，《金光照和尚碑》（阙名），杜正伦写的《释法护葬铭》，王叔通写的《唐故了缘和尚灵塔铭并序》，王延昌写的《大唐兴唐寺净善和尚塔铭》，杨皎写的《大唐东都弘圣寺故临坛大德真坚幢铭并序》，杨叶写的《唐故禅大德演公塔铭并序》，李师直写的《唐嵩岳会善寺敕戒坛临坛大律德塔铭并序》，畈道写的《沂州其山寺故寺主惠公塔记》等。

值得一提的是，还有相当一部分短篇塔铭是作者循着自家思路写成的，不受固定章法影响，往往从个人感触最深处着笔，颇具滋味。如中唐文学家柳宗元、刘禹锡、白居易等人的塔铭，都写得精简质实，可读性很强。

中篇塔铭，顾名思义就是篇幅介于长篇与短篇之间的塔铭了。事实上，这类塔铭往往是长篇塔铭的缩略版。与长篇相比，中篇塔铭只是在文字叙述上精练一些；在创作思路上，也不像长篇那样面面俱到，通常会省略某些在作者看来不重要的内容。看惯了长篇和短篇塔铭，再看中篇塔铭，你会觉得它们没有新意，既没有长篇塔铭的宏大气势，也往往不具有短篇塔铭的独到之处。中篇塔铭的例子也很多，如李充写的《大唐东都敬爱寺故开法临檀大德法玩禅师塔铭并序》、《定州曲阳县龙泉镇□□山院长老和尚舍利塔记》（阙名）、李百药写的《化度寺故僧邕禅师舍利塔铭》、田休光写的《法藏禅师塔铭并序》、崔琪写的《心镜大师碑》、韩熙载写的《元寂禅师碑》、《大唐济度寺大比邱尼墓志铭》（阙名）、宇文鏚写的《南浦郡报善寺主（宇文）德曜公道行碑铭并序》和《万州报善寺主觉公纪德碑并序》、智严写的《大唐中岳东闲居寺故大德硅和尚纪德幢》、李邕写的《唐故白马寺主翻译惠沼神塔碑》、梁肃写的《唐常州天兴寺二大德比丘尼碑》等。

以上便是从篇幅角度对塔铭进行的分类介绍，弄清楚这个问题有利于我们对塔铭文本形成一个整体印象。

二　按行文样式分类

由上一节我们知道骈体塔铭肇始于隋代柳辩的《天台国清寺智者禅师碑文》。因为是受隋炀帝之命而作的，柳辩不敢有丝毫怠慢，这篇碑文三千多字，'以骈文为主，间以散句，风格华赡、气势磅礴，开创塔铭骈化创作的新范式。其后一直到唐中期之前，骈体一直占据着塔铭创作的主导地位，无论是官员、僧侣，还是文人，在撰写塔铭时都会不约而同地使用骈文体式。

总体而言，骈体塔铭的主要特点是：句式整齐，倾向使用排比句、对偶句和典故，讲究声韵和谐，文章的雕饰感很强。虽然唐前期的塔铭倾向采用骈体行文，但是相比于六朝骈文，唐文的气势宏阔，文气贯通，起承转合自然，且不全拘泥于骈俪、辞采，流露出典雅浑厚之美，给人自然通脱之感，颇与那个时代士人普遍的蓬勃自信的精神气质相通。

至于写作思路，骈体塔铭基本遵循固定的模式，大致是开篇宕开一笔，先发一段议论，或赞颂皇威盛德，或慨叹佛法深妙；接着记述禅师出身、求学和传法经历，并从生平功德写到皇权贵胄礼遇等荣耀；最后记述示灭及葬礼经过。如张说写的《唐玉泉寺大通禅师碑铭并序》，严挺之写的《大智禅师碑铭并序》，李适之写的《大唐蕲州龙兴寺故法现大禅师碑铭》，陆长源写的《唐故灵泉寺元林禅师神道碑并序》，李吉甫写的《杭州径山寺大觉禅师碑铭并序》，吕温写的《南岳弥陀寺承远和尚碑》，李华写的《杭州余姚县龙泉寺故大律师碑》《荆州南泉大云寺故兰若和尚碑》《东都圣善寺无畏三藏碑》《故左溪大师碑》《润州天乡寺故大德云禅师碑》《扬州龙兴寺经律院和尚碑》《润州鹤林寺故径山大师碑铭》等。

到了唐末五代，骈体塔铭又有新变化，主要表现在注重四六对仗，形式华美而内容单薄，叙事繁冗晦涩，卖弄辞采，虽然同属骈体塔铭，却已不再有唐前期骈体塔铭的浑厚爽朗的气度，取而代之的是文章格局褊狭、雕琢词句、晦涩难懂的整体风貌。如何筹《唐云居寺故寺主律大德神道碑铭并序》、段成式《寂照和尚碑》、公乘亿《魏州故禅大德奖公塔碑》、陈守中《大汉韶州云门山大觉禅寺大慈云匡圣宏明大师碑铭并序》、徐□《吴越国故僧统慧因普光大师塔铭并序》等。

散体塔铭并不是隋唐人的创造，事实上，自塔铭产生之初的南北朝时期，塔铭基本都是散体行文的，及至中唐，受到散文领域"古文运动"在创作主张上的影响，文人们追求"文从字顺""词必己出"，讲求文章要清晰表达个人主见。于是，这一时期的散体塔铭呈现出别具一格的风貌：以奇句散行直述其事，摒弃偶对、声律、辞采、用典等形式枷锁，务求"言之有物""顺理成章"。如柳宗元的《曹溪第六祖赐谥大鉴禅师碑并序》《南岳弥陀和尚碑并序》《南岳云峰寺和尚碑》《南岳般舟和尚第二碑并序》《南岳大明寺律和尚碑并序》《龙安海禅师碑并序》《岳州圣安寺无姓和尚碑铭并序》《南岳云峰和尚塔铭并序》《衡山中院大律师塔铭并序》,白居易《如信大师功德幢记》《大唐泗洲开元寺临坛律德徐泗濠三州僧正明远大师塔碑铭并序》《唐东都奉国寺禅德大师照公塔铭并序》《唐抚州景云寺故律大德上宏和尚石塔碑铭并序》《唐江州兴果寺律大德凑公塔碣铭并序》,刘禹锡《曹溪六祖大鉴禅师第二碑并序》《唐故衡岳律大师湘潭唐兴寺俨公碑》,权德舆的《唐故章敬寺百岩大师碑铭并序》等。

及至唐末五代,散体塔铭向着更精简的方向发展,延昭的《临济慧照禅师塔记》,法宣的《释道庆圹铭》《释慧颙砖塔铭》,道恭的《南武州沙门释智周圹铭并序》,忽雷澄的《晓了禅师塔碑》,廷芝的《唐皇化寺齐章法师墓志铭并序》等,都是简短深沉的佳作。这些散体塔铭不像骈体塔铭有固定的写作模式,作者们往往是按照自己的意图来谋篇的,他们有的是出于友情,有的是感佩塔主的德能,还可能是因为深刻服膺佛理学说才撰写塔铭的。因而,在这些简短的散体塔铭里,作者常常会特别突出地叙述塔主生前曾给自己的独有感悟,由此也就使得散体塔铭蕴含了更为深沉的佛家理念,同时也更富深挚的感情色彩。

第三章

隋唐五代塔铭的文学价值

通常，塔铭的结构是前序后铭。"序"记述塔主籍里生平、学行德履，相当于一篇人物传记，属于文的范畴；"铭"赞颂塔主德行业绩，往往约文以总录，结言于韵辞，句法简约、涵蕴深沉、概括力强。由于序文容纳更多的内容，在叙述的条理性以及情节的丰富性方面，"序"可以对"铭"形成补充，如此一来，塔铭中的"序"便逐渐取代了"铭"的地位，成为篇章的主角。另外，在隋唐五代时期，塔铭的表现手法丰富，不仅在行文上骈体与散体兼有，出现了融合与交相发展的总体趋势，在论议、情节安排以及人物描写等方面也表现出前代塔铭所没有的文学化倾向。纯文学表现手法的运用，同大批具备较高文学修养的文学家参与到塔铭的创作中，是有很大关系的。作家所具备的深浅不同的佛学修养、写作功力，以及个人的人生遭际与心态差异，造就了塔铭多样化的风格。

第一节　塔铭的文体特色

一篇完整的塔铭，通常由"序"和"铭"两部分组成。《文心雕龙·诔碑》中说："夫属碑之体，资乎史才，其序则传，其文则铭。标序盛德，必见清风之华；昭纪鸿懿，必见峻伟之烈。"① 姚鼐《古文辞类纂》中说："为之铭者，所以识之之辞也。然恐人观之不详，故又为序。"② 确

---

① 《文心雕龙注释》，第 128 页。
② 姚鼐纂集，胡士明、李祚唐标校《古文辞类纂》，上海古籍出版社，1998，第 11 页。

实如此，"铭"的内容是对僧人的褒扬，相当于文末附上的颂词。由于只凭颂词是不能清楚了解亡者详细的生平事迹的，所以就必须有序文，"序"主要是记叙僧人的生平功德，相当于一篇人物传记。

序文既有骈体，也有散体，铭文则基本都是韵文。这种体制上的特点决定了"序"的篇幅较长，"铭"的篇幅相对短小，毕竟"铭"受韵文形式的局限，很难容纳太多内容，而"序"相当于一篇传记文，容易写得长一些。序文因形式自由而适宜作者驰骋才华，故而更具文学欣赏性和史料价值。到了唐代，"序"逐渐取代"铭"，成为全篇的写作重心，"铭"则演变为"序"的附庸。不过有意思的是，绝大多数塔铭的题目仍把"序"作为篇章的附属，用小字体标出来，这也因袭成为标题拟定的习惯。总体而言，隋唐五代僧人塔铭的"序"与"铭"，为我们研究那一时期散文、骈文、诗歌的创作情况提供了一个独特的研究视角。

一　骈散兼备的序文

前面介绍了隋唐五代塔铭经历了四个发展阶段。第一阶段是隋代。现存隋代塔铭三篇，其中两篇承北朝塔铭余绪，仅为简记。另一篇柳辩写的《天台国清寺智者禅师碑文》是骈体长篇，语言典丽、气势恢宏，昭示着塔铭创作新时代的到来。第二阶段是从唐立国至唐德宗贞元末年。此阶段的塔铭多为长篇，行文骈俪，承袭柳辩风格，内容上千篇一律，创作思维趋于模式化，缺乏新意。第三阶段是从唐德宗贞元末年至唐文宗大和末年。此阶段由于一些著名文学家加入塔铭的创作，使得序文的变化转多，出现大量散体行文、语言平实、篇幅简省的新体塔铭，且行文中夹带议论成分，成为塔铭创作的变化期。第四阶段是从唐文宗大和末年至五代末年。此阶段的序文朝着两个方向发展：其一，延续上一阶段清晰流畅的散体文风；其二，趋向恢复骈体行文，语句四六对仗、文词艰涩、篇幅冗长。

第一阶段的隋代塔铭以柳辩的《天台国清寺智者禅师碑文》成就最高。这是一篇极重要的塔铭，作为最早的鸿篇巨制，它对后世繁复的长篇塔铭创作影响非常深远。因为是奉命而作，所以柳辩不敢有丝毫怠慢，全文三千多字，绝对称得上文辞华赡、气势恢宏，开创了塔铭创作的新范式。

首先，这篇碑文首创宕开法，此前的塔铭基本都是开门见山地直接介绍塔主的身份信息，但在这篇塔铭的开篇柳辩写道：

> 臣闻在天成象，穹苍之法存焉；在地成形，区方之均效矣。二仪既尔，三才同然。上圣之姿，为王所以敬教；先觉授道，契会方乃升仙。是故命驾崆峒，纡光善卷，篆图宣业，赤诵弘风。练质九府之间，腾虚六合之内，斯并权宜汲引，暂保逍遥。终覆蔽于苦空，卒遭回于生死，未臻夫不生不灭，无去无来，匪实匪虚，非如非异，常乐我净，凝寂恬愉，不可思议之解脱也。粤若我大隋皇帝，法讳总持，载融佛日。瑞发净宫，利见法王。应阎浮主，以封唐入绍。叶继高辛，立圣与能。祚隆姬发，自天攸纵。包大德而翼小心，希世膺期；内文明而外柔顺，知微知彰。鉴穷玄览，乃武乃文，能事斯毕……①

在正式介绍智𫖮之前，柳辩先写了这么一大段的歌颂佛教高深和隋炀帝盛德的文字，这在此前的塔铭里是没有出现过的，同时也深刻地影响了后世塔铭的开篇构思。

其次，讲究偶对、用典。在这篇碑文里柳辩有意使用骈四俪六的行文和典故来增强文章的文采与感染力。譬如在表现杨广对智𫖮的礼敬时，柳辩是这样写的：

> 四事供养，睿情犹疑未满。以为师氏礼极，必有嘉名。如伊尹之曰阿衡，吕望之称尚父……虽有熊之登具茨，汉文之适河上，方之蔑如也……逡巡告退，言归旧山。殷勤请留，重违高意。犹四皓之饵术南山，二疏之散金东海，振锡离尘，始称出世。②

---

① 《全隋文》卷十二，第 135 页。
② 《全隋文》卷十二，第 136 页。

满眼偶对，句式十分工稳，柳辩把杨广尊称智𫖮为"智者大师"，并通过伊尹受商汤之称为阿衡，以及姜子牙得周文王之奉为尚父的故事，凸显出杨广对智𫖮的崇敬程度。然后，又用上古有熊亲自请少典帮忙除掉巨兽的传说，以及汉文帝亲自向河上公请教《道德经》的历史故事，表现杨广对智𫖮非常真诚的顶礼膜拜态度。而当智者大师执意要回山修行时，杨广也不敢违背老师的意愿，而是像刘邦允许商山四皓回山隐居，汉宣帝准许疏广、疏受告老还乡一样，恭顺智𫖮的要求。柳辩在这里连用六个典故，以增强行文的高雅气质。整段文章既体现出作者佛学、文学的功力，也充分展示出词臣润色鸿业的文采，文章靡丽而不失典雅，昭示着下一个塔铭创作阶段的到来。

唐立国至唐德宗贞元末年，是塔铭创作的第二个发展阶段。这一时期的塔铭多为长篇，行文骈散兼行，叙事索理，豁达大度，构成了唐代长篇塔铭的新气象。由于初盛唐的作家意识到了六朝骈文往往有形式美而内容空洞之弊，为了避免言不达意，他们不约而同地在骈体行文中间夹杂散句。盛唐时李邕是以碑志类文章见称的文学大家，他给普寂写的《大照禅师塔铭》虽然在素材选取、内容连缀方面仍循柳辩老路，但行文上已明显不拘四六，写得更顺口成章。

　　时大梁璧上人以义解方闻，敷演云会，遂听《法华经》《唯识》《起信》等论。巨石投水，其入甚多；修坂走丸，所适弥远。重依东都端和上受具，转奉南泉景和上习律，超契心地，忽见光明，随止作行，得亲近处。于是贞观嵩阜，隐居半岩，布褐一衣，麻麦一食，中夕叹曰："文字是缚，有无是边，盍不以正戒为墙，智常为座，发广大愿，修具足慈？他方七宝之山，路远难到；自境四念之地，身乐且安。犹曰密印者谓之师，先觉者谓之达，吾当求矣，此其时哉。"将寻少林法如禅师，未臻止居，已承往化，追攀不及，感绝无时。芥子相投，遇之莫遂，甘露一注，受之何阶？翌日，远诣玉泉大通和上，膜拜披露，涕祈咨禀。良马易进，良田易平，加之思修，重之勤至。宝镜磨拂，万象乃呈；玉水清澄，百丈皆见。衡山之石，更悟前身；

新丰之家，自然本处。如此者五岁。①

普寂先从璧上人学习《法华经》《唯识》《起信》等论，后去东都洛阳依端和尚受具足戒，转依景和尚学习律法，然后隐居，曾经想投少林寺法如和尚，可惜的是法如在普寂到来前便圆寂了，追攀不及的普寂又远赴玉泉寺礼拜神秀和尚，服勤五年得悟真谛。李邕对普寂这一段求学经历记述得非常周详，散句叙述间以骈句增加文采。

逮十五年，皇上将幸于京师也，优诏曰："慎言义福宜从驾，和上留都兴唐寺安置。"由是法云遍雨，在其根茎；妙音尽闻，惟所围绕。其始也，摄心一处，息虑万缘，或刹那便通，或岁月渐证。总明佛体，曾是闻传，直指法身，自然获念。滴水满器，履霜坚冰，故能开方便门，示直宝相，入深固藏，了清净因。耳目无根，声色亡境，三空圆启，二深洞明。是故闻者斯来，得者斯止，自南自北，若天若人。或宿将重臣，或贤王爱主，或地连金屋，或家蓄铜山，皆毂击肩摩，陆聚水咽，花茸拂日，玉帛盈庭。和上洗然若虚，旷然若谷，不见施者，不知受焉。遂龙象之所崇，惟塔庙之所供，但趡猿自息，醉象皆调。闻是名者，不生四趣；蒙其润者，便过四禅。则有学富蓬山，经通贝叶，百家奥旨，三藏真言，目如曜星，舌如飞电，莫不杜口折角，失客革心。②

这段叙述了普寂居兴唐寺传北宗禅旨的盛况，并对其禅法给予解释。在文辞上，李邕明显有意铺排，不过整体而言，文章更显通脱畅达，没有晦涩之感。

总体来看，初盛唐时期塔铭句式整齐，多为排比、对偶句，讲究声韵和谐，意象舒展，而且文气贯通，行文灵动，早已不似六朝骈文那样拘泥于骈俪、辞采和用典了。因而，这一时期塔铭基本不存在晦涩难懂，骈体风格中仍给人自然通脱之感和铺排充溢的气势，流露出典雅浑厚的美感，

---

① 《全唐文》卷二六二，第 2658 页。
② 《全唐文》卷二六二，第 2659 页。

这颇与初盛唐时代士人蓬勃自信的精神气质相通。

冲破骈体的拘束，转以散体行文的塔铭在第三阶段开始集中涌现，从唐德宗贞元末年至唐文宗大和末年，这短短的不到五十年的时间是塔铭创作的变化期。一大批著名文学家的积极参与，使得这一时期的塔铭别开生面，出现了许多新特点。

最明显的特点是，文字量锐减，以散体文为主。刘禹锡为慧能写的《曹溪六祖大鉴禅师第二碑并序》，白居易为神照禅师写的《唐东都奉国寺禅德大师照公塔铭并序》，为律宗大师上宏写的《唐抚州景云寺故律大德上宏和尚石塔碑铭并序》，还有为明远大师写的《大唐泗洲开元寺临坛律德徐泗濠三州僧正明远大师塔碑铭并序》等，全部都用散体，语言质朴，结构上也不落俗套。因文献字数不多，我们将刘禹锡为慧能写的塔铭的序文全部引述如下。

> 元和十一年某月日，诏书追褒曹溪第六祖能公，谥曰大鉴，实广州牧马总以疏闻，繇是可其奏。尚道以尊名，同归善善，不隔异教，一字之褒，华夷孔怀，得其所故也。马公敬其事，且谨始以垂后遂咨于文雄今柳州刺史河东柳君为前碑。后三年，有僧道琳率其徒由曹溪来，且曰：愿立第二碑，学者志也。
>
> 惟如来灭后，中五百岁而摩腾竺法兰以经来华，人始闻其言，犹夫重昏之见智爽。复五百岁而达摩以法来华，人始传其心，犹夫昧旦之睹白日。自达摩六传至大鉴，如贯意珠，有先后无异同。世之言真宗者，所谓顿门。初达摩与佛衣俱来，得道传付，以为真印。至大鉴置而不传，岂以是为筌蹄耶？刍狗耶？将人人之莫已若而不若置之耶？吾不得而知也。
>
> 案大鉴生新州，三十出家，四十七年而殁，既殁百有六年而谥。始自蕲州东山，从第五师得授记以归，高宗使中贵人再征，不奉诏，第以言为贡，上敬行之，铭曰……①
>
> ——刘禹锡《曹溪六祖大鉴禅师第二碑并序》

---

① 《全唐文》卷六一〇，第 6161～6162 页。

刘禹锡直叙其事，散体行文，虽偶用骈句，但是行文自然而成，绝无刻意之嫌，且文意简切了当，给人以清新流畅之感。塔铭丝毫不见骈偶对仗、叶韵辞采等花哨形式，与此前骈化的行文特点形成了极鲜明的对比。下面引入王维为慧能写的《六祖能禅师碑铭》，来进行对比分析。

无有可舍，是达有源；无空可住，是知空本。离寂非动，乘化用常，在百法而无得，周万物而不殆。鼓枻海师，不知菩提之行；散花天女，能变声闻之身。则知法本不生，因心起见，见无可取，法则常如。世之至人，有证于此，得无漏不尽漏，度有为非无为者，其惟我曹溪禅师乎！禅师俗姓卢氏，某郡某县人也。名是虚假，不生族姓之家；法无中边，不居华夏之地。善习表于儿戏，利根发于童心。不私其身，臭味于耕桑之侣；苟适其道，膻行于蛮貊之乡。年若干，事黄梅忍大师。愿竭其力，即安于井臼；素刲其心，获悟于稊稗。每大师登座，学众盈庭，中有三乘之根，共听一音之法。禅师默然受教，曾不起予；退省其私，回超无我。其有犹怀渴鹿之想，尚求飞鸟之迹，香饭未消，弊衣仍覆。皆曰升堂入室，测海窥天，谓得黄帝之珠，堪受法王之印。大师心知独得，谦而不鸣。天何言哉，圣与仁岂敢；子曰赐也，吾与汝弗如。临终，遂密授以祖师袈裟，而谓之曰："物忌独贤，人恶出己。吾且死矣，汝其行乎！"禅师遂怀宝迷邦，销声异域。众生为净土，杂居止于编人；世事是度门，混农商于劳侣。如此积十六载，南海有印宗法师讲《涅槃经》，禅师听于座下，因问大义，质以真乘。既不能酬，翻从请益，乃叹曰："化身菩萨，在此色身。肉眼凡夫，愿开慧眼。"遂领其（一作徒）属，尽诣禅居，奉为挂衣，亲自削发。于是大兴法雨，普洒客尘，乃教人以忍曰："忍者无生，方得无我。始成于初发心，以为教首；至于定无所入，慧无所依。大身过于十方，本觉超于三世。根尘不灭，非色灭空，行愿无成，既凡成圣。举足下足，长在道场，是心是情，同归性海。"商人告倦，自息化城；穷子无疑，直开宝藏。其有不植德本，难入顿门，妄系空花之狂，曾非慧日之咎。常叹曰："七宝布施，等恒河沙；亿劫修行，尽大地墨。不如无为之运，无碍之慈，宏济四生，大庇三有。"既而道德遍覆，名声普闻。泉馆卉服之人，去圣历劫；涂身穿耳之国，航海穷年，皆愿拭目于龙象之姿，忘身于鲸鲵之口，骈立于户外，趺坐于床前。林是栴檀，更无杂树；花惟薝葡，不嗅余香。皆以实归，多离妄执。九重延想，万里骖诚，思布发以奉迎，愿义手而作礼。则天太后、孝和皇帝并敕书劝谕，征赴京城。禅师子牟之心，敢忘凤阙；远公之足，不过虎溪。固以此辞。竟不奉诏，遂送百衲袈裟，及钱帛等供养。天王厚礼，献玉衣于幻人；女后宿因，施金钱于化佛。尚德贵物，异代同符。至某载月日，忽谓门人曰："吾将行矣。"俄而异香满室，白虹属地，饭食讫而敷坐，沐浴毕而更衣。弹指不留，水流灯焰，金身永谢，薪尽火灭。山崩川竭，鸟哭猿啼，诸人唱言，人无眼目，列郡恸哭，世且空虚。某月日，迁神于曹溪，安座于某所。择吉祥之地，不待青鸟；变功德之林，皆成白鹤。呜呼！大师至性淳一，天姿贞素，百福成相，众妙会心。经行宴息，皆在正受；谭笑语言，曾无戏论。故能五天重迹，百越稽首。修蛇雄虺，毒螫之气销；跳殳弯弓，猜悍之风变。畋渔悉罢，盅酖知非。多绝膻腥，效桑门之食；悉弃罟网，袭稻田之衣。永惟浮图之法，实助皇王之化。弟子曰神会，遇师于晚景，闻道于中年，广量出于凡心，利智逾于宿学。虽末后供，乐最上乘。先师所明，有类献珠之愿（一作顾）；世人未识，犹多抱玉之悲。谓余知道，以颂见托。偈曰……①

可见，同是给慧能撰写塔铭，所记叙的内容也大体相同，基本都是慧能的出身、求学、传法及佛学造诣、寂灭等情节，但王维的序文就明显是前期塔铭繁复、骈化的特点，1300多字的长文，纯熟的对偶句式和不露声色的典故运用，都明显有别于刘禹锡简洁晓畅的文风。

那么，为什么中唐时期的塔铭一改过去骈文规模，采用散体了呢？其实，这与中唐文学领域的重大革新运动有一定的关系。众所周知，散文领域的"古文运动"在创作改革方面反对不切实际的文章唯美主义倾向，赋予散文鲜明的经世致用的品格，去浮华空洞而回归质实真切，追求指事

---

① 《全唐文》卷三二七，第 3313～3314 页。

造实、文从字顺。柳宗元在《答韦中立论师道书》里非常明确地反对文章因辞而晦，指出文章应该"假辞而明"。他说："始吾幼且少，为文章以辞为工。及长，乃知文者以明道，是固不苟为炳炳烺烺，务色彩，夸声音，而以为能也"。①

受"简易载道"文学思想的影响，这一时期文人们在撰写塔铭时，就像我们前面看到的那样，以奇句散行直述其事，摒弃偶对、声律、辞采、用典等形式枷锁，务求"言之有物""顺理成章"。塔铭创作领域，尤以白居易、刘禹锡、柳宗元的塔铭写得最明白晓畅，三位文学家的塔铭，就是现代人来看，也没什么阅读障碍。白居易的《唐东都奉国寺禅德大师照公塔铭并序》风格更加平易。

> 大师号神照，姓张氏，蜀州青城人也。始出家于智凝法师，受具戒于惠萼律师，学心法于惟忠禅师。忠一名南印，即第六祖之法曾孙也。大师祖达摩宗神会而父事印，其教之大旨，以如然不动为体，以妙然不空为用，示真寂而不说断灭，破计著而不坏假名。师既得之，揭以行化。出蜀入洛，与俗人有缘，用（一作月）开六坛，仅三十载，随根说法，言下多悟。由是裂疑网，拔惑箭，渐离我人相者，日日有焉；起正信，见本觉，顿发菩提心者，时时有焉。其余退恶进善，随分而增上者，不可胜纪。夫如是，可不谓烦恼病中，师为医王乎？生死海中，师为船师乎？呜呼！病未尽而医去，海方涉而船失，粤以开成三年冬十二月，示灭于奉国寺禅院，以是月迁葬于龙门山，报年六十三，僧夏四十四。明年，传教主院上首弟子沙门清闲，纠门徒，合财施，与服勤弟子志行等，营度丧事，卜兆于宝应寺荷泽祖师塔东若干步，窆而塔焉，示不忘其本也。其诸升堂入室，得心要口诀者，有宗实在襄，复俨在洛，道益在镇，知远在徐，曰建在晋，道光在润，道咸在潞，云真在慜（一作磁），云表在汴，归忍在越，会幽、齐经在蔡，智全、景元、绍明在秦。各于一方，分作佛事，咸鼓钟鸣吼，龙象蹴蹋。斯皆吾师之教力也，不其盛欤？众以余忝闻法门

---

① 《全唐文》卷五七五，第5814页。

人，结菩提之缘甚熟，请于塔石，序而铭曰……①

从全文看，白居易几乎通篇都用了散句，只"裂疑网，拔惑箭，渐离我人相者，日日有焉；起正信，见本觉，顿发菩提心者，时时有焉"是对偶句式，但是，作者采用的句式是 3、3、6、4，轻快灵动，丝毫没有板滞的骈体感觉。

从唐文宗大和末年至五代末年，是隋唐五代塔铭创作的第四阶段，此阶段呈现两个发展动向。其一，沿着上一阶段平实晓畅的散体文风继续发展，较有代表性的作品如卢简求《杭州盐官县海昌院禅门大师塔碑》，王讽《漳州三平大师碑铭并序》，陆希声《仰山通智大师塔铭》，郑愚《潭州大沩山同庆寺大圆禅师碑铭并序》，宋齐邱《仰山光涌长老塔铭》，黄滔《龟洋灵感禅院东塔和尚碑》《华严寺开山始祖碑铭》，延昭《临济慧照禅师塔记》，虚受《大唐嵩山少林寺故寺主法华钧大德塔铭》等。

有大师法名义中，俗姓杨氏。为高陵人，因父仕闽，征于福唐县。年十四，宋州律师元用剃发。二十七具戒。先修三摩钵提，后修奢摩他禅那。大师幼悟法印，不汨幻机，日损薰结，玄超冥观。先依百岩怀晖大师，历奉西堂百丈石契，后依大颠大师。宝历初到漳州，州有三平山，因芟剃住持，敞为招提。学人不远荒服请法者，常有三百余人。示以俗谛，勉其如幻解脱；示以真空，显非秘密度门。虚往实归，皆悦义味。知性无量，于无量中，以习气所拘，推为性分；知智无异，于无异中，以随生所系，推为业智。以此演教，证可知也。大师一日病背疽，闭户七日不通问。洎出，疽已溃矣。无何，门人以母丧闻，又闭户七日不食饮。武宗皇帝简并佛刹，冠带僧徒，大师至于三平深岩。至宣宗皇帝稍复佛法，有巡礼僧常肇、惟建等二十人。刺史故太子郑少师薰俾藏其事，旬岁内寺宇一新，因旧额标曰开元。於戏！知物不终完，成之以禅教，知像不尽法，约之以表微。晦其用而不知其方，本乎迹而不知其常。咸通十三年十一月六日，宴坐示

---

① 《全唐文》卷六七八，第 6936 页。

灭，享年九十一，僧腊六十五。①

——王讽《漳州三平大师碑铭并序》

王讽写的这篇三平禅师的塔铭，散体行文，语言简洁，叙事平易，没有太多创新可讲，基本是承袭中唐塔铭的写作范式。

其二，骈体风尚再次"抬头"，一部分晚唐五代的塔铭作者又开始使用骈体行文，骈四俪六，叙事拖沓，辞采卖弄，我们大体可将此阶段视为唐初骈化塔铭的再延续。比较有代表性的作品有何筹《唐云居寺故寺主律大德神道碑铭并序》，段成式《寂照和尚碑》，公乘亿《魏州故禅大德奖公塔碑》，陈守中《大汉韶州云门山大觉禅寺大慈云匡圣宏明大师碑铭并序》，徐□《吴越国故僧统慧因普光大师塔铭并序》等。这些都是连篇累牍的四六句式，情节安排没有什么新意，相较于唐初塔铭，此阶段塔铭已没有那种浑厚爽朗通脱的气势，取而代之的是晦涩拗口，结构思维僵化，让人觉得非常冗繁。

> 原夫真空无相，劫火销而性相何来。妙法有缘，元气剖而因缘何起。造化莫能为关键，玄黄不可为种根。乩乎十号之尊，出彼三祇之劫，增莫知而减宁睹。诇究始终，望不见而名无言，孰明去住。不有中有，不空中空。匪动匪摇，常寂常乐。拘留孙之过去，释种圆明。毗婆尸之下生，元符合契。繇是修行道著，相好业成。爰授记于定光，乃度人于摩竭。自是一音演说，二谛宏宣。开八万法门，化三千世界。大乘六而小乘九，慧业难基。欲界四而色界三，昏波易染。所以兴行六度，接引四生。求真者竞洗六尘，修果者咸超十地。尽使昏衢之内，俱萌舍筏之心。大荫人天，俾居净土。其后衣缠白《氈毛》，屦脱金沙。示无住之身，现有终之理。于是迦叶结集，阿难证真。递付心珠，住持法藏。象教远流于千祀，觉花遍满于十方。马鸣兴护法之功，龙树显降魔之力。师师相受，法法相承。大化无穷，不可思议。而自我祖承运，明帝御乾，符圣梦以西来，图粹容而东化。

---

① 《全唐文》卷七九一，第8285～8286页。

金言玉偈，摩腾行首译之文。鹿苑鸡林，佛朔遂身游之化。迨于魏晋，迄至隋唐，达理者甚多，得道者非少。其如历帝历代，有废有兴，未若当今圣明钦崇教相者也。①

——陈守中《大汉韶州云门山大觉禅寺
大慈云匡圣宏明大师碑铭并序》

陈守中奉南汉中宗之命，写了这篇文偈塔铭。上面这段文字是开篇第一段，盛赞佛法高深以及帝王盛德，四六句式，密集使用典故，体现出作者刻意追求雍容华茂的形式之美。

纵观隋唐五代塔铭的发展变化历程，我们发现，它其实与这一时期文学的发展潮流相吻合。从隋至盛唐时期，承接六朝骈文余绪，文人们普遍推崇骈体行文，讲求文章形式美；贞元以后，"古文运动"，提出务实切要、清晰流畅的创作主张，于是文风为之一变；及至晚唐五代，散体文的发展势头渐弱，骈文再度盛行，文章意蕴单薄，文人们重又把心思精力投入偶对、声韵、辞采、用典等形式方面，这可视作对上一时期文学思潮的反动。而隋唐五代三百八十年塔铭的序文流变，正好印证了这一时代文体文风的演变过程。不过需要指出的是，我们只是品评每个阶段大多数塔铭序文的主流特点，但并不是说这一阶段所有的塔铭都一律是一种风貌，其实初盛唐时期也有散体行文的塔铭，中唐也有骈体塔铭，不可一概论之。

二　众体兼用的铭赞

按照习惯，我们把序文后面的韵语部分称作"铭"。刘勰在《文心雕龙·铭箴》中说："铭兼褒赞，故体贵弘润：其取事也必核以辨，其摛文也必简而深，此其大要也。"② 意即"铭"是褒颂之词，讲究词高旨远，叙事真实，文句简约而温润。就隋唐五代的塔铭看，"铭"是对"序"的内容的精炼概括，如《大唐济度寺故比丘尼法灯法师墓志铭并序》：

---

① 《全唐文》卷八九二，第 9316～9317 页。
② 《文心雕龙注释》，第 117 页。

> 丞相辅汉，司徒佐唐。功恪天下，奄有大梁。暨兹令淑，爰慕武皇。家风靡替，法侣成行。慈云比影，慧炬传光。中枝犯雪，小叶摧霜。未登下寿，忽往西方。一超欲界，千载余芳。①

法灯法师本姓萧，是南朝梁王的后人，在这篇铭文里作者概括了法师煊赫的家世及其本人的向佛心志，末尾对其不幸辞世表达了哀伤，这基本上是对前面"序"的高度概括。

还有的作者在铭文里会总结一下塔主的法旨大要，如李华《杭州余姚县龙泉寺故大律师碑》：

> 茗溪教源，因戒生定。百千人俱，见性情净。裂除意网，磨拂心镜。虽会一乘，终修万行……既断言语，又非空色。假言喻空，观我为则。②

李华先精炼概括了法篇的律宗思想，所谓"因戒生定""见性情净"是强调律宗戒定双修，旨在"裂除意网，磨拂心镜"。"会一乘""修万行"的意思是说律宗由修心而至悟得空寂的过程。文末，"既断言语，又非空色"说的是禅宗破执除碍、非色非空，不立文字又不离文字的思想。

大体上，塔铭中"铭"的内容与写作思路都如上面两例那样，多是精简概述僧人的家世、德行、法旨大要等，并寄予哀思。下面我们详谈一下"铭"的文体样式。

铭文属哀诔之辞，塔铭作者通常倾向使用四言、七言古体诗，或楚辞体的形式为诔辞。③ 其中，四言韵语铭文是塔铭里出现最早、使用最频繁的一种铭文样式，这大概源于《诗经》中"颂"的传统，风格古朴、肃穆庄重，非常适合做诔辞。盛唐以前的塔铭多用这种形式，例子极多，前面举的两篇铭文其实就是典型的四言铭文。四言铭文可以称为塔铭最正统的铭文样式，非常深入人心。王维也喜欢选用这种形式。事实上，这位伟

---

① 《唐文拾遗》，《全唐文》，第 11091 页。
② 《全唐文》卷三一九，第 3235 页。
③ 参见褚斌杰《中国古代文体概论》，北京大学出版社，1984，第 128 页。

大诗人十分擅长五言、七言的古体诗和律诗，四言、六言、杂言诗也写得很好。他留下三篇塔铭，其中《大荐福寺大德道光禅师塔铭》的铭文缺失，另外两篇《六祖能禅师碑铭》和《大唐大安国寺故大德净觉师塔铭》的铭文都是四言韵语。《六祖能禅师碑铭》的铭文是这样的：

　　五蕴本空，六尘非有。众生倒计，不知正受。莲花承足，杨枝生肘。苟离身心，孰为休咎？（其一）至人达观，与佛齐功。无心舍有，何处依空？不著三界，徒劳八风，以兹利智，遂与宗通。（其二）愍彼偏方，不闻正法。俯同恶类，将兴善业。教忍断嗔，修慈舍猎。世界一花，祖宗六叶。（其三）大开宝藏，明示衣珠。本源常在，妄辙遂殊。过动不动，离俱不俱。吾道如是，道岂非吾？（其四）道遍四生，常依六趣。有漏圣智，无义章句。六十二种，一百八喻。悉无所得，应如是住。（其五）①

　　五段四言韵语，每段八句，连缀起来共四十句。这篇铭文的规模比较适中，层次非常清晰，第一段总论禅宗"性空"观；第二段赞慧能生有慧根，契合禅宗的宗旨；第三段标举慧能绍成禅宗宗法，在偏远地方传法；第四段提到慧能得五祖的传法袈裟，是禅宗的真正传人；第五段概述慧能禅法大要。在句法上，为了避免四言古体俩字一顿形式上的板滞，王维适当地使用了单音节词，这就让双音节词与单音节词搭配起来，形成了音节的抑扬起伏效果。

　　虽然王维用他非凡的作诗能力，努力将四言铭文写得富于变化，但是我们仍觉得有些遗憾。毕竟四言铭文句式短，节拍单调，短促的句式限制了内容的表达，而王维作为诗界领域的大家，他擅长五言诗，有"五言宗匠"之誉，在六言等诗体方面，也都有独到成就。然而可惜的是，王维没能在塔铭的铭文里充分发挥他的诗才，他的才华似乎受到那个时代塔铭整体创作潮流的影响，没能充分展现出来。

　　除了四言韵语体，楚辞体式也是一种重要的铭文样式，且使用频率仅

———————

① 《全唐文》卷三二七，第3314页。

次于四言铭文。这种体式的风格往往是悲戚愁叹的，让人感觉心情抑郁纠结。如贾悚《扬州华林寺大悲禅师碑铭并序》、柳宗元《南岳云峰和尚塔铭并序》、皎然《唐苏州开元寺律和尚坟铭并序》、虚受《大唐嵩山少林寺故寺主法华钧大德塔铭》、《大唐愿力寺故瞻法师影塔之铭并序》（阙名）等，都是楚辞式的铭文，我们引贾悚《扬州华林寺大悲禅师碑铭并序》的铭文以体会这种特点。

> 茫茫万有兮生死同缠，业风振海兮识浪滔天。觉者云谁兮有西方之大仙，慈悲广大兮妙力无边。八万度门兮异派同源，文字言说兮罔非蹄筌。惟心法皎皎兮如月斯悬，惟大迦叶兮首得而传。代代绳绳兮灯不绝然，迄于荷泽兮师又嗣焉。法存形谢兮诸祖其然，门人思慕兮塔彼西原，将祈不朽兮余可无言。①

铭文先赞颂了大悲禅师业力无边，如今归寂西天成为"西方大仙"。接着说大悲禅师独得"心法"，承传荷泽法脉，最后，以门人思慕先师懿德为其建塔来收束全篇。从句法上看，全篇基本是九言骚体，以"兮"字置于句中，增强抒情性韵律，但其实如果去掉"兮"字，全篇仍然成诵，毫无害意，这在一定程度上恰好说明，这种骚体铭文是从规范的四言韵语体式发展而来的。

当然，骚体铭文不只是九言一种，还有其他很多形式，比如柳宗元在《南岳云峰和尚塔铭并序》中写的就是七言骚体式铭文。

> 苞元极兮韬大方，威而仁兮幽以光。行峻洁兮貌斋庄，气混溟兮德洋洋。演大律兮离毫芒，度群有兮耀柔刚。栋宇立兮像法彰，文字阐兮圣言扬。诏褒列兮宅南方，道之广兮用其常。后是式兮宜久长，阀灵室兮记崇冈。即元石兮垂文章，学者慕兮哀无疆。②

---

① 《全唐文》卷七三一，第 7547 页。
② 《全唐文》卷五九一，第 5975 页。

全篇赞颂了云峰法证和尚道德高深，垂范万世。"兮"在这里同样也有拉长声调，营造哀愁氛围的作用。

七言韵语也是铭文的一种重要体式，因为一句七字能有效扩充文意，弥补四言句短篇长、单句内容单薄的缺欠。我们以柳宗元、白居易的七言铭文为例。

一气回薄茫无穷，其上无初下无终。离而为合蔽而通，始末或异今焉同。虚无混冥道乃融，圣神无迹示教功。公之率众峻以容，公之立诚教其中。服庇草木蔽穹隆，仰攀俯取食以充。形游无极交大雄，天子稽首师顺风。四方奔走云之从，经始寻尺成灵宫。始自蜀道至临洪，咨谋往复穷真宗。弟子传教国师公，化流万亿代所崇。奉公寓形于南冈，幼日宏愿惟孝恭，立之兹石书元踪。①

——柳宗元《南岳弥陀和尚碑并序》

本结菩提香火社，共嫌烦恼电泡身。不须恋恋从师去，先请西方作主人。②

——白居易《唐江州兴果寺律大德凑公塔碣铭并序》

可以看出，七言韵语体式的铭文是没有句数限定的，没有修辞对仗的要求，一句之内，也不太讲求平仄，虽然需要有韵脚，但也允许中途换韵，这基本上很像唐代的自由体诗，其特点是便于表达更丰富的内容，且音节顿挫，富于美感，所以在唐五代塔铭中也很受作者们的青睐。

除了上述主流体式以外，塔铭的铭文还有三言体和一些变体的样式。下面是三言体式：

佛佛佛，乃真物。自迷误，无得失。曹溪殁，仰山出。曹溪髓，仰山骨。曹溪虚，仰山实。佛兮涌，涌兮佛。③

——宋齐邱《仰山光涌长老塔铭》

---

① 《全唐文》卷五八七，第5934页。
② 《全唐文》卷六七八，第6938页。
③ 《全唐文》卷八七一，第9112页。

实姓谢，称释子。名怀晖，未详字。家泉州，安集里。无官品，有佛位。始丙申，终乙未。①

——贾岛《雍京章敬寺怀晖禅师碑铭》

不难体会三言铭文与童谣儿歌的韵律非常相像，节奏轻快活泼，朗朗上口，且内容简洁自然，很好理解。这种三言铭文在中唐时出现，及至晚唐五代时期的塔铭仍有采用，如郑愚的《潭州大沩山同庆寺大圆禅师碑铭并序》、李宏庆的《大慈恩寺大法师基公塔铭并序》、□逵的《唐故法云寺大德真禅师墓志铭并序》、《大唐故朝散郎前行太史监灵台郎太原郭府君（元诚）塔铭》（阙名）等。

与三言体几乎同时出现的还有一些变体铭文。最常见的变体是四言韵语体转楚辞体式，如崔琪《唐少林寺灵运禅师塔碑》的铭文。

上人伊何，传我法印。其体也寂，其行也顺。纷彼识浪，汩夫梦情。非照不曙，非澄不清。作大医王，为大禅伯。岳立松古，莲青月白。一朝化灭，六合凄怆。世界飒空，云山忽旷。色身谢兮法体存，金界惨兮铁围昏。噫！我所留者唯心源。②

再如宗坝《□□和尚塔铭》：

天降灵瑞，钟于我师。孤高性立，惠敏神资。传心殖本，演法破疑。三乘既违，初地将移。奄归寂兮言有遗，企先师兮页阇维。神怡怡兮目往，人扰扰兮徒悲。虑陵谷之迁变，崇层塔以峨巍。斫贞石兮纪德，将万代兮□斯。③

大概是因为四言体表情达意的局限，所以塔铭作者们不约而同地想到

---

① 《全唐文补编》，第 893 页。
② 《全唐文》卷三〇三，第 3080～3081 页。
③ 《全唐文补遗》（第六辑），第 29 页。

了将四言转成骚体的模式，这是一种创造，既能充分表达对亡僧的哀思，又不失铭文整体沉肃庄重之感。上面这个例子让我们清楚看到四言韵语是用来颂赞塔主德行的，而变成骚体之后，凄怆之感便油然而起，如此一来，整篇铭文的内容与意境便浑然一体了。

由于变体铭文表述灵活，音节错落，后来便有很多作家参与尝试。如处玉璿的《大唐众义寺故大德敬节法师塔铭并序》：

> 迹满三界，神放六通。教令递嘱，德位常融。转延象世，运及都公。木选寒柏，山宝舒虹。行高奖下，言贵居忠。俗承远声色，道洽化无穷。水摇鱼徒动，人断院悲空。日影何旋北，山阴遽巳东。荒郊悲惨惨，烟气乱葱葱。式作营于妙塔，用表列于仁雄。枢窆归于泉壤，性遥拔于樊笼。挫一代之浊命，流千古之清风。①

这是四言转五言再变为六言的铭文，还有四言变六言的铭文，如沙门良说的《唐北岳慧炬寺建寺故禅师（智力）神道影堂纪德碑并叙》：

> 渭川浩浩，秦岭峨峨。抱兹胜气，以生禅那。孤舟沥次，□到米□。为无上道，处以经过。回锡岳阳，嘿之林树。手搽伽蓝，心灰动虑。栋梁遗教，天人筏喻。能事未终，奄焉斯去。有后匡继，□□承□。平峦咽壑，不坠前功。华堂粉迹，更貌尊容。门生列武，尽与真同。寂寂精庐，寥寥松月。云变四时，风惊八节。余念念以非昔，鸟□□而声别。鸿休与橐籥俱春，犬名共陶钧无歇。②

塔铭的铭文由质朴的四言到凄哀的骚体、古淡的七言，直至通俗灵动的三言体和各种变体，实际上与唐人精于诗道不无关系。具体到中唐的诗人，他们多少有些境遇尴尬。毕竟在辉煌的盛唐诗歌成就之后，如何探寻出诗歌创作的新道路，是摆在他们面前的重要课题。我们看到，此时的诗

---

① 《全唐文》卷九一五，第 9529 页。
② 《全唐文补遗》（第六辑），第 15 页。

人很推重"众体兼备"的杜甫，元稹《唐故工部员外郎杜君墓系铭》中说：

> 至于子美，芷所谓上薄风骚，下该沈宋，言夺苏李，气吞曹刘，掩颜谢之孤高，杂徐庾之流丽，尽得古今之体势，而兼昔人之所独专矣。①

"尽得古今之体势，而兼昔人之所独专"，极度肯定杜甫兼善众体的创作能力，也反映出中唐诗人在诗歌领域新的价值取向，他们在以极高的热情进行着各种创作尝试。而塔铭的铭文基本上是仿古体诗的韵语形式，唐代塔铭的铭文创作出现了各种韵语体式与风格，可以视为诗歌领域创作尝试的联动。

而且中唐诗歌领域出现的"尚实""尚俗""务尽"的理论，追求发言真率、不避流俗、明白易懂的诗歌风格，影响了一大批诗人。以苦吟、炼句著称的诗人贾岛也没能置身于这种创作潮流之外，前面引述贾岛作的三言体铭文就极通俗浅白，绝对让人想不到是一位苦吟诗人写的。中唐以后的塔铭铭文创作，渐趋于采用形式自然、富于浅近真率表现力的诗歌形式，无疑也是顺应了文学潮流。

诗歌领域这种积极的创造精神一直延续到晚唐五代，塔铭作者们深受影响，除了上面提到的几种铭文体式以外，还有其他体式，如五言体和六言体。

> 良才词白日，黄泉永分□。隧深恒寂寂，□□岁长阔。□□光落景，薤露□难存。芳名万世后，千秋德显君。②
> ——《智惠墓志》（阙名）

> 邈空生之了性，缵大雄兮释迦。等红霞而启日，方皓月而垂珂。证觉路之无取，契般若之蜜多。设教仪于梵纲，撮烦恼于智戈。亮法

---

① 《全唐文》卷六五四，第6649页。
② 《全唐文补遗》（第五辑），第259页。

海以澄济，耸惠岳以嵯峨。弘誓蹑其梦幻，悲愿结其檀那。厌色相而
非相，乃泯迹于娑罗。悟大圆之镜智，得菩提萨婆诃。①

　　——宇文鍼《南浦郡报善寺主（宇文）德暐公道行碑铭并序》

　　事实上，唐以前塔铭的"铭"基本都是四言体。而到了唐代，诗歌
成为风靡时代的最重要的文学样式，取得了后世难以企及的辉煌成就。对
于唐人来说，使用诗的韵语形式来创作铭文，也是非常得心应手的事情。
通观这一时期塔铭，可以看到铭文样式真可谓众体兼备，三言、四言、五
言、六言、七言以及楚辞体式、各种变体等，几乎无所不包，我们似乎想
不出还有什么别的韵语样式了。唐代塔铭铭文是唐人的创造，反映了他们
为丰富"铭文"样式而做出的切实探索。

第二节　塔铭的表现手段

　　与前代相比，隋唐五代塔铭的序文有两个重要特点：一是好发议论，
使用叙议结合的手法；二是开始关注人物的品貌德行，注意用情节刻画人
物形象。

一　叙议结合的传述方式

　　塔铭属于传记一类，写人记事是其本分，而隋唐五代时的塔铭却往往
好发议论，这些议论多出现在序文的篇首，也出现在篇中或篇末部分。
　　一般来说，开篇部分的议论往往相当于文章的引言，使用宕开法，凭
空而来一小段，表达对于佛教的崇敬，然后由此引出塔主的生平经历。

　　撰夫总四大者，成乎身矣；立万始者，主乎心矣。身是虚哉，即
身见空，始同妙用；心非实也，观心若幻，乃等真如：名数入焉妙本
乖，言说出焉真宗隐。故如来有意传要道，力持至德，万劫而遥付法

---

① 《全唐文补遗》（第六辑），第 17 页。

印，一念而顿受佛身。谁其宏之？实大通禅师其人也。禅师尊称大通……①

——张说《唐玉泉寺大通禅师碑铭并序》

夫圣人以仁德育物者，则醴泉潜应而涌，嘉禾不播而植；神功以不宰宁运者，则玄宗会境而立，正法由因而备。然则有灵允答，爰九畴而式叙；无为克成，超万象而宏济。暨今上文明，大开净业，溥福利真慈之泽，辟权智众善之门，精求觉藏，汲引僧宝。②

——严挺之《大智禅师碑铭并序》

肇有含气，则鹰鹯逐鸟，虎狼噬人，人最灵于其间。嗜欲萌而六根动，利害交而五兵作。文演乾坤，至于性命；老陈道德，徇于天下。不究因缘之本，不知大千之广，而内盗方扇，心尘益悖，长围合于三界，猛焰流于四生。乘时雷震，惟佛能救。于是超六度之岸，转三乘之轮，驭指南于迷路，建高灯于黑夜。翻海灭焰，擎山溃围，苍生既孤，再获慈母。人天之奉，大矣远矣！微尘法门，吾道一贯，承此印者，归乎上仁。和尚讳惠真……③

——李华《荆州南泉大云寺故兰若和尚碑》

上述三位作者的议论各有侧重：张说以他对禅宗的理解和感悟起笔；严挺之由盛赞皇帝大开净业的功德说起；李华则从现实人生的诸般苦难，而"惟佛能救"作为切入点。这三个切入角度后来成为隋唐五代塔铭开篇议论的主要范式。塔铭开篇的议论往往都是泛泛而论，常常显得不够精彩，这主要是因为这样的引言与塔主的生平内容联系得不够紧密，甚至是显得有些突兀。

相比之下，伴随相应的叙事内容而在篇中生发的议论，就比开篇议论更富哲理、更富情节性了。比如刘禹锡创作的塔铭在叙议结合方面就很

---

① 《全唐文》卷二三一，第 2334 页。
② 《全唐文》卷二八〇，第 2841～2842 页。
③ 《全唐文》卷三一九，第 3236 页。

圆融。

　　刘禹锡少年即跟随诗僧皎然、灵澈学诗，入仕不久即遭"永贞革新"失败，沦落偏远之地，过了二十多年的谪居生活。严酷的现实让刘禹锡认识到"予策名二十年，百虑而无一得，然后知世所谓道，无非畏途，唯出世间法，可尽心耳。繇是在砚席者多旁行四句之书，备将迎者皆赤髭白足之侣"（《送僧元暠南游并引》）。①此处"旁行四句之书"指的是佛家经典。可见，刘禹锡与佛家亲近是自愿且主动的，是在他的儒家用世哲学无法解决现实困顿的情况下叩问心灵的最后选择。

　　关于南北禅宗争夺正统地位的纷争，刘禹锡在《袁州萍乡县杨岐山故广禅师碑》中借乘广之口表达了南北禅宗本质上并无差别的观点，刘禹锡的观点相当深刻透辟。

　　　　（乘广）常谓：机有浅深，法无高下。分二宗者，众生存顿渐之见；说三乘者，如来开方便之门。名自外得，故生分别；道由内证，则无异同。②

换句话说，刘禹锡认为佛法没有高低门派之分，无论什么宗派，虽然修行的方式不同，但都是引导众生开悟的门径，任何宗派也都以弘传佛法为根本任务，它们虽然各有宗派名号，但引领人们证悟世间法却是一致的。

　　关于儒释两家对人心的影响，刘禹锡也在《袁州萍乡县杨岐山故广禅师碑》里给出了自己的认识。他对于儒释在治世、乱世中给人心的不同影响，解释得非常明白。

　　　　天生人而不能使情欲有节，君牧人而不能去威势以理。至有乘天工之隙以补其化，释王者之位以迁其人。则素王立中枢之教，懋建大中；慈氏起西方之教，习登正觉。至哉！乾坤定位，而圣人之道参行乎其中。亦犹水火异气，成味也同德；辕轮异象，至远也同功。然则

---

①　陶敏、陶红雨：《刘禹锡全集编年校注》，岳麓书社，2003，第120页。
②　《全唐文》卷六一〇，第6163页。

儒以中道御群生，罕言性命，故世衰而浸息；佛以大慈救诸苦，广起因业，故劫浊而益尊……厚于求者，植因以觊福；罹于苦者，证业以销冤。革盗心于冥昧之间，泯爱缘于死生之际。阴助教化，总持人天。所谓生成之外，别有陶冶；刑政不及，曲为调柔。①

刘禹锡对儒释互为补充、相辅相成的关系，有很清醒的认识，他特别强调了佛教对人心的陶冶作用，即"生成之外，别有陶冶；刑政不及，曲为调柔"，说的就是佛教能在儒家所不及的心灵慰藉层面，给予人特别的关照。总体而言，刘禹锡将其辩证透辟的论断、轻刚俊爽的风格融入塔铭的创作中，清楚地阐析了他所理解的禅宗问题。

有时候，作家对叙述和议论的个性化处理，同样能反映出作家对佛教的独到见解。比如柳宗元非常推重天台宗，特别是对天台宗的"中道"观念十分欣赏。他在塔铭里赞扬僧徒时，经常说和尚们守"中道"，如在《岳州圣安寺无姓和尚碑铭并序》中说，"绍承本统，以顺中道"；《南岳弥陀和尚碑并序》中说，"凡化人，立中道而教之权"；《南岳云峰寺和尚碑》中也有"维大中以告，后学是效"。不过，柳宗元并没有真正触及"中道"的佛教内涵，他似乎只是把"中道"作为一个笼统概念，与儒家不偏不倚的"中庸"观念相比附。作为儒家入世主义者，柳宗元总是要站在儒家教义的基础上去审视和接受其他学说，而佛教中的天台宗，恰恰融汇了儒家许多治国安邦、伦理道德方面的理论，譬如天台大师智颢在《妙法莲华经玄义》中讲：

若周孔经籍、治法、礼法、兵法、医法、天文地理、八卦五行、世间坟典，孝以治家，忠以治国，各亲其亲，各子其子，敬上爱下，仁义揖让，安于百姓，霸立社稷。若失此法，强者陵弱，天下焦遑，民无聊生，鸟不暇栖，兽不暇伏；若依此法，天下太平，牛马内向。当知此法，乃是爱民治国，而称为实。

---

① 《全唐文》卷六一〇，第6162页。

不难看出，天台教义中有明确的治世主张，与儒家用世观念相吻合，所以柳宗元才会在诸多佛教宗派里最倾心于天台宗。又因为天台宗赞成持律，倡导净土弥勒，故而柳宗元对律宗、净土宗也较有好感，我们看到他为律宗高僧写过《衡山中院大律师塔铭并序》《南岳大明寺律和尚碑并序》，为净土宗承运写过《南岳弥陀和尚碑并序》。

非常值得玩味的是柳宗元对待禅宗的态度。柳氏在《曹溪第六祖赐谥大鉴禅师碑并序》中流露出了对禅宗的负面认识，这篇塔铭的写作背景是南宗禅已经风靡全国，慧能的名声也如雷贯耳，唐宪宗还特地下诏封赠了"大鉴禅师"的称号，柳宗元是应顶头上司岭南节度使马总的委托撰写这篇塔铭的。照常理讲，文章本应该有几分尊崇南宗的味道，最起码写作重心也应该放在碑主慧能的经历及其功德上。但是，柳宗元偏偏在文章前面的大半部分长长地叙述了马总如何为慧能请谥，并赞美马总和皇帝的礼佛之心，然后仅仅在文末收笔之际，才寥寥几句谈到慧能的传法大要。

> 乃居曹溪，为人师……其道以无为为有，以空洞为实，以广大不荡为归。其教人，始以性善，终以性善，不假耘锄，本其静矣。

这给人的感觉好像是他实在不得不写几句关于塔主的生平与学识似的。但我们都知道，慧能的南宗禅主张"一悟即至佛地"的"顿悟见性"理念，宗风轻松自在，但柳宗元在这里仅泛泛地说慧能主"空"、向"善"，这实在与南宗的精粹教义不沾边，难道柳宗元真的是因为不了解南宗禅才这样写的吗？

答案当然是否定的。其实，柳宗元写的这篇塔铭，真实反映了他对禅宗的排斥情绪。其中缘由，一方面是柳氏本人倾心于讲究戒持律仪的宗派，认同磨砺出来的空寂之性。对于南宗活泼痛快体悟本性的宗风，柳氏不以为然。另一方面，可通过他在《龙安海禅师碑并序》中的一段话来领悟他的意思。

> 长沙之南曰龙安师。师之言曰："由迦叶至师子，二十二世而

离，离而为达摩。由达摩至忍，五世而益离，离而为秀为能。南北相
訾，反戾斗狠，其道遂隐……"①

柳宗元在这里是借海禅师之口，表面上是赞扬海禅师泯灭南北歧见的主
张，实则表达了自己对南北禅宗相互争竞的不满。"南北相訾，反戾斗
狠，其道遂隐"，批评之意已十分明显了。南北二宗，本自一脉，现在竟
然同室操戈，给人的感觉是禅宗内部醉心于名利，不务宗法！作为一个推
重正道的大文学家，柳宗元当然会心生反感了。

有时行文中的议论可以给禅师的言行作注脚，这种议论方式也比较常
见。裴休在《圭峰禅师碑铭并序》中写道：

议者以大师不守禅行，而广讲经论，游名邑大都，以兴建为务，
乃为多闻之所役乎？岂声利之所未忘乎？嘻！议者焉知大道之所趣
哉！夫一心者，万法之总也，分而为戒、定、慧，开而为六度，散而
为万行。万行未尝非一心，一心未尝违万行。禅者，六度之一耳，何
能总诸法哉！且如来以法眼付迦叶，不以法行。故自心而证者为法，
随愿而起者为行，未必常同也。然则一心者，万法之所生，而不属于
万法。得之者则于法自在矣，见之者则于教无碍矣。本非法，不可以
法说；本非教，不可以教传。岂可以轨迹而寻哉！自迦叶至富那奢，
凡十祖，皆罗汉，所度亦罗汉。马鸣、龙树，提婆、天亲，始开摩诃
衍，著论释经，摧灭外道，为菩萨唱首。而尊者阇夜，独以戒力为威
神，尊者摩罗，独以苦行为道迹。其他诸祖，或广行法教，或专心禅
寂，或蝉蜕而去，或火化而灭，或攀树以示终，或受害而偿债。是乃
法必同，而行不必同也。且循辙迹者非善行，守规墨者非善巧。不迅
疾无以为大牛，不超过无以为大士。②

这里，明显是裴休为宗密大师"不守禅行""广讲经论，游名邑大

---

① 《全唐文》卷五八七，第 5937 页。
② 《全唐文》卷七四三，第 7692 ~ 7693 页。

都"等种种行为做辩解，开脱的意味十足。"夫一心者，万法之总也……散而为万行。万行未尝非一心，一心未尝违万行……"实际是肯定极度的唯心主义，裴休将人的各种行为都统摄在"心"之下，是要说宗密的行为不出其"佛心"，行不非心，心不违行。文中叙述宗密到底有哪些"不守禅行"的行迹，我们并不确知，裴休有意简略带过，而将写作重点放在了为其行为合理性辩护上，我们看到这些议论的文字量较大，从佛理讲到禅法，从当下讲到佛教历史，最后还搬出一系列佛学大师、各路尊者，强调"是乃法必同，而行不必同也"的核心观点。这叙少论多、逻辑严谨、议论周详的行文方式，也让人不难觉察出裴休与宗密不寻常的关系了。

综上，塔铭篇中的夹叙夹议，大致有两种情况。其一是作家根据自己固有的对于儒、释两家学说的理解，来解析塔主高深的言行；其二是作家结合自己的人生体验，去阐发塔主的学识德行或盛赞佛法高妙。通观隋唐五代塔铭，这种夹叙夹议的传述方式，最早在隋代柳辩《天台国清寺智者禅师碑文》里出现，到了中唐以后，塔铭作者普遍表现出更浓厚的议论倾向，特别是在一些著名的文人士大夫撰写的塔铭文里多会用到叙议结合的传述方式。此种塔铭文风，一直延续到晚唐五代。

此外，还有一种议论被置于篇末，这往往是对僧人的一生的身世经历、学识德履的总评。如李宏庆为窥基撰写的《大慈恩寺大法师基公塔铭并序》的最末一段，称颂其家风明达，不为世俗习气所侵染。

> 嗟乎宏道！其家世在朔漠，宜以茹毛饮血斗争煞戮背义妄信为事，今慕浮屠教苦节，希圣采入其奥，与夫鄂公佐圣立国，功成身退，出于其类，为一代贤人，实禀间气，习俗不能染也，明矣！①

窥基出身名门，他是唐开国元勋尉迟敬德的侄子，因为一见之下特别得玄奘的欣赏，因而玄奘请求尉迟敬德许其出家，这也感动了尉迟全家，于是，由伯父尉迟敬德出面奏报皇帝，窥基顺利出家成为玄奘的弟子。窥

---

① 《全唐文》卷七六〇，第 7895 页。

基的佛学造诣极高，他没有辜负老师的期许，后来继承玄奘衣钵，成为慈恩宗的实际开创人。李宏庆在文末慨叹窥基虽出自漠北茹毛饮血的家族，但其自身却思慕佛家高深的学问和空寂的世间法。窥基由富贵而遁入空门的经历，与其伯父功成身退、不恋富贵的人生经历十分相似，即所谓"功成身退，出于其类"，为贤者之表率。

还有的塔铭在文末会总结僧人高尚的品性，如：

> 始师尝以大练布为衣，以竹器为屦，自薙其发，自具其食。虽门人百数，童侍甚广，未尝易其力；珍羞百品，鲜果骈罗，未尝易其食；冬裘重燠，暑服轻疏，未尝易其衣；华室净深，香榻严洁，未尝易其处；麋鹿环绕，猛兽伏前，未尝易其观；贵贱迭来，顶谒床下，未尝易其礼。非夫罄万有，契真空，离攀援之病，本性清净乎物表，焉能遗形骸，忘嗜欲，久而如一者耶？①
> ——唐伸《沣州药山故惟俨大师碑铭并序》

作者从衣、食、住、行、境遇变化等各方面，阐述药山惟俨大师一生恪守自食其力的生存原则，固守淡然处世的佛家本色，从不被眼前各种舒适快意的享乐所动摇的坚毅品性。这一段是对药山惟俨一生坚守的佛家生存理念的全面总结。

隋唐时代，思想昌明、文化繁荣，社会自由宽松，文人士大夫普遍喜欢议论，表达个人见解。这种时代特征也突出体现在塔铭创作中叙议结合的传述方式上。

二　形神并重的人物描写

隋以前的塔铭基本都是简单的墓记，并不注重刻画墓主的品性特征，因此也就谈不上给人印象深刻的人物描写了。到了隋唐五代，塔铭作者开始注重表现塔主的性格德操，比如对亡僧音容笑貌的描画。

---

① 《全唐文》卷五三六，第5444页。

既成人，高颧深目，大颐方口，长六尺五寸，其音如钟。①

———裴休《唐故左街僧录内供奉三教谈论引驾大德

安国寺上座赐紫方袍大达法师玄秘塔碑铭并序》

公始居山西南岩石之下，人遗之食则食；不遗，则食土泥、茹草木。其取衣类是。南极海裔，北自幽都，来求厥道。或值之崖谷，羸形垢面，躬负薪樵，以为仆役而媒之。②

———柳宗元《南岳弥陀和尚碑并序》

第一篇是裴休对大达法师的相貌描写。大达高颧骨，眼睛深陷，方脸大口，身高六尺五寸，声音洪亮厚重，有如大钟。第二篇是柳宗元描述弥陀和尚不避流俗的邋遢形象。弥陀和尚苦行求道，南北奔徙，一路风餐露宿，以致食不果腹、衣不蔽体，甚至被当作仆役遭到的狎戏与轻慢。相比而言，第一篇大达的相貌是正面描写，第二篇则加入了侧面描写，仅一句被人"媒之"，成功地烘托出弥陀和尚平时的破落相，简洁而生动。

但要想让人物形象更加生动，作家则必须对人物的内在性情加以刻画，也就是要表现人物内在的品德。在塔铭文学中作家们通常会用具体的情节再现塔主的德行修养。

刻画僧人行善造福，阐扬佛教善意的处世态度，是塔铭的一大主旨，作者们往往通过具体情节去表现。

又淮泗间地卑多雨潦，岁有水害，师与郡守苏遇等谋于沙湖西隙地创避水僧坊，建门廊厅堂厨厩二百间，植松杉楠桂桧一万本，由是僧与民无垫溺患。③

———白居易《大唐泗洲开元寺临坛律德徐泗濠

三州僧正明远大师塔碑铭并序》

白居易记述了淮水与泗水流域地势低洼，人民饱受水涝灾害。明远大

---

① 《全唐文》卷七四三，第 7694 页。
② 《全唐文》卷五八七，第 5934 页。
③ 《全唐文》卷六七八，第 6935 页。

师慈悲济世，他与郡守苏遇商量，在湖畔空地处广种树木，加固水土。他率领僧众种植一万多棵树木，并为当地百姓建造了两百多间房子，以备不时之需。这是用典型事例表现人物的高尚品质。

塑造典型人物离不开情节描写，比较常见的是作者安排诸如感化猛兽、菩萨示现、神僧点化等情节，来衬托塔主神秘莫测的道行。

> 常有两虎，依卧庵前，低目轻步，驯于家畜。四境之内，不闻暴声。我蕴大慈，力感群物，诸毒皆善，岂唯兽焉![1]
>
> ——胡的《大唐故太白禅师塔铭并序》

> （元珪）初禀业于灵泉泰禅师，持诵法华经，克己忘倦，去家五里，竟不再归。部秩将终，梦青衣童子乘白象，授以舍利，及晓开卷，果获七粒。按斯证者，乃普贤神力所致焉。[2]
>
> ——智严《大唐中岳东闲居寺故大德珪和尚纪德幢》

> 师既晏坐，自见神手从天而降，拊光之心。师乃忆先达抱玉大师，常志师言，令高法音，当有神辅。夕梦神僧乳见于心，命光口饮。自是功力显扬，神形不劳。[3]
>
> ——李绅《墨诏持经大德神异碑铭》

第一段讲的是太白禅师大慈大悲，驯服猛虎，不使其再威胁百姓的生活。第二段、第三段分别记载了高僧元珪与大光大师早年修持戒行时梦到神人辅助，点化了功课，从此定慧双收、功力显扬的轶事。

塔铭本就是僧人的志幽文字，所以通常情况下，大多数塔铭都不会遗漏有关僧人从出生到亡故时发生的一些奇妙莫测的事件。兹举几例，以明其意。

> 初母在孕，不喜荤辛，及诞之后，每以沙上，戏为佛塔……师以开元八年六月初，于本寺精舍结跏趺坐。积十三日，不更饮食，无复

---

[1] 《全唐文》卷七二一，第 7421 页。

[2] 《全唐文补编》，第 360 页。

[3] 《全唐文》卷六九四，第 7126～7127 页。

烦恼，因禅不解，便入无余，春秋七十有八。是日云物变异，香气晦合，池水自黑，林鸟皆悲，座前白莲枯卷，堂后列柏凋瘁。四部雷动，三界霾泣，或绝于地，或诉于天。①

——李适之《大唐蕲州龙兴寺故法现大禅师碑铭》

其生也，母氏有毫光照烛之瑞；其殁也，精舍有池水竭涸之异。②

——严郢《大唐兴善寺大广智不空三藏和尚碑铭并序》

天宝五载十二月十日，因阅僧务，诣至德里，回首西方，端坐如定，不疾而化。春秋九十余，僧腊七十一。日黑震惊，车徒奔集；雷恸雨泣，隘谷填山。粤以其月十七日，迁灵坐于本寺，禅师真身，忽然流汗。是知因生有灭，乃现真空；示圣出凡，独标灵相。③

——陆长源《唐故灵泉寺元林禅师神道碑并序》

　　第一段文字叙述了法现大师出生、幼年时的各种不同流俗的表现，其中他的母亲在怀孕期间"不喜荤辛"及其幼时"聚沙成塔"等情节，是表现僧人生有异质、佛缘深厚的常用修辞，塔铭文中极为常见，此处仅举一例，不再赘例。在描述法现圆寂时，所谓的"云物变异""林鸟皆悲"等诸多天人感应现象，也是塔铭作者在写高僧去世时常用到的题材。第二段文字中，作者严郢用了两个骈句，高度概括了不空三藏的生、死异兆。第三段文字写得更为神奇，元林禅师圆寂当天，竟有"日黑震惊""雷恸雨泣，隘谷填山"等天人冥感现象发生。

　　塔铭文中一些高僧"神通广大"（如密宗高僧），其一生经历过的不可思议的事情也实在是不胜枚举，于是作家往往会用一连串故事加以表现。李华在《东都圣善寺无畏三藏碑》里一口气记述了无畏三藏生平近二十件神异的事，我们在这里选取其中四件最不可思议的故事，做一个简单的赏析。

---

① 《全唐文》卷三〇四，第 3092～3093 页。
② 《全唐文》卷三七二，第 3783 页。
③ 《全唐文》卷五一〇，第 5187 页。

那烂陀寺像法之泉源，众圣之都会，乃舍宝珠，莹大像额端。昼如月魄，夜则光耀。僧有达摩鞠多，掌定门之秘钥，佩如来之密印，颜如四十许，实八百年也。和尚投体两足，奉为本师。钵中非国食，示一禅僧，华人也。见油饵尚温，粟饭余暖，愕而叹曰："中国去此十万八千里，是彼朝熟，而午时至此，何神速也？"会中尽骇，而和尚默然。本师谓和尚曰："中国白马寺重阁新成，吾适受供而反。汝能不言，真可学也。"

……

本师喜曰："善男子！中国有缘，可以行矣。"乃顶辞奉下，至迦湿弥逻国。中夜次河，河无津梁，浮空以济，受请于长者。有罗汉降曰："我小乘之圣，大德是登地菩萨。"乃让席推尊和尚，授以名衣，乃升空而去……

路出吐蕃，与商旅同次，夷人贪货，率众合围，乃密为心印，而蕃豪请罪……

以驼负经，至西川。涉龙沙，陷驼足，没于泉下。和尚入泉三日，止龙宫而化之，牵驼出岸，经无沾湿……①

无畏三藏是密宗大师，李华用了一系列故事意在凸显其神通广大。无论是日行万里，得达摩鞠多"授以总持密教"，还是"至迦湿弥逻国。中夜次河"，得罗汉"授以名衣"，抑或是"路出吐蕃"，大师"密为心印"，感化蕃豪，乃至入龙宫，"牵驼出岸"等，都是一些不可思议的故事，李华不厌其烦地铺陈无畏三藏的各种特异故事，目的在于表现高僧道行超凡入圣。情节是展现人物性格的手段，塔铭作家选取一些极富神秘色彩的故事，旨在给佛教蒙上一层神秘的面纱，使民众对高深莫测的佛教产生兴趣。

除了用具体的情节塑造典型人物以外，塔铭作者还通过语言描写和细节刻画来表现人物的个性。如李华在《衢州龙兴寺故律师体公碑》里就是通过体公的自我表白来展现其无欲无求的人生境界。

① 《全唐文》卷三一九，第 3238 ~ 3240 页。

刺史徐峤之率参佐、县吏、耆艾以降，请居龙兴寺。迎供者多，不知同日，纷然辨斗，闻于长老。曰："吾修无诤三昧，不唯自利，宏愿利人。咄因吾身，生彼嗔恨。"乃别立一室，室才方丈，晏然安居，不践门阈……①

众人都要迎请体公，结果为此"辨斗"，闹得很不愉快。体公知道后，认为佛家是修"无诤三昧"的，不但要"自利"还要"利人"，现在众人闹出纷争口舌，都因自己引起，甚是自责，简简单单的几句话，包蕴着体公深厚的慈悲心。而"别立一室"仅仅方丈大小，从此"不践门阈"，则是以细节表现佛家深邃的静处无争的生存理念。

人物对话还有助于把高僧的气质刻画得更加生动，如：

泉侧有吴王古庙，风俗淫祀，滥以牺牲。于是大师（惠明）哀之，乃诣祠宫禅坐，洎夕中夜，雷雨浃至，林摧瓦飞，顷之雨收月在，见一丈夫，容甚盛大。师谓曰："居士生为贤人，死为神明，奈何使我苍生，每被血食？岂知此事殃尔业耶？"神曰："非弟子本意，人自为之。"礼忏再三。大师乃授以菩萨戒。神欣然曰："若和尚移寺，弟子愿舍此处，永奉禅居。"言毕不见。其后果移寺焉。于祠侧获铜盘之底，篆文是吾师法号。更有异器，略而不书。②

——皎然《唐湖州佛川寺故大师塔铭并序》

这是皎然给惠明写的塔铭。记叙了惠明为了禁绝吴王古庙的淫祀作风而在半夜与吴王冥会的故事。惠明质问吴王："奈何使我苍生，每被血食？"表现出惠明仗义执言、悲悯苍生的气度，而告诫吴王残害苍生被血食会影响到他的罪业，又体现出惠明善意开导，普度众生的佛家慈悲心。吴王当即礼忏，并许诺愿舍此庙给惠明做禅居之所，以及人们又在庙侧发现刻有惠明法号的铜盘，则给整个故事情节更加契合佛教果报的色彩。

---

① 《全唐文》卷三一九，第 3235 页。
② 《全唐文补编》，第 684 页。

有时塔铭里记叙的师徒对话，能够加深读者对人物性格的理解。

> （文偃）因闻睦州道道纵禅师关钥高险，往而谒之。来去数月，忽一日，禅师发问曰："频频来作什么？"对曰："学人己事不明。"禅师以手推出云："秦时车度辗钻。"师因是发明，微而有理造于雪峰会下。三礼之后，雪峰和尚颇形器重之色。是时千人学业，四众咸归……因有僧问雪峰曰："如何是触目不见道，运足焉知路？"雪峰曰："吽。"其僧不明，举问师，此意如何，师曰："两斤麻，一匹布。"僧又不明，复问何义。师曰："更奉三尺竹。"僧后问于雪峰，峰曰："噫！我常疑个布衲。"……师禅河浩森，闻必惊人。有问禅才，则云"正好辨"，有问道者，则云"透出一字"，有问祖师意者，则云"日里看山"。凡所接对言机，大约如此。①
>
> ——陈守中《大汉韶州云门山大觉禅寺
> 大慈云匡圣宏明大师碑铭并序》

这段文字记载了文偃大师求法于道纵禅师的故事，和他后来与某僧以及雪峰义存之间的对话。乍看起来，这些人物间的对话都是所答非所问，让人迷惑不解。其实这正体现出云门宗的禅法特征：不执着"迷"与"悟"，不盲目探求任何佛语公案，解脱之道在于觉悟自性，发现自家的本来面目。文中记叙了文偃受道纵开示而言下顿悟，后来他去参拜雪峰义存禅师，赶上义存接引那位提问的学人破除俗世的执障，说了一句不合情理的话去点拨那位僧人，可惜那位僧人固守俗世逻辑与价值观，不解雪峰深意，只得转而去问文偃。文偃听了，明白雪峰是在用错谬的语言逻辑开导那位僧人摆脱"谬误"的世间法，于是他延用老师雪峰的开导方法，继续还之以错谬的答句。这便是云门宗的接引与特色教学方法，不可用正常的逻辑去寻思，老师实际是开导学人体会超脱世间法的路径，意会者便是言下顿悟。在第一个故事里文偃是个孜孜以求的学徒，受到道纵莫名其妙的粗暴对待而言下大悟；在第二个故事里，文偃是旁观者，他努力想帮助

---

① 《全唐文》卷八九二，第9318页。

那个迷惑的学人，无奈的是学人慧根不够。文章写得非常生动，乍看起来人物对话风马牛不相及，但在对比中不露声色地把文偃的颖悟凸显出来。这段文字完整地描述出文偃大师自己是如何在这些迷魂颠倒的问答里得到启发，由"不悟"到"悟透"，并最终继承这门宗风继续开导学人的成长历程，十分耐人寻味。

唐代的社会思想活跃，不同学说并存，彼此之间时有理论争辩，朝廷对学派间的辩论也采取鼓励态度，朝廷还经常举办儒、释、道的官方讲论。故而在一些硕学大德的塔铭里，会详细记载一些当时的辩论场景。这一方面是传达辩讲高僧的佛学思想，另一方面也能生动地再现僧人的性格特征。韦处厚在《兴福寺内道场供奉大德大义禅师碑铭》记载大义禅师辩讲佛法的三件事。

> （顺宗）复问何者是佛性，答曰："不离殿下所问。"默契元关，一言遂合。后入内神龙寺法会群僧，有湛然法师者，登座云："佛道遐险，经劫无量，南鄙之人，欺绐后学。"大师曰："彼自迷性，盲者可咎白日耶？"顺宗顾谓诸王曰："彼不谕至道。"其侪叱下，数旬而卒。后德宗降诞日，于麟德殿大延论议，龙梵冥护，人天倾听。时有问者曰："心有也，旷劫而滞凡夫；心无也，刹那而登妙觉。何也？"大师曰："此乃梁武帝云然。心有者，是滞于有。既有矣，安可解脱？无也，何人而登妙觉？"①

大义禅师师承马祖道一，认为"佛在自性，不必外求"。其人耿直激切，能言善辩。即便顺宗问法，他也敢径直地答以"不离殿下所问"。虽然这句答语符合南宗禅反观自性，发现自家本来面目的宗旨，但终究不适合用在朝堂上回应帝王。大义这一句话脱口而出，生硬无礼，从这个小细节就可看出其学识渊深且为人耿直的特点。大义一心只在禅理，就事论事，不为外在环境所动，因而顺宗非但没有生气，反而对其崇信有加。第二个故事是大义与湛然充满火药味儿的论辩，先是湛然攻击大义是"南鄙之人，

---

① 《全唐文》卷七一五，第 7353 页。

欺绐后学"，大义则反唇相讥，用盲者不见白日来讽喻湛然自迷心性。结果皇帝站在了大义一方，使得湛然一派被"叱下"。两个故事记载了大义在顺宗、德宗两朝的辩难经历，把大义禅师的精明、耿直、出言激切的性格特点都刻画出来了。

相比大义禅师，李华笔下的兰若和尚则显得温婉许多，《荆州南泉大云寺故兰若和尚碑》里描写的一段兰若和尚的论讲：

> 或问："南北教门，岂无差别？"答曰："家家门外，有长安道。"又问曰："修行功用，远近当殊？"答曰："滴水下岩，则知朝海。"又问："人无信根，如何劝发？"曰："儿喉既闭，乳母号恸，大悲无缘，亦为歔欷。"①

兰若和尚首先否定了南北禅宗的差异，指出所谓的南北差异，不过是修禅方法不同而已，譬如"家家门外，有长安道"，路径虽殊，旨归却相同。接着他强调修行必须日积月累，下苦功夫，譬如"滴水下岩"，没有捷径可走。最后，兰若指出学佛者要有"信根"，若无此佛缘，则是朽木不可雕，任凭谁也无能为力。这段对话是典型的绕路说禅，显示出兰若委婉温厚的性情。

其实，在描摹人物性格，表现人物思想方面，唐人的手法已经非常高超了，塔铭作者还采用侧面描写的方法去烘托人物。

> 始以五月十六日结夏安居，僧闻尽愕，喧然雷动。门人来问，答曰："迦利底迦星此其候。"门人未达。既而无畏三藏以五月十五日至京师，众僧怪而问故，三藏曰："吾视迦利底迦星合时来，正当日结夏耳。"迦利底迦星，即火星也。由是缁林莘叹，与圣人合符。②
>
> ——李华《荆州南泉大云寺故兰若和尚碑》

---

① 《全唐文》卷三一九，第3237页。
② 《全唐文》卷三一九，第3236页。

佛教有结夏安居的修行方式。所谓结夏，是指安居的首日；待到结束之日，称为解夏。佛教徒在安居期间，严禁无故外出，以防心神离乱，因此可称为一种自修自照功夫，目的是净心沉潜在修行中，以修心自悟，养德积厚。兰若和尚（惠真）突然决定结夏安居，是因为他预见火星将至。当众人对他的决定感到错愕不解的时候，无畏三藏也来京师结夏，并且预测说是因为火星将至的缘故。无畏三藏是密宗高僧，以神通广大、高深莫测闻名于世，他所说的话侧面印证了兰若和尚先知先觉的能力，而众人的一"惊"一"叹"也从侧面凸显了兰若和尚的超凡之处。

　　另外，塔铭里经常写到的皇权优礼，叙述塔主与诸多士大夫的交游往来，或者记录名人对塔主的赞许，这其实都是从侧面烘托塔主优游高雅，且学养高深。这里举一例。

　　　　广德二年，始立大明寺于衡山，诏选居寺僧二十一人，师为之首。乾元元年，又命衡山立《毗尼藏》，诏选讲律僧七人，师应其数。①
　　　　　　　　——柳宗元《南岳大明寺律和尚碑并序》

柳宗元通过记述唐代宗建大明寺，诏选了二十一个住寺僧人，而惠闻律师居第一位，这就衬托出惠闻学识德行的崇高。

　　文学是人学，文学以塑造人物形象为重要使命。隋唐五代的塔铭作者通过各种表现手法的综合运用，使得这一时期的塔铭在人物形象刻画方面取得了长足进步，许多高僧的音容笑貌、趣闻轶事、学识行履等，都在塔铭里有或生动或具体的描写。总体而言，隋唐五代的塔铭无论在文体结构上，还是在艺术表现上，都超越了前代，形成了一套比较成熟的创作模式。

第三节　塔铭的艺术风格

　　刘勰概括文风流演与时代变迁之间的关系是"文变染乎世情，兴废

---

　　① 《全唐文》卷五八七，第5936页。

系乎时序"（《文心雕龙·时序》）①，不同时代、不同地域、不同的社会风尚，都会影响文学风貌。南朝统治者比前代更好文雅，"文章比前代更加工丽，偶对隶事之文发展到极端，形成了骈体"②，这一时期文人雕章琢句，不遗余力，虽然文章在形式上已发展得相当精致，但不免辞浮于意，缺乏真情。北朝文章则指事造实，语中肯綮，虽用对偶，但不雕琢，不似南朝骈四俪六，整体呈现出质实的风貌。南北文风，一文一质，待及隋唐统一之后，南北文风势必融合，文质并重成为了历史发展的必然。塔铭创作在南北文风融合的大趋势下，即处在虚夸与真率、雕镂精工与流畅疏朗、骈俪与贞刚整合的大背景下，塔铭相应地发展出了典丽宏赡、简洁质实、骈俪空洞的几种典型风格。

一　典丽宏赡

柳辩的《天台国清寺智者禅师碑文》开隋唐塔铭典丽宏赡风气之始。因为是遵命文学，奉召秉笔，虽不免辞浮于意，不见真情，但鸿篇巨制、典丽堂皇，堪称长篇塔铭的典范之作。

首先，柳辩开创了长篇塔铭的结撰思路。他以议论开篇，先颂扬一番佛法高妙，转而盛赞皇帝的德能善举；然后，引入智颉家世、修行经历和生前取得的佛学成就、受过的皇家礼遇及死后的哀荣；最后，叙述智颉亡故的时间、地点以及相应的灵异感应故事。这个写作思路在后来被当成了塔铭的固化章法套路。

其次，作者虽欲以骈体彰显工丽，但并不拘泥于此，而是适度使用散体，这样既能便于文意的表达，又可以破坏骈体节奏，可谓一举两得，匠心独运。比如下面这段叙述智颉为杨广授戒的文字：

> 以开皇十一年岁次辛亥月旅黄钟二十三日辛丑，于扬州大听寺设无碍大斋，禀受菩萨戒法。降作伯之尊，由宗师之典。释龙衮而披忍服，去桓圭而传戒香。圆发初心，诸佛致礼。于时天地交泰，日月载

① 《文心雕龙注释》，第 479 页。
② 郭预衡：《中国散文史》，上海古籍出版社，1999，第 456 页。

华。庭转和风，空浮休气。林明七觉之华，池皭八净之水。化罩内外，事等阿输之城；教转法轮，理符宝冥之窟。文武僚寀，俱荫慈云。欣欣焉，济济焉，肃肃焉，雍雍焉。经所谓摄律仪戒，摄善法戒，摄众生戒，显发三愿，真正十受，如一切色，悉入空界者，其斯之谓欤？法事云毕，士珍备舍……①

文中一连四个三字句"欣欣焉，济济焉，肃肃焉，雍雍焉"，音节短促活泼，巧妙化解了前面四六节奏的呆板，开启下面的散句，真不愧为文章大家的手笔。可见，柳辩行文倾向骈体，但间以散句，具体到表现技法方面他开始通过对话来塑造人物形象，在谈到智颛与定光禅师的前生宿缘时，柳辩写道：

元有定光禅师，隐显变见，先居此峰，常谓弟子云："不久当有胜善知识，将领徒众，俱集此山。"俄而智者越江渡湖，翻然来萃。忽闻钟声，声振山谷。即问光师，声之所以。答云："此是楗椎集僧得住之相，颇忆曾经举手相引时不？"智者即悟。②

定光与弟子及智颛的对话让我们深深感觉到佛教的不可思议和种种耐人寻味的机缘巧合。

最后，柳辩故意运用大量冥感、梦境乃至预言等情节，借此烘托佛法高深，塔主的道行莫测，这也成为后来长篇塔铭的基本写作套路。这里仅举柳辩文中一例：

又法会千僧，各有簿籍。造斋点定，忽盈一人。有司再巡，还满千数。及临斋受嚫，复成千一。执事惊愕，出没难辨。岂非先师化身，来受国供？③

---

① 《全隋文》卷一二，第 136 页。
② 《全隋文》卷一二，第 136 页。
③ 《全隋文》卷一二，第 138 页。

这里写在智顗忌日杨广设千僧法会，斋饭前有司清点人数是一千零一，觉得不对，重新核定，是一千人，可是到开饭的时候，又变成了一千零一位僧人。作者饶有兴致地叙述此事，意在暗示智顗不可思议之处，死后还能化身来享受国供。

据《隋书·柳辩传》记载，柳辩"少聪敏，解属文"，为文"词甚典丽"，居杨广文学侍从之冠，"（杨广）每有文什，必令其润色，然后示人"①。同时，他又深解佛法，曾撰《法华玄宗》二十卷，故而，杨广会在众多辞臣中诏命柳辩来撰写智顗碑文，实是他个人文学与佛学两方面造诣使然。

柳辩开了典丽宏赡塔铭的先例，及至唐代，尤其是盛唐时期，文风崇雅黜浮、气势雄浑。这类雅有典则的长篇塔铭便时有所见，如张说的《唐玉泉寺大通禅师碑铭并序》，严挺之的《大智禅师碑铭并序》，李适之的《大唐蕲州龙兴寺故法现大禅师碑铭》，陆长源的《唐故灵泉寺元林禅师神道碑并序》，李吉甫的《杭州径山寺大觉禅师碑铭并序》，吕温的《南岳弥陀寺承远和尚碑》，李华的《杭州余姚县龙泉寺故大律师碑》《荆州南泉大云寺故兰若和尚碑》《东都圣善寺无畏三藏碑》《故左溪大师碑》《润州天乡寺故大德云禅师碑》《扬州龙兴寺经律院和尚碑》《润州鹤林寺故径山大师碑铭》，明瓒的《大唐灵化寺故大德智该法师之碑》，李俨的《益州多宝寺道因法师碑文并序》，李邕的《大照禅师塔铭》等。唐代繁复的长篇塔铭多得不胜枚举，也体现出一些创作特色，有着"燕许大手笔"之誉的张说曾给禅宗六祖神秀撰写碑铭，从中可以看出此时塔铭在行文和叙事上都显出新的创作倾向。

（神秀）少为诸生，游问江表，老庄元旨，书易大义，三乘经论，四分律仪，说通训诂，音参吴晋，烂乎如袭孔翠，玲然如振金玉。既而独鉴潜发，多闻旁施，逮知天命之年，自拔人间之世。企闻蕲州有忍禅师，禅门之法允也，自菩提达磨天竺东来，以法传惠可，惠可传僧璨，僧璨传道信，道信传宏忍，继明重迹，相承五光。乃不

① 《隋书》卷五八，中华书局，1973，第1423页。

远遐阻，翻飞调诣，虚受与沃心悬会，高悟与真乘同彻。尽捐妄识，湛见本心，住寂灭境，行无是处。有师而成，即燃灯佛所；无依而说，是空王法门。服勤六年，不舍昼夜。大师叹曰："东山之法，尽在秀矣。"命之洗足，引之并坐，于是涕辞而去，退藏于密。①

这一段叙述了神秀的求学经历，年轻时神秀学兼儒释道，到了五十岁听说弘忍是禅宗传人，便拜其门下，虚心受教六年，得到弘忍的印可。整段行文自然连贯，以表意为主，虽然间或使用四六句式，却已不再严格遵守偶对规则，叙述性散句运用得很多。

张说学识渊奥又达于人情，文章也是用思精密且通脱，言事论理滔滔不绝，却不给人晦涩冗繁之感。

云从龙，风从虎，大道出，贤人睹。岐阳之地，就者成都；华阴之山，学来如市，未云多也。后进得以拂三有，超四禅，升堂七十，味道三千：不是过也。尔其开法大略，则慧念以息想，极力以摄心，其入也品均凡圣，其到也行无前后。趣定之前，万缘尽闭；发慧之后，一切皆如。持奉楞伽，近为心要，过此以往，未之或知。②

这里概括了神秀居玉泉寺开坛讲法，学者云集影从的盛况，同时也介绍楞伽禅法大要。张说对北宗由定入慧，所谓趣定之前，摄心一念，发慧之后，得悟本心的过程，讲得非常精辟。从行文看，虽用对句，却写得自然畅达，尤其值得注意的是这里也有四个三字句，相较于前面提到的柳辩的三字句连用，张说的表达更通脱。他这组三字句简洁明了，意在承上启下，引出神秀开坛讲学的盛况，而柳辩则意在渲染授戒场面，是四组形容词叠加，显得有些繁复。

此外，还必须谈一谈李华的塔铭。作为唐代著名散文家，李华于佛理可谓研究深入，他与密宗、禅宗、天台宗、律宗、牛头宗的高僧都有深入

---

① 《全唐文》卷一二，第 2334~2335 页。
② 《全唐文》卷一二，第 2335 页。

交往，对文学与佛学的造诣极深。李华现存有九篇塔铭，是初盛唐时期撰写塔铭数量最多的著名文学家，他既有为禅宗北宗和尚写的《故中岳越禅师塔记》《润州天乡寺故大德云禅师碑》，也有为律宗和尚写的《杭州余姚县龙泉寺故大律师碑》《衢州龙兴寺故律师体公碑》《荆州南泉大云寺故兰若和尚碑》《扬州龙兴寺经律院和尚碑》，另外，他还为密宗无畏三藏写了《东都圣善寺无畏三藏碑》，为天台宗师左溪玄朗写了《故左溪大师碑》，为牛头大师径山玄素作的《润州鹤林寺故径山大师碑铭》。其中除了《故中岳越禅师塔记》和《衢州龙兴寺故律师体公碑》篇幅较短，其余都是长篇。

李华的长篇塔铭写得很有文采，能够自如地运用骈文的形式，表达自己的意思。下面这段是在《杭州余姚县龙泉寺故大律师碑》里写他个人对禅、律二宗的认识：

> 由是启禅那证入之门，立毗尼摄护之藏，土因水而成器，火得薪而待燃。惟此二宗，更相为用。律行严用，奉则净无瑕缺；戒定光深，照则测见本源。次修定门，而自调伏。云何为大定？地虽倾而不动；云何为修我？心难寂而无住。然后登般若之岸，上楞伽之峰，以此身为法身，了无得为真得。①

作者用四六对句写自己对律宗戒、定、慧的体悟，以及在大定、无住之后禅宗的证入与发慧，认识很深刻，语言形式很美，却又不失畅达。

李华也擅长写散体文，行文显得更加洒脱，在《荆州南泉大云寺故兰若和尚碑》里甚至引入人物的口语对话，来揭示深奥的佛理。

> 故善来众生，悉蒙慈覆，至于悟戒承法，千无一焉。或问："南北教门，岂无差别？"答曰："家家门外，有长安道。"又问曰："修行功用，远近当殊？"答曰："滴水下岩，则知朝海。"又问："人无

---

① 《全唐文》卷三一九，第3233页。

信根，如何劝发？"曰："儿喉既闭，乳母号恸，大悲无缘，亦为嘘欷。"①

　　这一段阐述了兰若和尚（惠真）的修行理念。首先他认为宗无南北，法无高下，一切以悟入真谛为根本，所谓"家家门外，有长安道"，即条条大路通罗马，告诉学人无论修习哪门宗派，悟道才是关键。其次，关于修行态度，惠真认为只要一直在修行，积少成多，终究能有所成就。最后，对于修行根机，惠真认为如果没有信根，便与佛法无缘，凭谁也是无能为力。这段禅机应答完全没用骈体，但句式上却仍很整齐，足见其文采。事实上，李华的文采还表现在用典方面，虽然张说、李邕的塔铭里也偶有典故，但往往只是点缀，不像李华的典故有排比对称的强烈气势。

　　　　长老每言曰："得天师于牧马，求善法于鬻香，不可不敬；乐羊以食子见疑，苾蒭以草系成忍，不可不仁；智瑶死于大县，顶生退于释宫，不可不廉；留侯先期而黄石悦，元谋恳乞而观音降，不可不信。学此四者，以为教端，内训缁褐，外化群品。其余触类而长，道遍恒沙。"②

　　在这篇《润州天乡寺故大德云禅师碑》里，李华一连用了四组典故来阐明法云禅师的教义——敬、仁、廉、信。文中历史典故与佛经典故并举。
　　总体而言，鸿篇巨制的长篇塔铭在谋篇上讲究面面俱到，出身门第、生平德履、宗风传承、传道盛况、生前荣耀与身后哀荣以及各种异兆奇迹等内容，几乎成为固定的写作套路。语言上骈散兼行、奇偶句并用，表情达意追求通脱自然，使用典故而又不妨碍文意畅达，整体呈现出典丽宏赡的特色。

---

① 《全唐文》卷三一九，第 3237 页。
② 《全唐文》卷三二〇，第 3243 页。

二 简洁质实

南北朝时期的塔铭，绝大多数都写得简短平淡，没有高深的议论，更没有文采可言，这种最初阶段的塔铭样式，很像世俗的墓记。不过这种简洁质朴的塔铭风格还是有存在的意义，出于对志石运输、刻制、竖立及经济耗费等方面的考虑，同时也受到"古文运动"思潮的影响，到了中唐，文人们开始有意恢复塔铭的简短样式，出现了一大批短篇塔铭。

代宗时期独孤及写的《唐故扬州庆云寺律师一公塔铭并序》就不落长篇模式的窠臼，连用五个"公之……"连缀，表现灵一和尚戒、行、才、教、异，构思独特，散体行文，重在叙事，简洁明快。独孤及的学生梁肃继承了这种塔铭风格，他写的《越州开元寺律和尚塔碑铭并序》，通篇散句，指事造实，重点记述开元寺县允的文采与弘法经历，这篇塔铭已全然从骈体长篇塔铭蜕变出来，昭示着一个塔铭创作新时代的到来。

中唐有一批文学家参与创作塔铭，他们的塔铭往往篇幅很短却意蕴丰厚，措辞简洁，毫不花哨，文章的可读性强。如柳宗元《曹溪第六祖赐谥大鉴禅师碑并序》《南岳弥陀和尚碑并序》《南岳云峰寺和尚碑》《南岳般舟和尚第二碑并序》《南岳大明寺律和尚碑并序》《龙安海禅师碑并序》《岳州圣安寺无姓和尚碑铭并序》《南岳云峰和尚塔铭并序》《衡山中院大律师塔铭并序》，白居易《如信大师功德幢记》《大唐泗洲开元寺临坛律德徐泗濠三州僧正明远大师塔碑铭并序》《唐东都奉国寺禅德大师照公塔铭并序》《唐抚州景云寺故律大德上宏和尚石塔碑铭并序》《唐江州兴果寺律大德凑公塔碣铭并序》，刘禹锡《曹溪六祖大鉴禅师第二碑并序》《唐故衡岳律大师湘潭唐兴寺俨公碑》，权德舆《唐故章敬寺百岩大师碑铭并序》《唐故洪州开元寺石门道一禅师塔铭并序》等，例子不胜枚举，这里重点谈谈刘禹锡、柳宗元、白居易的塔铭特色。

刘禹锡、柳宗元、白居易这三位文学家常常能在五六百字的塔铭里，写出耐人寻味的内容，从而使短篇塔铭别具一番神采。由于这三个人的人生遭际相似，仕途多舛，又都亲敬佛教，参悟佛理，平生与僧人们交往密切，所以这几位文学家笔下的塔铭呈现出了一定的共性特征。比如他们的创作思路都很灵活，不拘既定的写作范式，文章几乎篇篇不同，各具特色，所谓"文无定法"在这几位文学家创作的塔铭里体现得尤其明显。再如素材选取上，他们都倾向删繁就简，有关僧人生前的世俗荣耀，种种为人津津乐道的神异故事，三位深明佛理的文学家往往持怀疑乃至忽略不计的态度。纵然是受嘱托，必须叙述一下相关情节，通常只是一笔带过，不详细描写。三人的写作风格也各有特色——柳宗元思虑深刻，文章深沉严谨；刘禹锡擅长议论，文章清隽有昧；白居易长于平铺直叙，文章质朴温厚。相关塔铭足以为证。

> 大鉴始以能劳苦服役，一听其言，言希以究，师用感动，遂受信具。遁隐南海上，人无闻知。又十六年，度其可行，乃居曹溪，为人师，会学去来尝数千人。其道以无为为有，以空洞为实，以广大不荡为归。其教人，始以性善，终以性善，不假耘锄，本其静矣。中宗闻名，使幸臣再征，不能致，取其言以为心术。其说具在，今布天下，凡言禅皆本曹溪。大鉴去世百有六年，凡治广部而以名闻者以十数，莫能揭其号，乃今始告天子，得大谥，丰佐吾道，其可无辞。①

这是柳宗元受朝廷大员扶风公马总的请托而撰写的《曹溪第六祖赐谥大鉴禅师碑并序》，此前王维已经为慧能写过了《六祖能禅师碑铭》。不同的是，柳宗元在这篇塔铭里没有着力介绍慧能的生平德履，甚至对于南宗禅法旨要，他也只是简单说了几句话，"其道以无为为有，以空洞为实，以广大不荡为归。其教人，始以性善，终以性善，不假耘锄，本其静矣"，这当然是不错的，但却不能说是对南宗禅最切要的阐释。当时南宗无论在朝廷还是在民间，影响力都十分巨大，柳宗元不会不知道南宗顿悟见性之说。而且从"师用感动，遂受信具"这两句轻描淡写中可以觉察到，柳宗元并不看重宗法传承的印信故事。如果留意一下王维《六祖能禅师碑铭》里写道："（弘忍）临终，遂密授以祖师袈裟，而谓之曰：'物忌独贤，人恶出己。吾且死矣，汝其行乎！'禅师遂怀宝迷邦，销声异

---

① 《全唐文》卷五八七，第 5933 页。

域。"① 两相比较，则可看出王维被佛衣传付的故事深深打动，所以会在塔铭里生动记述了相关细节。

柳宗元受无染坚请而为惠闻律师写了《南岳大明寺律和尚碑并序》，表现了作者思想深沉严肃，如果不细细体会是觉察不到的。

> 师凡主戒事二十二年，宰相齐公映、李公泌、赵公憬，尚书曹王皋、裴公胄，侍郎令狐公峘，或师或友，齐亲执经受大义为弟子。又言师始为童时，梦大人缟冠素舄来告曰："居南岳大吾道者，必尔也。"已而信然。将终，夜有光明，笙磬之音，众咸见闻。若是类甚众，以儒者所不道，而无染勤以为请，故末传焉。②

这段文字是碑阴的补记，主要是想说明一下惠闻生前与达官显贵的交往情况等。柳宗元对这些内容简单记述几句之后写道："若是类甚众，以儒者所不道，而无染勤以为请，故末传焉。"柳宗元一生固守儒家法则，信奉"子不语怪力乱神"，这里仅仅是出于对委托者的尊重才不得已补记一二，并置于碑阴文末的位置，这实则体现了作者为人包容宽厚、为文法度严谨及其坚守己见的思想性格。

柳宗元的思想表现得含蓄，而刘禹锡的思想则表达得明朗，他长于议论，塔铭中的思辨性文字给人俊爽的感觉。

> 佛法在九州间，随其方而化。中夏之人汩于荣利，破荣莫若妙觉，故言禅寂者宗嵩山；北方之人锐以武力，摄武莫若示现，故言神通者宗清凉山；南方之人剽而轻，制轻莫若威仪，故言律藏者宗衡山。③

唐代佛教宗派林立，但是罕有人研究教派与地域文化间的关系，刘禹锡对此则提出了自己的见解。刘禹锡对中原地区、北方之人、南方之人等

---

① 《全唐文》卷三二七，第 3313 页。
② 《全唐文》卷五八七，第 5936 ~ 5937 页。
③ 《全唐文》卷六一〇，第 6163 ~ 6164 页。

分析得非常有道理，行文又十分简切通脱，他的议论多是这样的风格。

> 自白马东来，而人知像教；佛衣始传，而人知心法。宏以权实，示其摄修。味真实者，即清净以观空；存相好者，布威神而迁善。厚于求者，植因以觊福；罹于苦者，证业以销冤。革盗心于冥昧之间，泯爱缘于死生之际。阴助教化，总持人天。所谓生成之外，别有陶冶；刑政不及，曲为调柔。其方可言，其旨不可得而言也。①

刘禹锡的洞察力和思辨力在塔铭里表现得淋漓尽致，往往三言两语便把问题阐释清楚，而且切当明了，给人清刚俊爽之感，与其个性气质非常吻合。

相较于刘禹锡的简切畅达，白居易的塔铭最大特色是平铺直叙、质朴自然。

> 童而有知故，生十五岁发出家心，始从舅氏剃落；壮而有立故，生二十五（一作二）岁立菩提愿，从南岳大圆大师受具戒；乐其所由生故，大历中不去父母之邦，请隶于本州景云寺；修道应无所住故，贞元初离我所，徙居洪州龙兴寺说法；亲近善知识故，与匡山法真、天台灵裕、荆门法裔暨兴果神凑、建昌惠进五长老交游；佛法属王臣故，与姜相国公辅、颜太师真卿暨本道廉使杨君凭、韦君丹四君子友善；提振禁戒故，讲《四分律》，而从善远罪者无其数；随顺化缘故，坐甘露坛，而誓众主盟者二十年；荷担大事故，前后登方等、施尸罗者十有八会；救拔群生故，婆娑男女由我得度者万五千七十二人；示生无常故，元和十年巳亥迁化于东林精舍；示灭有所故，是月丙寅归于南冈石坟。②

这段文字出自《唐抚州景云寺故律大德上宏和尚石塔碑铭并序》，白居易把上宏和尚的人生经历做了全景式介绍，他一连用了十二个"……故"，

---

① 《全唐文》卷六一〇，第 6162 页。
② 《全唐文》卷六七八，第 6937 页。

叙述了塔主从出家到圆寂的人生关捩处，娓娓道来，指事造实，语言浅近，明白易懂。

通过对以上三位文学家所作塔铭的分析，我们已能充分体会到短篇塔铭创作的最大特点是作者心中没有固定的章法套路，他们通常是在个人体会感慨最深处着笔，言由心生、言而有物，文章或议论、或叙事、或感慨，都是紧切文脉，一气呵成，整体显得紧凑而又耐人寻味。此外，在行文笔法上，此类塔铭的语言简明流畅，不受形式技巧的束缚，自由随便。

其实也并不限于文学家能写这类简洁质实的塔铭，只要是对佛法、对塔主有深入理解的人，都能写出颇具滋味的精简塔铭。譬如中晚唐的义存和尚，他自撰了《难提塔铭并序》。

> 夫从缘有者，始终而成坏。非从缘得者，历劫而常坚。坚之则在，坏之则捐。虽然离散未至，何妨预置者哉？所以垒石结室，剪木合函。殷上积石，为龛诸事已备，头南脚北，横山而卧，惟愿至时同道者莫违我意，知心者不易我志。深嘱载嘱，幸勉励焉。纵饶他日邪造显扬，岂如当今正眼密弘。善思之，审思之。铭曰：
> 兄弟添十字，同心著一仪。上主曰松山，卵塔号难提。更有胡家曲，汝等切须知。我唱泥牛吼，汝和木马嘶。但看五六月，冰片满长街。薪尽火灭后，密室烂如泥。①

这是义存行将示寂前自制的塔铭。这位高僧深知缘尽化灭的道理，既然死后托体同山阿，归于自然，所以他并不恐惧死亡。义存只是在简简单单地嘱咐弟子自己死后要头南脚北，垒石结室，甚至想到有人可能接受不了这样生死永隔的残酷现实，所以还宽慰弟子们也要坦然面对"薪尽火灭"这一事，自己的尸身和葬穴迟早会"烂如泥"。整篇文章话说得实在，随感式的信口而谈，虽然很简短，但作为一代禅宗大师，义存对佛教空寂的理解，对委任自然的身体力行，以及对弟子深挚的关心，全都跃然纸上，读罢让人慨叹不已。

① 《全唐文补编》，第 1444 页。

还有的短篇塔铭以情感浓郁取胜。塔铭中充盈着浓浓感伤，让人读后唏嘘不已。譬如法宣为道庆写的《释道庆圹铭》：

> 余与伊人，言忘道狎。京辇少年，已欣共被；他乡衰暮，更喜同袍。月席风筵，接腕晤语，吾子经堂论室，促膝非异人。岂意玄穹，歼我良友，千行徒洒，百身宁赎？未能抑笔，聊书短铭。其词曰：
>
> 十力潜景，四依匡世。踵德连晖，伊人是继。宫墙戒忍，灯炬禅慧。并驱生、林，分庭安、叡。论堂扨玉，义室芬兰。坐威师子，众绕旃檀。道洁尘外，理析谈端。四仪式序，三业惟安。秽土机穷，胜人现灭。帐留余影，车回去辙。陇月孤照，坟泉幽冽。竹露暂团，松风长切。气运有终，德音无绝。①

从文中看，法宣与道庆是至交好友，道庆死后，法宣写了这篇塔铭。他追忆了自己与道庆自少年直至暮年的同袍之情，以及壮岁促膝论道的风雅，怅恨好友天不假寿，以至一个在陇月孤坟，一个空对帐下余影，人神永隔，读罢令人哀伤不已。全篇围绕着"情义"展开，文字叙述上没有丝毫矫揉造作之感，更像是一篇抒情短文。

情深缘自彼此的了解，法宣与道庆都是出家人，同道更兼情义相投，所以法宣能写出如此深挚感人的塔铭。类似这种情深意切的塔铭还有和凝的《故三学法师绛公碣铭并序》，道恭的《南武州沙门释智周圹铭并序》，忽雷澄的《晓了禅师塔碑》，法宣的《释慧颙砖塔铭》《苏州武丘山僧智琰碑》等。

中唐以后出现了大量散体行文、语言平实、篇幅简省的塔铭，这类塔铭叙事明了，偏重说理言情，饶有意味，更吸引人。

三　骈俪空洞

文辞绮丽，拘泥于四六骈体且内容空洞的塔铭在唐五代时期也有很多。这类塔铭的共性特点是谋篇毫无新意，满眼佳词丽句，行文骈四俪

---

① 《唐文拾遗》，见《全唐文》，第 10927～10928 页。

六，雕琢粉饰，而内容寡淡无味，相比于初盛唐时代那些骈化倾向也很强的塔铭，则显得气格局促，已全然没有浑厚典重之感了。

下面两段文字出自《大唐济度寺大比邱尼墓志铭》，作者姓名已佚。

> 襁褓之辰，先标婉质；髫龀之岁，遽挺柔情。聪悟发于生知，孝友基乎天纵。中外姻族，莫不异焉。加以骨象无俦，韶妍独立，铅华不御，彩绚春桃，玉颜含泽，光韬朝藓。年将十载，颇自矜庄，整饰持容，端怀检操。每留神于肇悦，特纡情于纮组。琼环金翠之珍，茵簟衾帏之饰，必殚华妙，取甄闺闱。丽而不奢，盈而不溢。既而疏襟学府，绎虑词条，一览而隅隩咸该，再觌而英华毕搴。豪飞八体，究轩史之奇文；法兼二妙，符卫姬之逸迹。群艺式甄，女仪逾邵。
>
> ……
>
> 戒行与松柏齐贞，慧解共冰泉等澈。超焉拔类，恬然晏坐。若乃弟兄办供，亲属设斋，九乳流音，六铢含馥。瓶锡咸萃，冠盖毕臻。唯是瞻仰屏帷，遥申礼谒。自非至戚，罕有觌其形仪者焉。加以讨寻经论，探穷阃域，叠妙路之微言，括毗尼之邃旨。至于《法华》《般若》，《摄论》《维摩》，晨夕披诵，兼之讲说。①

作者写第一段的目的在于赞誉法愿天生丽质，姿仪美好。第二段意在颂扬法愿戒行端庄。姿仪好与不好，与出家修行实不相干；戒行谨严，则更是出家人所应恪守的，这些内容其实都不是塔铭文的重点内容，如果写，不是不可以，但应该简洁。反观作者偏偏用四六句，絮絮叨叨说了这么长一段，实在有卖弄虚夸之嫌，且文章过分讲究形式美，实际对于主旨的表达无多裨益。

言之无物是此类骈俪空洞塔铭的通病，再如下面这段文字出自守澄《陕府夏县景福寺故思道和尚重修宝塔铭并序》，主要概括了思道和尚的学识德行。

---

① 《全唐文》卷九九七，第 10326 页。

　　和尚道高安远，德迈琳生；为檀越之福田，作如来之法眼。深达了义，久议菩提。自然变易之身，旷劫起凡之德。同尘不染，悲济有情。现大神通，无妨自在。山中採木，风雨送来；寺内看经，龙神护助。峥嵘鹿苑，巍峨鹫峰。一方之瑞色长新，四野之风光景丽。名闻寰宇，誉满帝乡。①

文中提到了前代两位高僧，分别是隋末唐初的法琳，以护法善辩扬名；晋末宋初的道生，以慧解佛法著称。守澄赞誉思道，说他的学行在法琳、道生之上，却举不出什么事迹佐证，只是泛泛地说思道能为信教民众求利益，是佛法的真正传人，显得空洞不实。如此敷衍的构思实在不具有说服力。

　　还有一种流水账似的塔铭，形式上也很讲究骈偶对仗，如下面这段辛溥的《大唐故真空寺尼韦提墓志铭》：

　　天生聪明，道贷神气；凤闻真觉，早悟迷津。童年出家，克精象法；洎乎处道，降伏其心。入清净智，破昏暗德，经行苦行，莫之与京。谓真如之其凝，岂波旬之见惑。住持戒律，曾不倦□荒，宁洁己修身，每屡空而无积，享年卌有□，□□□□十一月十二日，大渐于真空寺也。无累日之疾疾，有一朝之溘然。晤言不昏，视寂灭之□乱；其容不改，则慎行而弥肃。倏忽大夜，宛□云亡。缁徒饮恨者继踵，门人芒然者如捣。偕痛疾之何依，空啼眺而永日。②

在不到 400 字的篇幅里，作者按部就班地叙述了韦提的出身、祖德、个人禀赋、一生修行、示寂辞世以及最后治丧情况，可以说是将塔主一生做了周全的介绍，面面俱到，却毫无重点，更无深意。比较突出的是形式上讲究四六句，在可以使用对句的地方作者一律工稳对仗，而措辞上都缺乏新意。这种流水账的骈俪塔铭还有很多，崔膺的《灵识和尚塔铭》、宇文鏚

　　① 《全唐文》卷九二一，第 9601 页。
　　② 《全唐文》卷九四八，第 9839 页。

《万州报善寺主觉公纪德碑并序》、处玉璿《大唐众义寺故大德敬节法师塔铭并序》、飞锡《大唐真化寺多宝塔院故寺主临坛大德尼如愿律师墓志铭》等，都属此类。

形式上骈俪，而内容空洞的塔铭，虽然乏善可陈，但其能经久不息的原因却值得思考。从根本上讲，这类塔铭往往是请托文章，作者对塔主生平不很了解，甚至对佛法的理解也不很深入，于是他们便采用放之四海而皆准的结撰套路，并在形式上着力追求美感，四六对仗，精雕细刻，如此文章正所谓"内功不足"，然"外在补齐"。

第四章

隋唐五代塔铭的文化价值

　　塔铭的文化价值不容低估。作为佛教文学，塔铭体现出儒家文化与佛教文化的交互影响。塔铭热衷于记述宗派承传顺序，展示佛教的门派之见与传承，这是世俗门第血统观念的宗教化呈现，是儒家文化影响佛家的一个缩影，更是佛教努力融合中华固有文化的表现。作为石刻铭文的一种，塔铭的书法艺术价值也十分巨大。经过一千多年的悠长岁月，陵谷变迁、风雨蚀化，以及人为损毁、战乱兵燹等磨难，隋唐五代的塔铭石刻只有少数留存至今，且多损泐剥蚀。因其稀有，且又极具艺术欣赏性，方显得更加珍贵。塔铭作为中国古代一种文化现象，还对朝鲜塔铭的创作产生了深刻影响，这可视作中国文学跨文化传播的典范。

第一节　传述宗派承传的理念

　　僧人出家以后，把世俗社会的门第家族观念移置到佛门师徒相承的关系中，他们称受教于老师是"得法乳"，在一些塔铭里还有把师徒间的情义比作父子关系的记述。沈亚之在《灵光寺僧灵佑塔铭》对此作了很简明的解释：

　　　　释家之法，以弟子嗣师由子，其事死送葬，礼如父母。由是籍书赞记之，常名而不姓。今通氏言释者，必祖自佛派，分诸系于七祖，各承其师之传，以为重望。①

沈亚之把佛教弟子与老师，直接比附为俗家的子侍父，为老师送终成为佛家子弟的责任。这样，我们也就不难理解为什么僧人的竖塔、立碑、迁葬等事宜，往往是由其弟子操办的原因，可以说，佛家的侍师葬礼，实际是世俗社会父慈子孝、饰终之礼的变相表现。

隋唐是中国佛教宗派文化大繁荣时期。汤用彤先生在《隋唐佛教史稿》里论述道："佛法演至隋唐，宗派大兴。所谓宗派者，其质有三：一、教理阐明，独辟蹊径；二、门户见深，入主出奴；三、时味说教，自夸承继道统。用是相衡，南北朝时实无完全宗派之建立。"② 确如汤先生所言，中国众多佛教宗派是在隋唐时期才发展并得以确定下来的，有关宗派的承传顺序和教义在隋唐五代高僧的塔铭里有非常详尽的记载，结合相关佛史文献，我们不仅可以厘清诸如天台宗、密宗、律宗、法相宗、华严宗、禅宗等许多宗派的传法世系，进一步丰富现有的关于隋唐佛教宗派的世系图谱，还可以了解各宗派的义理特色。塔铭显然是佛教宗派文化的最真切的记录。

一 天台宗

天台宗是隋代智颛大师创立的。据《天台国清寺智者禅师碑文》记载：

（智颛）往大苏山，请业惠思禅师。禅师见便叹曰：忆昔灵鹫，同听法华，令进我普贤道场，为说四安乐行……（智颛）谓弟子云："当成就陇南下寺，其堂殿基址一依我图。"侍者答云："若无师在，岂能成办？"重谓之曰："当有皇太子，为我建造。汝等见之，吾不见也。"③

① 《全唐文》卷七三八，第7621页。
② 《隋唐佛教史稿》，第85页。
③ 《全隋文》卷十二，第135～137页。

可见，智顗师承惠思禅师，且是天台国清寺图纸的设计者。但是到了唐代，有关天台宗的传法世系出现了分歧。根据各高僧塔铭的记载，我们绘制了其承传世系图，见图 4 – 1。

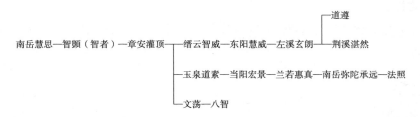

图 4 – 1　天台宗的传法世系

如图可知，分歧出在灌顶大师之后的传承上。灌顶传人：其一是众所周知的缙云智威——东阳慧威——左溪玄朗——荆溪湛然一脉。此脉由于有湛然中兴天台之举而著称于世。其二是玉泉道素——当阳宏景——兰若惠真——南岳弥陀承远——法照一脉，世称玉泉派。因这一脉兼传律宗，又兼行净土，以致后人多将其列入净土宗和律宗谱系中，故往往为人所忽视。其三是文荡——八智一脉，此一支脉常为人所忽略。

首先，缙云智威——东阳慧威——左溪玄朗——荆溪湛然一脉的传承，据李华《故左溪大师碑》记载：

　　至梁陈间，有慧文禅师学龙树法，授惠思大师，南岳祖师是也。思传智者大师，天台法门是也。智者传灌顶大师，灌顶传缙云威大师，缙云传东阳威大师，（此处应有脱文）左溪是也。①

李华很明确地介绍了龙树——惠文——南岳慧思——智顗——章安灌顶——缙云智威——东阳慧威——左溪玄朗一脉的传承。玄朗最著名的弟子是荆溪湛然，将湛然奉为天台中兴之主，全赖梁肃之力。梁肃深得天台宗法。赞宁在《宋高僧传·湛然传》中说："其朝达得其道者唯梁肃学士，故摛鸿笔成绝妙之辞。彼题目云：'尝试论之，圣人不兴，其间必有

---

① 《全唐文》卷三二〇，第 3241 页。

命世者出焉。自智者以法传灌顶，顶再世至于左溪，明道若昧，待公而发。乘此宝乘，焕然中兴。'"① 赞宁这段话，先说梁肃于天台学深入其门，接着提到梁肃曾在文章中赞誉湛然是天台的"中兴"者。经过大致是这样的。

开始，梁肃在《维摩经略疏序》中以湛然为继承智者法绪的重要人物。

> 天台上人比邱然公，纂智者之法裔，探毗耶之妙赜；一贯文字之学，会归解脱之渊。②

接下来，在《台州隋故智者大师修禅道场碑铭并序》中梁肃尊湛然为左溪玄朗的上首弟子。

> 纂其言行于后世者，曰章安大师讳灌顶。灌顶传缙云威禅师，禅师传东阳。东阳与缙云同号，时谓小威，小威传左溪朗禅师。自缙云至左溪，以玄珠相付，向晦宴息而已。左溪门人之上首今湛然大师，道高识远，超悟辩达。③

其后，梁肃在《天台法门议》中，明确提出"中兴说"。

> 自智者传法，五世至今，天台湛然大师中兴其道，为予言之如此，故录之以系于篇。④

至此，梁肃推尊湛然为天台法嗣的用意已十分明显了，只是还没有明确表述承传世系而已。梁肃完整叙述智者到湛然的"五家说"是在《止观统例议》中。

---

① 赞宁：《宋高僧传》，中华书局，1987，第 118 页。
② 《全唐文》卷五一八，第 5270 页。
③ 《全唐文》卷五二〇，第 5286 页。
④ 《全唐文》卷五一七，第 5255 页。

隋开皇十七年，智者大师去世。至皇朝建中，垂二百载，以斯文相传，凡五家师：其始曰灌顶，其次曰缙云威，又其次曰东阳小威，又其次曰左溪朗公，其五曰荆溪然公。①

至此天台宗的世系传承里最重要的一支是：智顗——章安灌顶——缙云智威——东阳慧威——左溪玄朗——荆溪湛然。

事实上，李华在《故左溪大师碑》中列举了左溪十余名弟子，湛然只是其中之一，且李华文中并未明确说湛然独得正统。而唐人对师承左溪的其他几位高僧的评价也都极高，譬如皎然在为道尊写的《苏州支硎山报恩寺大和尚碑》里就开门见山地说："今大师（道尊）则亲承左溪，一受心宗，方造其极。"② 有鉴于此，汤用彤先生评述这段历史时说："后天台宗人，以龙树至湛然为天台九祖，盖在梁肃而其说始确定也。"③ 的确，湛然的九祖地位确乎与梁肃撰写文章，并不断争取有关。

其次，玉泉道素——当阳宏景——兰若惠真——南岳弥陀承远——法照一脉的情况也要依据李华《故左溪大师碑》记载：

至梁陈间，有慧文禅师学龙树法，授惠思大师，南岳祖师是也。思传智者大师，天台法门是也。智者传灌顶大师，灌顶传缙云威大师，缙云传东阳威大师，（此处应有脱文）左溪是也。又宏景禅师得天台法，居荆州当阳，传真禅师，俗谓兰若和尚是也。④

李华在叙述完智顗——章安灌顶——缙云智威——东阳慧威——左溪玄朗一脉之后，又补充了当阳宏景——兰若惠真的玉泉法系，只是他没有说清宏景具体是从哪位天台宗师受学的。据徐文明在《天台宗玉泉一派的传承》⑤ 考证，认为宏景师承玉泉寺道素和尚，而道素和尚系灌顶大师

---

① 《全唐文》卷五一七，第 5256 页。
② 《全唐文》卷九一八，第 9566 页。
③ 《隋唐佛教史稿》，第 113 页。
④ 《全唐文》卷三二〇，第 3241 页。
⑤ 徐文明：《天台宗玉泉一派的传承》，《佛学研究》1998 年第 7 期，第 239～245 页。

的旁出支脉。笔者以为此说甚有道理，因据李华《荆州南泉大云寺故兰
若和尚碑》记载：

> 当阳宏景禅师，国都教宗，帝室尊奉，欲以上法灵镜，归之和
> 尚。表请京辅大德一十四人，同住南泉，以和尚为首。昔智者大师受
> 法于衡岳祖师，至和尚六叶，福种荆土，龙象相承。①

仔细算来，可以发现南岳慧思第一，智𫖮（智者大师）第二，章安灌顶
第三，玉泉寺道素第四，当阳宏景第五，兰若惠真第六，刚好"六叶"，
正与李华文中所述一致。

兰若惠真的法嗣是承远，据吕温《南岳弥陀寺承远和尚碑》记载：

> 开元二十三年，（承远）至荆州玉泉寺，谒兰若真和尚。荆蛮所
> 奉，龙象斯存，历劫方契其幽求，一言悬会于灵受。爰从剃毁，始备
> 缁锡……真公南指衡山，俾分法派。②

承远是兰若惠真的得道弟子。承远的弟子中，最为著名的是法照。仍据吕
温《南岳弥陀寺承远和尚碑》记载：

> 大历末，门人法照……承诏入觐。坛场内殿，领袖京邑。托法云
> 之远荫，自感初因；分慧日之余光，宁忘本照！奏陈师德，乞降皇
> 恩。由是道场有般若之号。③

另据柳宗元《南岳弥陀和尚碑并序》：

> 在代宗时，有僧法照为国师，乃言其师南岳大长老，有异德。天

---

① 《全唐文》卷三一九，第 3236～3237 页。
② 《全唐文》卷六三〇，第 6355 页。
③ 《全唐文》卷六三〇，第 6355 页。

子南向而礼焉。度其道不可征，乃名其居曰：般舟道场。用尊其位。①

由两则引文可知，法照在代宗时受到皇家隆重的礼遇，被奉为国师，因法照念念不忘师恩，故而，代宗皇帝特别赐给承远道场的名号。

至此，我们基本上厘清了章安灌顶——玉泉道素——当阳宏景——兰若惠真——南岳弥陀承远——法照的传承世系。事实上，天台宗能够在唐盛极一时，玉泉一派功不可没，这一派的高僧多得皇家青睐，除上述的法照是代宗朝国师以外，受皇家礼遇的还有宏景。据《佛祖统纪》载，证圣元年（695）太后以晋译《华严》处会未备，诏实叉难陀与菩提流志重译《华严》，沙门宏景证义。② 到了中宗朝宏景的佛教地位更高，据李华《荆州南泉大云寺故兰若和尚碑》记载：

> 当阳宏景禅师，国都教宗，帝室尊奉……中宗闻之，将以礼召（兰若）。时宏景禅师在座，启于上曰："此人遥敬则可，愿陛下不之强也。"③

从引文中不难看出，宏景已是皇家尊奉的教主，平日里常常伴驾侍坐的。从武后以至代宗近一百年的时间里，玉泉派的地位相当可观，而此时缙云智威——东阳慧威——左溪玄朗一脉，还是默默无闻的。

然而，玉泉派的特点是兼传律宗，且兼行净土。由于玉泉高僧们极力倡导念佛的修习方式，导致后世将其尊为净土宗师，南宋志磐《佛祖统纪》里就以慧远、善导、承远、法照、少康、延寿、省常为净土七祖，其中把承远、法照也归入净土祖师的行列。因为此说一直为后世所沿用，致使玉泉派的传承便渐渐从天台宗中消失了。④

最后，灌顶的另一个支脉是文荡——八智，卢涣在《大唐河南府阳

---

① 《全唐文》卷五八七，第5934页。
② 《佛祖统纪校注》卷四十，第933页。
③ 《全唐文》卷三一九，第3237页。
④ 玉泉派兼传律宗，他们也成为律宗的传法宗师，我们将在下面律宗世系里给予说明。

翟县善才寺文荡律师塔碑铭并序》中写道："寺主昔承灌顶"①，并且文荡的弟子八智还特别告诫门人。

> 诫门弟子曰："吾自幼出家，奉事和上；和上者则我慈父，生我法身。吾欲万劫归依，两肩负荷。既没之后，无背吾言。"故其塔下层，即寺主之所宅也。②

虽然由塔铭可知文荡这一脉在当时曾受武则天的赏识，但其后便湮没无闻，以至后来的僧传鲜有提及。

二 法相宗

法相宗的传法世系如图 4 – 2 所示：

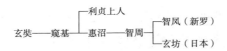

图 4 – 2 法相宗的传法世系

法相宗的创立可追溯到玄奘，但实际阐扬理论，开宗立派的则是弟子窥基。窥基（慈恩大师）是玄奘门下的后进，很晚才参加翻译工作，但他极具才华，按李宏庆《大慈恩寺大法师基公塔铭并序》中记载：

> 师姓尉迟，讳基，字宏道。……性敏悟，能属文，尤善于句读，凡经史皆一览无遗。三藏法师玄奘者，多闻第一。见宏道颇加辣敬，曰："若得斯人传授释教，则流行不竭矣。"因请于鄂公。鄂公感其言，奏报天子许之。时年一十七。既脱儒服，披缁衣，伏膺奘公，未几而冰寒于水矣。以师先有儒学词藻，诏讲译佛经论卅余部，草疏义一百本，大行于时，谓之慈恩疏。其余崇饰佛像，日持经戒，瑞光感

---

① 《全唐文》卷三三〇，第 3342 页。
② 《全唐文》卷三三〇，第 3342 页。

应者，不可胜数。①

　　文中记载了玄奘见窥基"颇加竦敬"，亲选为弟子，又特别经过唐太宗许可才度其出家为僧的。玄奘确实极具慧眼，他选对了接班人，窥基对玄奘学说的发挥阐扬极尽努力。李乂在《大唐大慈恩寺法师基公碑》称窥基是"严戒真施，勇进力行。常月造弥勒像一躯，日诵菩萨戒一遍。愿生兜率，求其志也"②。窥基一生着力于唯识说，所著章疏也以唯识者居多，并逐渐形成了以其为中心的独立一派。

　　窥基的嗣法弟子有利贞上人和惠沼，据李乂《大唐大慈恩寺法师基公碑》称："有利贞上人者，师之神足。"③ 可知利贞上人是嗣窥基的，但给后世影响更大的是惠沼，李邕《唐故白马寺主翻译惠沼神塔碑并序》载："咸亨三年，服膺长安基、光二师。"④ 惠沼之后是智周，智周没有塔铭留下，而且事实上，法相宗发展到智周时已衰微，著述渐次零落，反倒是智周的两位外国学生，一个是新罗僧智凤，一个是日本僧玄坊，回国后绍续慈恩宗法，各自在本国建立了法相宗，成为法相的海外传承。

三　律宗

　　律宗在唐代发展出三派：南山律宗、相部宗和东塔宗。图4-3是隋唐律宗的传法世系：相部律宗是法砺确立的，但这位高僧没有塔铭传世，道宣在《续高僧传》中关于法砺也仅寥寥数语而已，《宋高僧传》里也没有其单独的传记。法砺的弟子满意同样也没有塔铭传世，《唐京兆崇福寺满意传》只记载满意的弟子后来光耀了门庭，有大亮、定宾、玄俨、法藏、闻惠、义威、远智、全修、惠荣等十六人，其中大亮是付法弟子，大亮后来传法给了昙一。另外满意的弟子法藏，就是华严宗三祖，号"香

---

① 《全唐文》卷七六〇，第7895页。
② 《全唐文补编》，第339页。
③ 《全唐文补编》，第340页。
④ 《全唐文补编》，第433页。

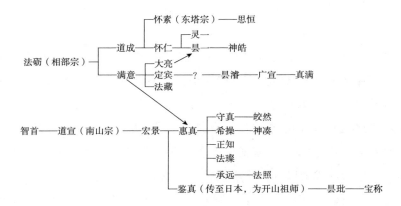

图 4-3 隋唐律宗的传法世系

象大师"。因而，赞宁说："盛化之间，出龙象之资，无过意之门矣。"①
从现存塔铭文献中，我们能找到一位广宣律师的塔铭，知道他是相部宗的
传人，祖师是定宾，"自宾至宣，四叶相承，今满又承之"，可知从定宾
到广宣是四代相承，而广宣"年二十受具戒，遂依律学大德昙濬"，则广
宣直接师承昙濬，后来广宣又付法给了真满②，至于定宾到昙濬中间者系
何人，文中没有交代。

　　法砺的另一位高徒是道成，道成的弟子怀素后来因为不满法砺的义疏
而创立了东塔律宗。《全唐文补编》里收有一篇崔融写的《西崇福寺怀素
律师碑》，但是残缺不全了。据《宋高僧传·唐京师恒济寺怀素传》记
载："邺郡法砺律师一方名器，五律宗师，迷方皆俟其指南，得路咸推其
向导，著述十卷，别是命家。见接素公，知成律匠。研习三载，乃见诸
瑕，喟然叹曰：'古人义章未能尽善！'至上元三年丙子归京，奉诏住西
太原寺旁听道成律师讲，不辍辑缀。"③ 可知怀素虽然早年从法砺学习四
分律，但是经过仔细研修，他认为法砺的著疏未能尽善尽美，所以怀素后
来又旁听了道成的讲座，收益良多，故而《宋高僧传·唐京兆恒济寺道

---

① 《宋高僧传》，第341页。
② 详见崔章《唐故东都福先寺临坛大德广宣律师（成公志辩）墓志铭并序》，《全唐文补
　　遗》（第四辑），第121页。
③ 《宋高僧传》，第334页。

成传》说："怀素著述，皆出其门。"① 怀素后来创立东塔宗，著《四分律开宗记》另立新论，被时人称为新疏，是相对于相部宗旧有的《四分疏》而言的。

此外，还有一篇东塔派思恒律师的塔铭：

> 律师讳思恒……年廿而登具戒，经八夏即预临坛。参修素律师新疏讲八十余遍，弟子五千余人。②
>
> ——常东名《唐思恒律师志铭》

思恒律师"参修素律师新疏讲八十余遍"，可以据此判断其为东塔传人。

道成还有一个高徒是怀仁，据李华《扬州龙兴寺经律院和尚碑》记载，怀仁是"因瑶台成律师受具戒"③，文中叙录了怀仁很多徒弟，其中的两位——越州开元寺昙一和扬州延光寺灵一都有各自的塔铭流传下来。梁肃在《越州开元寺律和尚塔碑铭并序》中记载了昙一"开元初西游长安，观音亮律师见而奇之，授以毗尼之学"④，可知昙一兼学道成和满意两系。后来，昙一传法给神皓，皎然在《唐洞庭山福愿寺律和尚坟塔铭并序》中说神皓"通钞于昙一大师"⑤。至于灵一，因其善文学而与当朝很多文士交游，当灵一36岁圆寂时，独孤及为他写了《唐故扬州庆云寺律师一公塔铭并序》。

南山律宗的开创者是道宣，目前尚未发现道宣的塔铭，但道宣在其撰写的《关中创立戒坛图经》中明确写道：

> 余以乾封二年二月八日及以夏初，既立戒坛，仍依法载受具戒。于时前后预受者二十七人，并多是诸方，谓雍州、洛州、虢州、蒲州、晋州、贝州、丹州、坊州、陇州、澧州、荆州、台州、并州，如

---

① 《宋高僧传》，第331页。
② 《全唐文》卷三九六，第4042页。
③ 《全唐文》卷三二〇，第3245页。
④ 《全唐文》卷五二〇，第5288页。
⑤ 《全唐文》卷九一八，第9568页。

是等州，依坛受具，故引大略知非谬缘。诸有同法之俦，游方之士，闻余创建，兴心向赴者，略列名位，取信于后：……荆州覆船山玉泉寺弘景律师……①

道宣将宏景列为付法弟子。宏景——惠真——承远——法照是天台玉泉派，因为这一脉高僧学兼数派，他们同时也是律宗和净土宗师，承远甚至早年还曾参学过资州诜公，所以他也兼传禅宗。这里还要再说明的是兰若惠真，他既是南山宗的法嗣，又是相部宗满意大师的高徒，据李华《荆州南泉大云寺故兰若和尚碑》记载：

（兰若惠真）隶西京开业寺，事高僧满意。意公门人，皆释侣珪璋，和尚年幼道尊，以为之冠……②

文中很清楚地说明了惠真的师承，他先在西京开业寺师从满意学习律宗，且是满意门下高徒；后又从宏景受业，成为南山律宗和天台宗玉泉派的法嗣。

得惠真衣钵的是正知和法璨，李华在《荆州南泉大云寺故兰若和尚碑》说："正知阇梨持和尚心印，法璨阇梨转和尚义轮。"③可见，正知是惠真的嗣法弟子，而法璨主要得惠真义学精髓。

此外，惠真还有两个重要支脉，据柳宗元在《衡山中院大律师塔铭并序》和白居易《唐江州兴果寺律大德凑公塔碣铭并序》里的记载：

（希操）凡所受教，若华严照公、兰若贞公、荆州至公、律公，皆大士；凡所授教，若惟瑷、道郢、灵幹、惟正、惠常、诚盈，皆闻人。④

（兴果神凑）既出家，具戒于南岳希操大师，参禅于钟陵大寂

---

① 《大正藏》第45册，新文丰出版公司，1983年，第816页。
② 《全唐文》卷三一九，第3236~3237页。
③ 《全唐文》卷三一九，第3238页。
④ 《全唐文》卷五九一，第5975页。

大师，志在《首楞严经》，行在《四分毗尼藏》，其他典论，以有
余力通……①

由这两段文字可知，希操——神凑正是上承兰若惠真一系的，如此便构成
了相部宗的重要法脉。此外，惠真还有一位弟子守真，他是皎然的老师，
据皎然《唐杭州灵隐山天竺寺故大和尚塔铭并序》记载：

（守真）后至荆府依真公，三年苦行……江淮名僧难出其右，昼
之身戒，亦忝门人。②

其实守真还从无畏三藏学习密宗，从普寂修习楞伽禅法，是教行合一的
高僧。

宏景还有一位弟子就是鉴真，他履险犯难、百折不回终于在天宝十二
载（753）东渡日本，并因开创了日本律宗而闻名。其实在东渡之前，鉴
真就已很著名了，他也留下了一脉法嗣。刘轲在《栖霞寺故大德岊律师
碑》说岊毗"受戒于过海鉴真大师"③，而此塔铭是岊毗的弟子宝称请刘
轲撰写的，由此可知鉴真有岊毗——宝称一脉传人。

以上是依据塔铭并参照相关佛教典籍梳理出来的隋唐律宗传承世系，
最后补充的一点是，到了唐中期统治者曾有意整合律宗的义学。由于怀素
的《四分律开宗记》与法砺的《四分疏》特见殊异、数兴诤论，唐代宗
于大历十三年（778）"承诏两街临坛大德一十四人齐至安国寺，定夺新
旧两疏是非"，"圣慈愍念，务息其源，使水乳无乖，一味和合"。这十四位
律师推选如净、慧彻同笔削润色，圆照笔受正字，宝意篆文金定，超俦笔
受，其余九人证义。后来德宗即位，建中元年（780）六月，敕令圆照抄写
进本，圆照于十二月十二日送祠部《新金定疏》十卷，"仍乞新旧两疏许以
并行，从学者所好"，德宗则"敕宜依照，务其搜集，专彼研寻"④。此事

① 《全唐文》卷六七八，第6938页。
② 《全唐文》卷九一八，第9560~9561页。
③ 《全唐文》卷七四二，第7680页。
④ 《宋高僧传》，第376~379页。

颇耐人寻味，最终的结果是佛教领袖西明寺圆照力主保存新旧两套义疏，由学人自行研判的主张被新任皇帝唐德宗许可了，这似乎可视为官方在调和宗派分歧上的一次尝试，而教界实则虚与委蛇，借新旧皇帝交接之际，巧妙地坚持了教派固有格局。不过，从其后三派的发展情况看，论诤最激烈的相部宗与东塔宗至五代便衰微了，似乎正应了两壮相争的结局，而南山律宗却历久不衰，其中很重要的原因也正在于此派的调和精神。道宣依据中土推尊大乘的国情，主动调和大小乘，用大乘教义解释小乘律典，立戒相、明戒体，为僧人生活立下规约仪范，使得该派思想无论在义理上，还是修行中，都更符合社会需要，也暗合了中国文化融和发展的大趋势。

四 华严宗

隋唐华严宗的承法世系如图 4－4 所示。

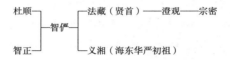

图 4－4 隋唐华严宗的承法世系

虽然在智俨的时代，华严教派尚未明确成立，但华严宗的教相、观行与义学在智俨这里已经形成了，因此他被尊为华严宗二祖，杜顺被推尊为第一祖。① 我们没有找到智俨的塔铭，但他的学术思想应不单纯是一师相承，而是来自各个方面。为智俨剃度的法师是杜顺，杜顺是早期研究《华严》的学者，也劝人读《华严》，但自家奉习禅业，以禅行名世，号为神僧。智俨师从杜顺，讲究教相，理所当然。后来智俨又听智正讲《华严经》，并且因为还有疑难，便找到了慧光的《华严经疏》，最终形成了自己的华严思想体系。

智俨的著名弟子有法藏和新罗僧人义湘，法藏是华严宗三祖，义湘是海东华严初祖。阎朝隐《大唐大荐福寺故大德康藏法师之碑》谓：

---

① 详见《宋高僧传·周洛京佛授记寺法藏传》和《续高僧传·唐雍州义善寺释法顺传》。

（法藏）炼一指於阿育王舍利塔前，以伸供养……闻云华寺俨法师讲《华严经》，投为上足。①

法藏有弘道的大愿，每每慨叹晋译本《华严》不完备，后来于阗国实叉难陀携来全本《华严经》，法藏奉敕与实叉难陀重译这部《华严经》，共八十卷。武则天极力奖励这部经，华严宗于此大盛，法藏号曰康藏大师。

义湘本新罗人，径投长安终南山智俨为师，综习《华严经》，并与法藏成为同学。义湘后来回国弘传华严宗，号为"海东华严初祖也"②。

法藏于先天元年（712）十一月十四日终于西京大荐福寺，弟子有慧英、宗一、慧苑等，其中慧苑为法藏高徒，撰有《华严旋复章》、《大乘权实义》、《新经音义》以及《新经刊定记》等。不过，澄观似与慧苑观点不合，他指责慧苑立义违背师意。世谓澄观乃华严四祖，应该主要是澄观得皇权崇敬的缘故。

裴休为澄观写了《清凉国师碑铭》，但仅有铭无序，不详细，根据《宋高僧传》记载，澄观的受学经历十分庞杂，年甫十一依宝林寺霈禅师出家，诵《法华经》。乾元年间依润州栖霞寺醴律师，学相部律；后回本州依开元寺昙一受南山律学③；又往金陵依玄璧法师，受学关河《三论》。代宗大历年中在瓦官寺听受《大乘起信论》及《涅槃经》，又从淮南法藏学新罗元晓《大乘起信论疏》，随后到钱塘天竺寺听华严宗诜法师温习《华严大经》。大历七年（772）又往剡溪，从成都慧量重新研究《三论》。大历十年（775）往苏州从天台宗学者荆溪湛然学天台止观及《法华》《维摩》诸经疏。又谒牛头慧忠、径山道钦及洛阳无名，咨决南宗禅法，更从禅僧慧云探习北宗禅理。大历十一年（776）游五岳，寻访名山。之后澄观回到五台山大华严寺完成了《华严经疏》。至唐德宗贞元八年（792）澄观奉旨入京，协助般若三藏翻译乌荼国王所进的《华严》后四十卷。从澄观的参学履历不难看出，他广学律、禅、三论、天台、华严各宗教义，此外，还研究经、传、子、史、小学等其他学问，故而《僧

---

① 《全唐文补编》，第 328 页。
② 《宋高僧传·唐新罗国义湘传》，第 75 ~ 76 页。
③ 《宋高僧传》此处有误，昙一应该传相部宗，详见前一节论述。

传》谓其"多能之性，自天纵之"①。澄观通融会教的努力，至宗密而被发扬至大。

宗密本是南宗荷泽禅的嫡派传人，裴休《圭峰禅师碑铭并序》详细记述了荷泽一系的传承。

> 达摩传可，可传璨，璨传信，信传忍，为五祖……忍传能为六祖，又传秀为北宗。能传会为荷泽宗，荷泽于宗为七祖……荷泽传磁州如，如传荆南张，张传遂州圆，又传东京照，圆传大师。大师于荷泽为五世，于达摩为十一世，于迦叶为三十八世。其法宗之系也如此。②

关于荷泽禅系的承传世系图，可参见下面"禅宗"一节。这里要讲的是宗密合华严于禅的会宗之意，仍据裴休《圭峰禅师碑铭并序》。

> 初在蜀因斋次受经，得《圆觉》十三章，深达义趣，遂传《圆觉》。在汉上因病僧付《花严》句义，未尝听受，遂讲《花严》。自后乃著《圆觉》《花严》及《涅槃》《金刚》《起信》《唯识》《盂兰》《法界观》《行愿经》等疏钞，及《法义类例》《礼忏修证图书纂略》，又集诸宗禅言为禅藏，总而叙之……③

宗密会教的主导思想是他认为诸经所言、各派所论"皆本一心"，倘能将此绝对的唯心主张运用到各种法系中，就可以"显真体而融事理，超群有于对待，冥物我而独运矣"。

隋唐佛教宗派林立，但整体趋势却是在争论中走向调和的。华严宗从草创之初，智俨便融合了禅宗观行与《华严》义学，后经过几代人的努力，不仅完善了《华严》经论体系，还逐步综合了各教派之说：法藏就兼通律宗与华严；澄观深究《大乘起信论疏》，明显有调和大乘空、有两

---

① 《宋高僧传·唐代州五台山清凉寺澄观传》，第105页。
② 《全唐文》卷七四三，第7692页。
③ 《全唐文》卷七四三，第7692页。

宗的意向；他发展华严宗圆教的学理，也有泯灭大小乘的意向；至于宗密用直指本心之说融会各宗教旨，更是明显的会宗会教之意。所以裴休称赞宗密具"劬劳之德"也①。宗密圆寂后不久，武宗"会昌法难"导致华严宗中断。唐代华严宗于禅教整合处起，也于禅教合一处止。

五　净土宗

净土宗的传法世系如图 4 - 5 所示。

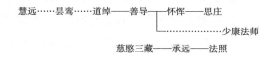

图 4 - 5　净土宗的传法世系

净土佛教严肃的宗教运动启自东晋慧远②结白莲社，他与时贤十八人建斋念佛，誓约往生西方净土，所以净土宗尊慧远为初祖。但慧远的净土崇拜是有精英味道的，且不说他的白莲社十八贤，就是后来扩充的一百二十三人，也都是高僧、名儒抑或显贵者。

给净土宗建构理论体系的是昙鸾③和道绰④。从慧远经昙鸾到道绰，其间的承传关系待进一步详考，我们只知道净土思想在这三代僧人间的变化情况。⑤ 净土宗传到道绰的弟子善导这里，开始呈现出繁荣景象，善导最成功之举是将净土宗带到了长安，并简化了修行办法。

善导的亲传弟子是怀恽，据思庄写的《实际寺故寺主怀恽奉敕赠隆阐大法师碑铭并序》谓：

　　时有亲证三昧大德善导阇梨，慈树森疏，悲花照灼。情祛多漏，

① 宗密：《禅源诸诠集都序》，中州古籍出版社，2008，第 11 页。
② 传记见《高僧传》卷六，第 211 页。另有张野《远法师铭》，系简记。出自严可均辑《全宋文》，商务印书馆，1999，第 400 页。
③ 传记见《续高僧传》卷六，第 187 ~ 189 页。
④ 传记见《续高僧传》卷二十，第 761 ~ 762 页。
⑤ 详见昙鸾《往生论注》，《大正新修大藏经》第 40 册，第 862 页。以及道绰《安乐集》，《大正新修大藏经》第 47 册，第 13 页。

拥藤井于莲台；叡化无涯，驱铁围于宝国。既闻盛烈，雅缔师资，祈解脱规，发菩提愿，一承妙旨，十有余龄，秘偈真乘，亲蒙付属。①

撰写这篇塔铭的思庄是怀恽的弟子，由此可知善导之后有怀恽——思庄一脉。

善导还有一位隔代弟子少康法师，唐德宗贞元年间少康于洛阳白马寺看到善导和尚的《西方化导文》而开悟，并立志行念佛宗，后世称"后善导"是也。② 然少康法师的直接师承究竟是谁，我们不得而知。

总体而言，净土宗在初传时期主要流行于民间，直到代宗朝，才有法照和尚将净土教义引入宫廷，据柳宗元《南岳弥陀和尚碑并序》记载：

> 在代宗时，有僧法照为国师，乃言其师南岳大长老，有异德。天子南向而礼焉。度其道不可征，乃名其居曰：般舟道场。用尊其位。③

法照不仅自己得到朝廷的认可，被唐代宗尊为国师，他还连带着给自己的老师承远争得了荣誉，代宗特地赐其道场为"般舟道场"。前面讲过，承远博通天台、南山律宗、禅宗，其实他还谙习净土法门，据吕温《南岳弥陀寺承远和尚碑》谓：

> 闻京师有慈敏三藏，出在广州，乃不远重阻，星言睹谒。学如不足，求所未尽，一通心照，两舍言筌。敏公曰："如来付受吾徒，用宏拯救。超然独善，岂曰能仁？俾依《无量受经》，而修念佛三昧，树功德劫，以济群生。"由是顿息诸缘，专归一念。④

承远的老师是慈愍三藏，慈愍三藏于唐玄宗开元年间来华，亦传净土经典

---

① 《全唐文》卷九一六，第9535～9536页。
② 传记见《佛祖统纪》卷二十七，第546页。
③ 《全唐文》卷五八七，第5934页。
④ 《全唐文》卷六三〇，第6355页。

《无量寿经》，修念佛法门，故而后世尊慈愍三藏为净土宗师。① 由引文可知慈愍三藏——承远——法照也构成了唐代净土宗的一个承传世系。

六 密宗

唐代密宗的传法世系如图 4 – 6 所示。

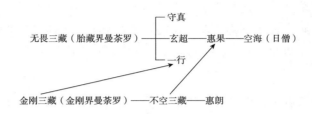

图 4 – 6 唐代密宗的传法世系

密宗在唐代有两系，两位创始者无畏三藏和金刚三藏都是中天竺人，无畏三藏传胎藏界曼荼罗，金刚三藏传金刚界曼荼罗。据李华《东都圣善寺无畏三藏碑》记载：

> 惟和尚轮王梵嫡，号善无畏。释迦如来季父甘露饭王之后，其先自中天竺回，分王焉荼。父曰佛手王，以和上生有圣姿，早兼德艺，故历试焉。十岁统戎，十三嗣位。诸兄举兵构乱，不得已而征之。接刃中体，捍轮伤顶，军以顺胜，兄以爱全。乃白母后，告群臣曰："向者新征，义断恩也。今已国让，行其志也。"因置位于兄，固求入道。太后哀许，赐以传国宝珠……那烂陀寺像法之泉源，众圣之都会。乃舍宝珠，莹大像额端。昼如月魄，夜则光耀。僧有达摩鞠多，掌定门之密钥，佩如来之密印，颜如四十许，实八百年也。和尚投体两足，奉为本师。②

文中介绍了无畏三藏本为甘露饭王之后，后让位于兄，坚意求法。师承达

---

① 传记见《佛祖统纪》卷二十七，第 543 页。
② 《全唐文》卷三一九，第 3238 页。

摩鞠多。另有裴度《三藏无畏不空法师塔记》，记述与此相同，可参见。

关于金刚三藏的塔铭文献，有混伦翁的《大唐东京大广福寺故金刚三藏塔铭并序》：

> 金刚三藏者，中天竺国刹利王伊舍那靺摩第三子，以开元七年南天竺国因节度使将军米准那表荐入朝，遂称南天竺人焉。诞育灵奇，幼有神异，恳请于父，求之入道。年甫十岁，于那烂陀寺依寂静智出家。学《声明论》，兼九十四书，尤工秘术，妙闲粉绘。①

可知金刚三藏也来自中天竺，也是王子，他在那烂陀寺从寂静智受学。

无畏三藏有一位受戒弟子守真，他是皎然的老师，皎然在《唐杭州灵隐山天竺寺故大和尚塔铭并序》中说老师守真是依"无畏三藏受菩萨戒香"②，兹可为证。

无畏三藏和金刚三藏有一个共同的授业弟子，那便是一行和尚。可以说，一行总承了两家学说。据唐玄宗《大慧禅师一行碑铭》载"（一行）于金刚三藏学陀罗尼秘印，登前佛坛，受法王宝。又于无畏三藏译卢遮那佛经……"。③

密宗在唐代的开宗归功于无畏三藏和金刚三藏，而其兴盛则赖不空三藏之力。不空三藏师承金刚三藏，据严郢《大唐兴善寺大广智不空三藏和尚碑铭并序》载：

> 昔金刚萨埵亲于毗卢遮那佛前受瑜伽最上乘义，后数百岁，传于龙猛菩萨；龙猛又数百岁，传于龙智阿阇黎；龙智传金刚智阿阇黎；金刚智东来，传于和尚。和尚又西游天竺、师子等国，诣龙智阿阇黎扬攉十八会法。法化相承，自毗卢遮那如来迄于和尚，凡六叶矣。④

---

① 《全唐文补编》，第 427 页。
② 《全唐文》卷九一八，第 9560 页。
③ 《全唐文补编·再补》，第 2102 页。
④ 《全唐文》卷三七二，第 3783 页。

有关不空三藏的记载，还可参见飞锡《大唐故大德开府仪同三司试鸿胪卿肃国公大兴善寺大广智三藏和上之碑》。① 不空三藏之后的受法弟子有惠果等人，惠果大力阐扬了密教，据日僧空海《大唐神都青龙寺故三朝国师灌顶阿阇黎惠果和尚之碑》载：

> （惠果）常告门徒曰：人之贵者不过国王，法之最者不如密藏……诸乘与密藏，岂得同日而论乎？佛法心髓要妙斯在乎？无畏三藏脱躧王位，金刚亲教浮杯来传，岂徒然哉！从金刚萨埵稽首扣寂，师师相传，于今七叶矣。②

惠果自述的传承：毗卢遮那佛——金刚萨埵——龙猛菩萨——龙智——金刚三藏——不空三藏，到惠果这里是第七代了。但事实上，惠果也兼传无畏三藏之教，仍据空海《大唐神都青龙寺故三朝国师灌顶阿阇黎惠果和尚之碑》载：

> （惠果）游法界宫，观胎藏之海会，入金刚界……从金刚萨埵稽首扣寂，师师相传，于今七叶矣……是故建胎藏之大坛，开灌顶之甘露。③

前文已说过，无畏三藏传胎藏界曼荼罗，而惠果的塔铭里明确记述他"建胎藏之大坛，开灌顶之甘露"，可知，惠果同时也是无畏三藏的法嗣④，他是金、胎并传的密宗大师。

但惠果也许并不是不空三藏的传灯弟子，真正得不空三藏亲自认可的传法弟子是惠朗。据严郢在《大唐兴善寺大广智不空三藏和尚碑铭并序》里称：

---

① 《全唐文补编》，第 579 页。
② 《全唐文补遗》（第五辑），第 5 页。
③ 《全唐文补编》，第 858 页。
④ 据汤用彤《隋唐佛教史稿》第 157 页：无畏三藏传新罗僧玄超，玄超传青龙寺惠果。汤先生未著考据出处，今以塔铭文献，聊为佐证。

沙门惠朗，受次补之记，得传灯之旨，继明佛日，绍六为七。至矣哉！於戲法子，永怀梁木，将纪本行，讬余勒崇。①

由这段记叙可知，不空三藏死后，是弟子惠朗请托严郢写的这篇塔铭，文中称惠朗才是绍成密宗旨归的第七代传人，这篇文章甚至对不空三藏的其他弟子都没有提及。另据赵迁《大唐故大德赠司空大辨证广智不空三藏行状》也记载是"僧弟子惠朗，次承灌顶之位"②。此外，赞宁在《宋高僧传·唐京兆大兴善寺不空传》里，也明确说惠朗是不空三藏的传法弟子。而且，惠朗受到的皇家恩赐也极高，据他自作的《谢赐紫衣表》中自称是"瑜伽一介，叨承圣泽，滥沐殊私，出入金门，熏修别殿。幸奉明诏，频对九重。紫绶袈裟，特蒙恩赐"③。赐紫衣，这是唐代对僧人学识修为的最高认可，由此也可见，惠朗确实拥有皇家不寻常的礼遇。

综上，中唐佛教界公认的密宗七祖是惠朗，惠果虽然是三朝国师，社会地位显耀，但他的"七祖"身份，却是其弟子空海含糊其词地写在塔铭里的，所谓"师师相传，于今七叶矣"，是一种不敢明确，又十分不甘心的权宜之策。还有一种可能是这样的：空海回日本后意欲弘扬密宗佛法，为了便于传法，争取广泛的信众，他有意在惠果塔铭里抬高了老师的地位，实是为了抬高自己的宗教地位。密宗在日本一直流传至今，实赖空海这位开山祖师弘道之毅力，从这一角度看，则为了弘法而采用方便法门，确也无可厚非。

七　禅宗

河南嵩山少林寺是中国禅宗的祖庭，最初在这里传播禅法的有两位禅师，一位是佛陀禅师，一位是达摩禅师。由于达摩一系后来门庭宏盛，所以佛陀系便湮没无闻了。我们依据相关塔铭梳理了禅宗在分宗派之前的承传关系，具体如图 4-7 所示。

佛陀禅师本天竺人，学务静摄，志在观方，他在中国有两个高徒——

---

① 《全唐文》卷三七二，第 3783 页。
② 《全唐文补编》，第 559 页。
③ 《全唐文补编》，第 595 页。

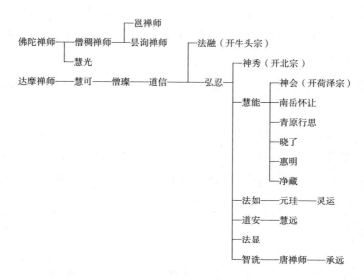

图 4 - 7 禅宗的传法世系

慧光和僧稠，"教其定业，自化行东夏，唯此两贤得道记之"①。又据
《隋故柏尖山寺昙询禅师碑》谓昙询"伏膺稠禅师受法，修习定门"②。
可知，昙询师承僧稠禅师，而僧稠禅师的另一个弟子是邕禅师，李百药在
《化度寺故僧邕禅师舍利塔铭》中记载邕禅师："依止稠禅师……稠公尝
抚禅师而谓诸门徒曰：'五亭□念尽在此矣！'"③

达摩禅师的传承在裴休的《圭峰禅师碑铭并序》中记载得十分清楚：
"达摩传可，可传璨，璨传信，信传忍，为五祖"。事实上，中国禅宗在
道信、弘忍时正式形成，自此直至唐末五代，禅宗内部不断分化，逐渐形
成了许多支派。仍据《圭峰禅师碑铭并序》：

> （道信）又传融为牛头宗。忍传能为六祖，又传秀为北宗。能传
> 会为荷泽宗，荷泽于宗为七祖。又传让，让传马，马于其法为江
> 西宗。④

① 《续高僧传》，第 564 页。
② 《全唐文补编·又再补》，第 2219 页。
③ 《全唐文》卷一四三，第 1446 页。
④ 《全唐文》卷七四三，第 7692 页。

道信除了有传灯弟子弘忍，还有一脉旁出，即法融开创了牛头宗。弘忍的传灯弟子很多，除了上面提到的神秀、慧能外，还有法如、道安、智诜以及法显。

少林寺法如后来传法给了元珪，元珪之后是灵运，有塔铭为证：

> （元珪）后遇如大师于敬爱寺……自达摩入魏，首传惠可，可传粲，粲传信，信传忍，忍传如，至和尚凡历七代，皆为法主。①
>
> ——智严《大唐中岳东闲居寺故大德珪和尚纪德幢》
>
> （灵运）习禅决于庞坞珪大师，潜密得，以真贯理。②
>
> ——《唐少林寺灵运禅师塔碑》

道安是弘忍的高徒，在宋儋《大唐嵩山会善寺故大德道安禅师碑铭并序》中记述了一段弘忍的话。

> 弘忍大师传付五人矣。比岁禅师与大通俱学于大师，大师每叹曰："予常有愿，当令一切俱如妙门，获所安乐。学人多矣，唯秀与安，惜其才难也，将吾传之不至欤？今法要当付，付此两子，吾无忧哉。"③

虽然《楞伽师资记》谓弘忍认可的弟子有十一人，但这段文字则明确说弘忍只传付了五人，且有独尊道安与神秀之意。在这篇塔铭的末尾，作者还称赞了一下道安的弟子慧远，说："弟子慧远者，袭明承庆，演末裕源，东传之法而载极乎天，北流之妙而不坠于地。"④ 因此，道安是传法给了慧远。

资州智诜也是弘忍的嗣法弟子，他后来传付蜀郡唐禅师，唐禅师又传法给承远，事见吕温《南岳弥陀寺承远和尚碑》：

---

① 《全唐文补编》，第 360 ~ 361 页。
② 《全唐文》卷三〇三，第 3080 页。
③ 《唐文续拾》，《全唐文》，第 11209 页。
④ 《唐文续拾》，《全唐文》，第 11210 页。

（承远）初事蜀郡唐禅师，禅师学于资州诜公，诜公得于东山弘忍。①

弘忍还有一个弟子是法显，李适之在《大唐蕲州龙兴寺故法现大禅师碑铭》里谓：“禅师讳法现，本名法显，避中宗庙讳，于是改焉，即双峰忍禅师门人也”。②

弘忍的高徒慧能后来开创南宗禅，慧能身后又分出了神会的荷泽宗，怀让、马祖道一的怀让系，以及青原行思一系，这些宗派内部承传关系比较复杂，下文将给予具体介绍。此外，由塔铭可知慧能还有其他几位弟子，如晓了③、惠明④、净藏⑤等，这些僧人多不为学界所关注，故而在本节开篇的谱系图里也给予标注。

最先是道信的旁出弟子法融创建了牛头宗，这一禅宗别支，连同其后弘忍最著名的弟子神秀和慧能分别开创的北宗和南宗，昭示着禅宗分门立派时代的到来。各宗派思辩的侧重点不同，各自阐发教理，广招门徒，蔚然一时。下面我们按照牛头宗、北宗、南宗的顺序分别介绍这几派的承传世系。

（一）牛头宗

牛头宗的传法世系见图4－8。

道信——法融——智岩——慧方——法持——智威——鹤林玄素——径山法钦（国一大师）

图4－8 牛头宗的传法世系

事实上，牛头的这个法脉全赖李华撰写的《润州鹤林寺故径山大师碑铭》才得以昭示天下。牛头宗是道信旁传的别支，这是现存最早关于牛头宗承传起源的文字表述。在这篇塔铭里，李华详细记载了牛头宗师的传承脉络。

---

① 《全唐文》卷六三〇，第6354页。
② 《全唐文》卷三〇四，第3092页。
③ 忽雷澄：《晓了禅师塔碑》，《全唐文》卷九一三，第9512页。
④ 皎然：《唐湖州佛川寺故大师塔铭并序》，《全唐文》卷九一七，第9558页。
⑤ 慧云：《嵩山（阙三字）故大德净藏禅师身塔铭》，《全唐文》卷九九七，第10329页。

初达摩祖师传法，三世至信大师，信门人达者曰融大师。居牛头山，得自然智慧。信大师就而证之，且曰："七佛教戒，诸三昧门，语有差别，义无差别。群生根器，各各不同，唯最上乘，摄而归一。凉风既至，百实皆成，汝能总持，吾亦随喜。"由是无上觉路，分为此宗。……融授岩大师，岩授方大师，方授持大师，持授威大师，凡七世矣。①

李华文中把法融说成是道信门下的高徒，受到道信印可，并述及其后牛头宗的七代传承：法融——智岩——慧方——法持——智威——鹤林玄素——径山法钦。然而，此说颇为可疑。《续高僧传》的作者道宣与法融同时，但该书《法融传》里根本没提及道信与法融的关系。另据印顺《中国禅宗史》考证，李华此说也不可信，印顺认为牛头宗最早的传承只能推至慧方传法持开始。②

其实，李华之所以帮助牛头宗杜撰一个传法世系，其无非是为牛头宗争取"系出名门"的正宗地位。至于他在文中说法融不是去黄梅山谒见道信，受到的印可，而是"信大师就而证之"，即道信亲往牛头山为法融做的印证，就显得极其虚而不实了。但从实际情况看，李华在《润州鹤林寺故径山大师碑铭》中杜撰的师承关系，确实蒙蔽了世人。其后，李吉甫《杭州径山寺大觉禅师碑铭并序》、刘禹锡《牛头山第一祖融大师新塔记》、宗密《圆觉经大疏钞》等，都是沿李华的思路而做的进一步发挥。因而，牛头宗在中唐时期兴盛一时，这不能不说是有李华一份功劳的。我们简要看一下李华之后，唐人对牛头宗法脉的记载。据李吉甫《杭州径山寺大觉禅师碑铭并序》说："自达摩三世传法于信禅师，信传牛头融禅师。"这个传承关系在刘禹锡的《牛头山第一祖融大师新塔记》中记载得就更生动具体了。

贞观中，双峰过江，望牛头顿锡曰："此山有道气，宜有得之者。"乃东，果与大师相遇。性合神契，至于无言，同跻智地，密付

---

① 《全唐文》卷三二〇，第 3247 页。
② 印顺：《中国禅宗史》，江西人民出版社，1999，第 82~90 页。

真印。揭立江左，名闻九围。学徒百千，如水归海。由其门而为天人
师者，皆脉分焉。①

此外，刘禹锡在《牛头山第一祖融大师新塔记》中还说：

> 初，摩阿迦叶受佛心印，得其人而传之，至师子比邱，凡二十五
> 叶，而达摩得焉。东来中华，华人奉之为第一祖。又三传至双峰信
> 公，双峰广其道而歧之：一为东山宗，能、秀、寂其后也；一为牛头
> 宗，严、持、威、鹤林、径山其后也。分慈氏之一支，为如来之别
> 子。咸有祖称，粲然贯珠。大师号法融……②

由此确定了牛头宗的传承为：法融——智岩——慧方——法持——智
威——鹤林玄素——径山法钦（国一大师）。③ 晚唐以后，牛头宗再无著
名禅师，随着南宗禅的大盛，牛头禅便融入了南宗禅法而销声匿迹。

（二）北宗

禅宗分南、北，北宗的传法世系如图 4 - 9 所示。

从弘忍去世（674）到"安史之乱"（755～763）的近一百年的时间
里，北宗禅曾以长安和洛阳为传播中心，在北方地区非常盛行。这与北宗
禅师（神秀及其弟子普寂、义福）受到皇家崇信有着巨大关系。三人的
塔铭文献记载着他们所受到的皇室优待：

> 久视年中，禅师（神秀）春秋高矣，诏请而来，跌坐觐君，肩
> 舆上殿，屈万乘而稽首，洒九重而宴居。传圣道者不北面，有盛德者
> 无臣礼，遂推为两京法主，三帝国师。④
>
> ——张说《唐玉泉寺大通禅师碑铭并序》

---

① 《全唐文》卷六〇六，第 6117 页。
② 《全唐文》卷六〇六，第 6117 页。
③ 这一传法世系颇为可疑。印顺《中国禅宗史》认为即便确有师承关系，最早也只能从
　慧方传法持开始。
④ 《全唐文》卷二三一，第 2335 页。

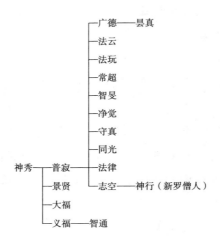

图 4 - 9　北宗的传法世系

神龙中，孝和皇帝诏曰："……僧普寂，凤参梵侣，早篚法筵，得彼髻珠，获兹心宝。但释迦流通之分，终寄于阿难；禅师开示之门，爰资于普寂。宜令统领徒众，宣扬教迹，俾夫聋俗，咸悟法音。"①

——李邕《大照禅师塔铭》

皇帝降中使特加慰赠，寻策谥号曰大智禅师，即大智本行，皆悉成就，以禅师能备此本行也。②

——严挺之《大智禅师碑铭并序》

神秀被武则天尊为"两京法主，三帝国师"，普寂是唐中宗钦定的统法高僧，义福亡化前得唐玄宗特别慰问……皇权的垂顾在封建社会是最高礼遇，不难推想北宗受到的尊崇之隆。

由于北宗的兴盛期只延续了一百多年，其后便被南宗势力压倒，所以涉及的著名禅师并不很多，因而其承传世系相对容易厘清。塔铭的具体记载是：

---

① 《全唐文》卷二六二，第 2658 ~ 2659 页。
② 《全唐文》卷二八〇，第 2843 页。

　　（普寂）诲门人曰："吾受托先师，传兹密印，远自达摩菩萨导
于可，可进于璨，璨钟于信，信传于忍，忍授于大通，大通贻于吾，
今七叶矣……"①

——李邕《大照禅师塔铭》

文中普寂自述承传是：达摩——惠可——僧璨——道信——弘忍——神秀
（大通）——普寂（大照），其实神秀的嗣法弟子很多，除了普寂一脉以
外，著名的还有义福、景贤、大福。这三人的塔铭如下：

　　（义福）闻荆州玉泉道场大通禅师以禅惠兼化，加刻意誓行……
既谒大师，率呈操业，一面尽敬，以为真吾师也……后大师应召至东
都，天宫寺现疾，因广明有身之患，惟禅师亲在左右，密有传付，人
莫能知。②

——严挺之《大智禅师碑铭并序》

　　（景贤）则星驰骏迈，而得大通，发言求哀，挥汗成血。大通照
彼精恳，喻以方便，一见悟入，同然昭洗。③

——羊愉《嵩山会善寺故景贤大师身塔石记》

　　（大福）后于南荆州□大通师默领法印，暗通幽键，大通谓师曰：
"萌乃花，花乃实，可不勉矣。"师闻之惕息，言下而悟。以为不生者生，
□心即安，无说是说，对境皆空。师得法而还……大通居东洛，师愿偕
往，大通锡以如意杖曰："吾道尽在于兹。"以为如意杖者，比如意珠也。
用之不尽，可教西土之众于道。我师遂留，施物以安，诱物以渐。④

——陆海《大唐空寂寺故大福和上碑》

　　义福、景贤、大福三位都得神秀印可，只有普寂一人自称七祖，大概
还与皇室的认可有关。

---

① 《全唐文》卷二六二，第2659页。
② 《全唐文》卷二八〇，第2842页。
③ 《全唐文》卷三六二，第3676页。
④ 《唐文续拾》，《全唐文》，第11207页。

另有王缙《东京大敬爱寺大证禅师碑》记载了昙真禅师的师承。

（大证昙真）诣长老大照，醒迷解缚。开心地如毛头，扫意尘于色界。从此日益……大照既没，又寻广德大师，一见而拱手，再见而分座……始自达摩，传付慧可，可传僧璨，璨传道信，信传宏忍，忍传大通，大通传大照，大照传广德，广德传大师。一一授香，一一摩顶，相承如嫡，密付法印，惟圣智所证，非思议能测也。①

昙真先参学普寂，后来普寂去世，他转又参学广德，而广德禅师也是普寂弟子，昙真也自认为是直承广德的。

普寂还有一位新罗的再传弟子神行，据金献贞《海东故神行禅师之碑并序》谓神行"就于志空和上，和上即大照禅师之入室"。后来神行欲归国，志空和尚为其灌顶授记曰："往钦哉，汝今归本，晓悟迷津，激扬觉海。"②

普寂之后传播北宗法要的多是普寂和义福的弟子，如法云③、法玩④、常超⑤、智旻⑥、净觉⑦、守真⑧、同光⑨、法律⑩等，就出自普寂门下；智通则是义福的真传弟子⑪。

（三）南宗

禅宗六祖慧能，实际上是禅宗的革新者，他开创了南宗禅，但在相当

---

① 《全唐文》卷三七〇，第 3757 页。

② 《全唐文》卷七一八，第 7381 页。

③ 详见李华《润州天乡寺故大德云禅师碑》，《全唐文》卷三二〇，第 3243 页。

④ 详见李充《大唐东都敬爱寺故开法临檀大德法玩禅师塔铭并序》，《唐文续拾》，《全唐文》，第 11221 页。

⑤ 详见李华《故中岳越禅师塔记》，《全唐文》卷三一六，第 3210 页。

⑥ 详见于兆《唐绛州闻喜县大兴国寺故智旻禅师塔铭并序》，《全唐文补编》，第 640 页。

⑦ 详见《大慈禅师（净觉）墓志铭并序》，《全唐文补遗》（第四辑），第 288 页。

⑧ 详见皎然《唐杭州灵隐山天竺寺故大和尚塔铭并序》，守真兼传律宗，也曾受教密宗无畏三藏。《全唐文》卷九一八，第 9560 页。

⑨ 详见郭湜《唐少林寺同光禅师塔铭》，《全唐文》卷四四一，第 4495 页。

⑩ 详见沙门锐璨《大唐荷恩寺故大德法律禅师塔铭并序》，《全唐文补遗》（第四辑），第 7 页。

⑪ 详见复珪《大唐栖岩寺故大禅师（智通）塔铭》，《全唐文补遗》（第三辑），第 5 页。

长的时间里，南宗禅法却仅限在岭南地区流行。直至弟子神会通过毕生不懈地努力，才使得南宗禅在中原地区发展起来，并逐渐取代北宗成为禅宗正统，神会开创了荷泽宗，他死后被皇家钦定为禅宗七祖。

南宗的传法世系见图 4 - 10。

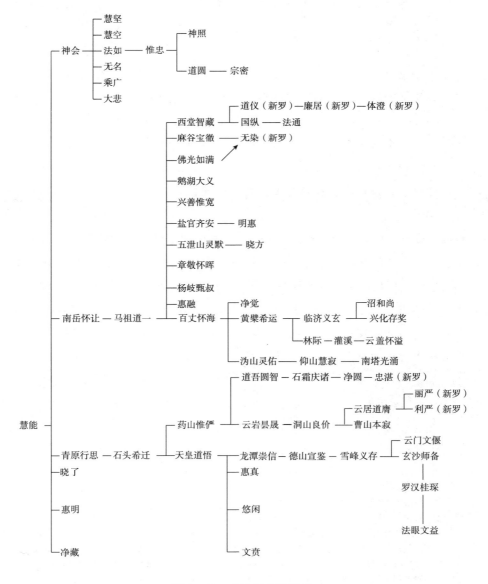

图 4 - 10 南宗的传法世系

　　神会为弘传南宗禅法，推尊慧能，而苦心孤诣奋斗了一生，最终换来了皇权对南宗正统地位的认可。据神会弟子慧空撰写的《大唐东都荷泽寺殁故第七祖国师大德（神会）于龙门宝应寺龙岗腹建身塔铭并序》。

　　　　粤自佛法东流，传乎达摩，达摩传可，可传璨，璨传道信，信传弘忍，忍传慧能，能传神会，宗承七叶，永播千秋。①

　　此碑立于永泰元年（764）十一月十五日，不仅写明慧能是弘忍的嗣法弟子，还第一次称神会为七祖。据宗密《禅门师资承袭图》载：

　　　　德宗皇帝贞元十二年（796），敕皇太子集诸禅师，楷定禅门宗旨，搜求传法傍正。遂有敕下，立荷泽大师为第七祖，内神龙寺见在铭记。又御制七代祖师赞文，见行于世。②

　　自此官方不再推尊神秀，转而膜拜慧能一系的南宗禅，尊慧能为禅宗六祖，神会为七祖。此说最终成为了社会共识，其后的高僧塔铭基本都沿用这一传法世系。唐代塔铭记载的神会弟子有大悲③、慧坚④、无名⑤、乘广⑥。
　　总体讲，神会的弟子名声不大，唯独磁州法如一脉，到中晚唐时还有影响。与白居易交往深厚的奉国神照，就出自法如一系。白居易《唐东都奉国寺禅德大师照公塔铭并序》谓：

　　　　（奉国神照）学心法于惟忠禅师。忠一名南印，即第六祖之法曾孙也。大师祖达摩宗神会而父事印……⑦

---

①　《全唐文补遗》（第八辑），第 27 页。
②　宗密：《禅源诸诠集都序》，中州古籍出版社，2008，第 110 页。
③　详见贾悚《扬州华林寺大悲禅师碑铭并序》，《全唐文》卷七三一，第 7546 页。
④　详见徐岱《唐故招圣寺大德慧坚禅师碑铭并序》，《全唐文补遗》（第四辑），第 10 页。
⑤　详见慧岌《唐东都同德寺故大德方便和尚塔铭并序》，《全唐文补编》，第 2296 页。
⑥　详见刘禹锡《袁州萍乡县杨岐山故广禅师碑》，《全唐文》卷六一〇，第 6163 页。
⑦　《全唐文》卷六七八，第 6936 页。

此外，惟忠还传法给了遂州道圆，而道圆又传给了圭峰宗密。据裴休《圭峰禅师碑铭并序》谓：

> 荷泽传磁州如，如传荆南张，张传遂州圆，又传东京照，圆传大师（宗密）。大师于荷泽为五世，于达摩为十一世，于迦叶为三十八世。①

裴休很完备地记述了荷泽宗法如一脉的承传关系。

荷泽神会为南宗争得了禅史上的主流地位，但神会弟子在后世影响却不及慧能的另外两位弟子——南岳怀让和青原行思的法系，这两大法系后来对南宗的兴旺起到了至为关键的作用。

怀让一系，据张正甫《衡州般若寺观音大师碑铭并序》载：

> 能大师方宏法施，学者如归，涉其藩闉者十一二焉，跻其室堂者又十一焉，师（南岳怀让）以后学弱龄，分为末席，虚中而若无所受，善闭而惟恐有闻。能公异焉，置之座右。会一音，吹万有，衍方寸，弥大千，同焉而交畅，异焉而吻合。同授秘印，目为宗师。②

从铭文中可知，怀让是得到慧能印可的嗣法弟子。但在怀让生前，其禅法并不为世人瞩目。其禅系后来兴盛的原因，关键是仰赖弟子马祖道一。权德舆《唐故洪州开元寺石门道一禅师塔铭并序》谓：

> （马祖）后闻衡岳有让禅师者，传教于曹溪六祖，真心超诣，是谓顿门。跋履造请，一言悬解……③

马祖禅法延续了慧能以来的"识心见性，洞见本性"的宗旨，且形成了自己的特色。马祖曾曰："佛不远人，即心而证；法无所著，触境皆如。

---

① 《全唐文》卷七四三，第 7692 页。
② 《全唐文》卷六一九，第 6246 页。
③ 《全唐文》卷五○一，第 5106 页。

岂在多歧，以泥学者？故夸父吃诟，求之愈疏，面金刚醍醐，正在方寸。"①

马祖禅系世称洪州宗，著名弟子非常多，杨歧甄叔②、章敬怀晖③、鹅湖大义④、盐官齐安⑤、西堂智藏⑥、兴善惟宽⑦、五泄山灵默⑧、麻谷宝彻⑨、惠融⑩、百丈怀海等。检索现存的塔铭可以发现西堂智藏和百丈怀海禅法的嗣法弟子比较多。

智藏的弟子有国纵——法通⑪一脉，以及新罗道仪——廉居——体澄⑫一系海外弟子。

这里还须补充的是，智藏与惟宽的见解殊异，唐技在《龚公山西堂敕谥大觉禅师重建大宝光塔碑铭》谓：

> 上都兴善寺禅老曰惟宽，敕谥大徹，亦大寂之门弟子也。与师（智藏）名相差，惟宽宗于北，师宗于南，又若能与秀分于昔者矣。⑬

同为马祖的弟子，智藏与惟宽的分歧有类于慧能与神秀当年的南北之见。

---

① 《全唐文》卷五○一，第5106页。
② 至贤：《杨岐山甄叔大师碑铭》，《全唐文》卷九一九，第9574页。
③ 权德舆：《唐故章敬寺百岩大师碑铭并序》，《全唐文》卷五○一，第5103页。
④ 韦处厚：《兴福寺内道场供奉大德大义禅师碑铭》，《全唐文》卷七一五，第7353页。
⑤ 卢简求：《杭州盐官县海昌院禅门大师塔碑》，《全唐文》卷七三三，第7569页。另外，盐官的真传弟子是明惠，见《潞州紫峰山海会□明惠大师铭记》，《全唐文补遗》（第七辑），第437页。
⑥ 唐技：《龚公山西堂敕谥大觉禅师重建大宝光塔碑铭》，《全唐文补编》，第952页。
⑦ 唐技在给西堂智藏重写塔铭的时候，提到惟宽也是师承马祖道一的。
⑧ 郎肃《甘泉普济禅寺灵塔记》谓晓方师承五泄山灵默大师，《全唐文》卷八○五，第8468页。又据《唐婺州五泄山灵默传》谓灵默承豫章马大师，《宋高僧传》卷十，第230页。
⑨ 宝彻没有塔铭留存下来，但他的新罗弟子无染的塔铭里记载了师承关系。无染参学过佛光如满禅师和麻谷宝彻禅师，如满和宝彻都嗣马祖道一。详见崔致远《有唐新罗国故两朝国师教谥大朗慧和尚白月葆光之塔碑铭并序》，《唐文拾遗》，《全唐文》，第10869页。
⑩ 王攀：《敕置甘泉山寺禅和尚碑铭并序》，《全唐文补编》，第839页。
⑪ 详见唐技《龚公山西堂敕谥大觉禅师重建大宝光塔碑铭》，《全唐文补编》，第952页。
⑫ 金颖：《新罗国武州迦智山宝林寺谥普照禅师灵塔碑铭》，《唐文拾遗》，《全唐文》，第11134页。
⑬ 《全唐文补编》，第952页。

洪州宗以怀海禅系最为著名。怀海的弟子有净觉①、沩山灵佑和黄檗希运，其中灵佑和希运二人的法脉后来形成了著名的沩仰宗和临济宗。

首先是灵佑的法脉，据郑愚《潭州大沩山同庆寺大圆禅师碑铭并序》谓：

> 师始闻法于江西百丈怀海禅师，谥曰大智。其传付宗系，僧牒甚明，此不复出……其有问者，随语而答，不强所不能也。数十年言佛者，天下以为称首。②

其后，灵佑传法仰山慧寂，慧寂又传光涌，都有塔铭为证：

> 自文宗朝，有大沩山大圆禅师居士养道，以曹溪心地，直指示学人，使入玄理。天下云从雾集，常数千人。然承其宗旨者，三人而已。一曰仰山（慧寂），二曰大安，三曰香严。③
> ——陆希声《仰山通智大师塔铭》
> 传袭源流，谓石亭仰山之宗，则涌公（仰山光涌）嗣其后也。④
> ——宋齐邱《仰山光涌长老塔铭》

其次是希运的法脉，虽然希运的塔铭没有留传下来，不过黄檗的法嗣义玄禅师则开创了著名的临济宗，延昭《临济慧照禅师塔记》谓：

> 师讳义元（临济义玄）……首参黄檗，次谒大愚（高安大愚）……既受黄檗印可，寻抵河北镇州城东南隅临滹沱河侧小院住持。其临济因地得名。⑤

---

① 据《大慈禅师（净觉）墓志铭并序》记载，净觉先参百丈怀海，悬解禅门，后谒普寂。今置其于怀海门下。《全唐文补遗》（第四辑），第 288 页。
② 《全唐文》卷八二〇，第 8646 页。
③ 《全唐文》卷八一三，第 8554 页。
④ 《全唐文》卷八七〇，第 9111 页。
⑤ 《全唐文》卷九二〇，第 9588 页。

义玄的弟子有存奖和沼和尚①，存奖是临济宗法嗣。公乘亿《魏州故禅大德奖公塔碑》谓：

> 禅大德元公者，即临济之大师也。和尚一申礼谒，得奉指归。传黄叶之真筌，授白云之秘诀。②

此外，希运还有林际——灌溪——云盖怀溢一脉传承，据欧阳熙《洪州云盖山龙寿院光化大师宝录碑铭》记载：

> 曹溪六祖付法让大师，让大师授马祖，马祖传百丈，百丈分黄蘗，黄蘗之林际，得林际密旨者，惟灌溪焉。入灌溪室，续焰挑灯者谁？即云盖大师矣。③

慧能的另一位传人是行思，但其弟子并不多，著名的仅石头希迁一人。从唐末至五代，希迁的法系最后形成了曹洞宗、云门宗和法眼宗。由于行思和希迁的塔铭都没流传下来，只能从希迁的弟子药山惟俨和天皇道悟讲起。

药山惟俨④——云岩昙晟——洞山良价——曹山本寂一脉形成了曹洞宗，很遗憾，曹洞的主要高僧都没有塔铭流传下来。不过，朝鲜塔铭却仍可以让我们梳理出从石头希迁至洞山良价的师资图。崔彦㧑在《有唐高丽国海州须弥山广照寺故教谥真澈禅师宝月乘空之塔碑铭》和《高丽国

---

① 《全唐文》卷九二〇录《临济慧照禅师塔记》于延昭名下，文末署"嗣法小师延昭谨书"。但据陈尚君在《全唐文补编》卷八二的考辨，认为义玄的这篇塔铭出自其法嗣沼和尚之手，署名是"镇州保寿嗣法小师沼谨书"，而此沼和尚并不是《全唐文》所言的延昭。今从此说。

② 《全唐文》卷八一三，第 8559 页。

③ 《全唐文》卷八六九，第 9102 页。

④ 唐伸《沣州药山故惟俨大师碑铭并序》载："（药山惟俨）居寂之室，垂二十年。寂曰：'尔之所得，可谓浃于心术，布于四体；欲益而无所益，欲知而无所知；浑然天和，合于大无，吾无有以教矣。佛法以开示群盲为大功，度灭众恶为大德，尔当以功德，普济迷途，宜作梯航。无久滞此。'"《全唐文》卷五三六，第 5444 页。文中以药山惟俨作为马祖弟子，实误。详见杨曾文《唐五代禅宗史》辨误，第 302 页。

弥智山菩提寺故教谥大镜大师元机之塔碑铭并序》分别记述了利严与丽
严两位朝鲜高僧的师承关系。

> 于时（利严）企闻云居道膺大师，禅门之法胤也，不远千里，
> 直诣元关。大师谓曰："曾别匪遥，再逢何早？"师对云："未曾亲
> 侍，宁导复来？"大师默而许之，潜惬元契。所以服勤六载，寒苦弥
> 坚。大师谓曰："道不远人，人能宏道，东山之旨，不在他人，法之
> 中兴，唯我与汝。吾道东矣，念兹在兹。"①

这里明确说利严来华师承云居道膺禅师，而在《高丽国弥智山菩提寺故
教谥大镜大师元机之塔碑铭并序》的塔主丽严也是师承道膺，崔彦㧑在
这里补叙了从漕溪慧能至云居道膺的承传世系。

> 漕溪之下，首出门者，日让日思。思之嗣迁，迁之嗣徹，徹之嗣
> 晟，晟之嗣价，价之嗣膺，膺之嗣大师。②

这里面出现一个问题：云岩昙晟嗣药山惟俨是不争之事实，在《祖堂集》
《五灯会元》中都有明确记载，崔彦㧑却在塔铭里说"迁之嗣徹，徹之嗣
晟"，则实在不详此徹禅师系何者，今于图谱中改为药山惟俨，由此朝鲜
两位嗣法道膺的高僧，其承传世系应为：行思——希迁——惟俨——昙
晟——良价——道膺。此外，药山惟俨——道吾圆智——石霜庆诸——净
圆——忠湛（新罗）这一脉在王建《高丽国原州灵凤山兴法寺忠湛大师
塔铭》中有约略记载。③
　　天皇道悟的法系是天皇道悟——龙潭崇信——德山宣鉴——雪峰义
存，义存之后形成了云门宗和法眼宗。
　　据符载《荆州城东天皇寺道悟禅师碑》：

---

① 《唐文拾遗》，《全唐文》第 11139 页。
② 《唐文拾遗》，《全唐文》第 11146 页。
③ 《全唐文》卷一〇〇〇，第 10365 页。

（天皇道悟）建中初谒江西马祖，二年参石头，乃大悟，遂隐当阳紫陵山。后于荆南，城东有天皇寺。①

道悟之后的崇信和宣鉴没有留下相应的塔铭，至宣鉴的弟子——雪峰义存，堪称禅宗史上的重量级人物，日后由他的法系分出了云门宗和法眼宗。黄滔为义存写了《福州雪峰山故真觉大师碑铭》：

大师法号义存……爰及武陵，一面德山，止于珍重而出，其徒数百，咸莫之测。德山曰："斯无偕也，吾得之矣。"②

义存的禅法特点是摒弃正面的言语宣示，依靠反诘甚至是答非所问，以及各种莫名其妙的动作来启发学人。义存的弟子文偃后来开创了云门宗，据雷岳《匡真大师塔铭》记载义存曾启发他的一段机锋。

师讳文偃……因造雪峰会……师（文偃）以法无定相，学无准常，每修一忌齐，用酬二嗣讳（此处字似有讹）……侍者奉汤，师付盌子曰："第一是吾着便，第二是汝着便。"③

义存还有一位著名弟子——师备，林澈在《唐福州安国禅院先开山宗一大师碑文》中记载了另一段义存与师备的禅机应答。

雪峰自此号师作备头陀。一日置问曰："即今那个是备头陀？"答曰："不可诳于人也。"……雪峰又问师："何不巡诸圣迹？访彼同风？"答曰："二祖不往西天，达摩不来唐土。"雪峰景仰至德，然诺师言。④

---

① 《全唐文》卷六九一，第 7081 页。
② 《全唐文》卷八二六，第 8703 页。
③ 《唐文拾遗》，《全唐文》，第 10918 ~ 10919 页。
④ 《全唐文补编》，第 2361 页。

师备的回答看似蔑视祖师，实则暗示出不向外求，解脱要靠自己的主张，得到了义存的认可。后来师备传法给桂琛，桂琛又传给文益，从而形成了禅宗的著名宗派——法眼宗，然现存塔铭文献里，并没有桂琛和文益的塔铭。

以上是笔者主要依托塔铭文献整理出的南宗六派的师资承传图谱，还有很多禅宗高僧因为没有相关塔铭留存下来，故而不作考索对象。

余论：对塔铭中相关传法世系的几点补充

第一，百岩明哲——审希一脉的记载出自朴昇英《有唐新罗国故国师谥真镜大师宝月凌空之塔碑铭并序》，据审希的老师临终自述，他"曩游中土，曾事百岩，百岩承词于江西，继明于南岳。南岳则漕溪之冢子，是嵩岭之玄孙"①。禅史上号百岩的是青原行思系的百岩明哲禅师，师承药山惟俨②，而塔铭却说此百岩"承词于江西，继明于南岳"，未详何者。

第二，彻——如禅师——允多（新罗）一脉的记载出自孙绍《唐高丽大安寺广慈禅师碑铭》，文中称："西堂传于彻，彻传于先师如，如传于吾师。"即说彻承西堂智藏。考禅史称为"彻"的有麻谷宝彻，还有兴善惟宽谥大彻，而此二人都师承马祖道一，与西堂智藏是同门师兄弟的关系，故不知孙绍所作塔铭里的"彻"究竟系何人。再考智藏的嗣法弟子，有虔州处微禅师③，笔者怀疑碑铭里的"彻"是"微"的讹误，此处有待进一步查证。

第三，中唐时期湖南衡山律宗的传法世系如图4-11所示。

图4-11　中唐时期湖南衡山律宗的传法世系

图4-11据柳宗元《南岳般舟和尚第二碑并序》④、《南岳云峰寺和尚碑》⑤ 以及刘禹锡《唐故衡岳律大师湘潭唐兴寺俨公碑》⑥ 绘成，但是尚

---

① 《唐文拾遗》，《全唐文》，第11128页。
② 详见《百岩明哲禅师传》，《五灯会元》，中华书局，1984，第277页。
③ 详见《虔州处微禅师传》，《五灯会元》，第224页。
④ 《全唐文》卷五八七，第5935页。
⑤ 《全唐文》卷五八七，第5934页。
⑥ 《全唐文》卷六一〇，第6164页。

不确知及津师承何人①，故此南岳一系未入律宗世系表中，待详考。

另外，刘轲《庐山东林寺故临坛大德塔铭并序》谓上宏大师受具戒于衡岳大圆大师，后又依南昌琎法师学《四分律》②，白居易在《唐抚州景云寺故律大德上宏和尚石塔碑铭并序》里也说上宏系南山律宗，师承南岳大圆大师③，上宏后来住南昌龙兴寺，应该是离开了湖南，但他的授戒高僧大圆大师系何人，待详考。

第四，江州峰顶寺法真——齐朗，事见郑素卿《西林寺水阁院律大德齐朗和尚碑并序》④，目前尚不知道法真的师承何人，待详考。

第五，两篇道悟塔铭，一为符载《荆州城东天皇寺道悟禅师碑》⑤，一为邱元素《天王道悟禅师碑》⑥。陈垣《释氏疑年录》认为名为邱元素所作碑铭系伪作，并在《清初僧诤记》里详述宋以后借由天皇、天王师承之辩，而欲改云门宗所属的经过⑦，陈垣先生言之甚详，兹不赘述。

其实，天皇道悟参学过牛头宗的法钦（国一大师）和江西马祖道一，但他是在石头希迁门下得悟真宗的，所以论师承，道悟应该嗣石头希迁无疑。不过问题在于道悟的嗣法弟子到底有没有崇信。符载碑中列道悟的弟子是惠真、悠闲、文贲三人，而《宋高僧传》谓："比丘惠真、文贲等禅子悠闲，皆入室得悟之者。"⑧显然是去掉了碑铭中的悠闲，只记作惠真、文贲二人，但在文末却缀以崇信承道悟开示的故事，即言崇信嗣法于道悟。最令人不解的是《五灯会元》中《天皇道悟禅师传》后附的小注，该注认为符载与邱元素两碑皆真，并云："今以两碑参合，则应以天皇道悟嗣石头，以惠真、文贲、悠闲嗣之。而于马祖法嗣下增入天王道悟，以

---

① 萧平汉：《唐代衡山佛教》，《衡阳师专学报》1996 年第 4 期，第 81 页。文中只提到"津公为衡山第一个修持律宗的人"，也没有论及其嗣法哪位律师。

② 《全唐文》卷七四二，第 7681 页。

③ 《全唐文》卷六七八，第 6937 页。

④ 《全唐文》卷七四七，第 7736 页。

⑤ 《全唐文》卷六九一，第 7081 页。

⑥ 《全唐文》卷七一三，第 7321 页。

⑦ 详见陈垣《释氏疑年录》卷五，中华书局，1964，第 143～144 页；以及陈垣《清初僧诤记》卷一，中华书局，1962，第 9～10 页。

⑧ 《宋高僧传》卷十，第 233 页。

龙潭崇信嗣之，始为不差误矣。"在明确说完龙潭崇信嗣天王道悟之后，竟于《龙潭崇信禅师传》里又说崇信承天皇道悟①，实乃前后矛盾。

陈垣先生的考辨比较有说服力，可能的情况是崇信在当时还不知名，所以在道悟圆寂时，符载碑铭里没有提到他。但到五代崇信的法脉发展出了云门和法眼两宗，故而赞宁在《天皇寺道悟传》里补充了崇信的故事。其后，社会上盛行临济与云门两宗，且二宗竞争日烈，于是有好事者欲息两宗之争，才演出天皇道悟隶南岳怀让一系，崇信嗣天皇道悟，从而使崇信的法系改属南岳，与临济同源。普济在南宋末年作《五灯会元》，大概亦受此影响，而没有细查两篇碑铭，造成盲从以至矛盾。此乃推断，尚待详考。

第六，蒋维乔《中国佛教史》谓："唐世念佛宗，分善导流、慈愍流二种……慈愍三藏之念佛，所与后世之影响，似不甚大。"②据《唐洛阳罔极寺慧日传》谓慈愍三藏"道与善导、少康异时同化也"③，即言慈愍与善导所传宗门教义是相同的。至于影响力，先姑且不论慈愍三藏得唐玄宗赐号的事情，仅就慈愍的弟子承远而言，其影响力就十分巨大了。承远居南岳，博通天台、南山律宗、禅宗与净土法门，而承远的弟子法照，更是将净土宗带入宫廷的著名僧人，被唐代宗尊为国师。故而慈愍三藏——承远——法照一系的影响力绝对堪称巨大，蒋维乔言唐代净土宗分善导、慈愍两流，且慈愍系的影响不甚大，不详其解。

第二节　朝鲜塔铭对中土塔铭的文化容受

朝鲜佛法得自中国，伴随着唐代佛学东渐，朝鲜半岛的佛家逐渐接受了中国僧侣的丧葬习俗，而塔铭作为僧人盖棺定论的特殊文体，也在这时传入了朝鲜半岛。

---

① 《五灯会元》卷七，第 370～371 页。
② 蒋维乔：《中国佛教史》，上海古籍出版社，2004，第 126 页。
③ 智旭：《净土十要》，中华书局，2015，第 136 页。

从现存文献看①，朝鲜塔铭具有自身特色，诸如篇幅十分宏大，字数普遍都在二三千字，最长的如崔致远写的《有唐新罗国故两朝国师教谥大朗慧和尚白月葆光之塔碑铭并序》，竟有5000余字，篇幅宏伟，实在罕见。再如朝鲜塔铭的行文多以散体为主，偶有骈句，文章以叙述清楚为要，不以文采逞能。但整体而言，朝鲜塔铭是以唐代塔铭为典范的，其在佛教思想、人物刻画手法、行文特色等方面，都呈现出大量的汉文化元素。

一　儒释合流的观念

朝鲜塔铭表现出鲜明的儒释合流、援佛济世的观念，崔致远在《有唐新罗国故知异山双谿寺教谥真鉴禅师碑铭并序》中写道：

> 《礼》所谓"言岂一端而已？夫各有所当"。故庐峰慧远著论，谓"如来之与周孔，发致虽殊，所归一揆。体极不兼应者，物不能兼受故也"。沈约有云："孔发其端，释穷其致。"真可谓识其大者，始可与言至道矣。②

慧远、沈约，一为晋末高僧，一为齐梁显宦，二人都是以儒学佛，深知儒家治世、佛家修心，认同两教相辅相成。崔致远在为新罗真鉴禅师正式写铭文之前，举慧远、沈约的例子，大谈儒释殊途同归，祖述唐代塔铭的传

---

① 《全唐文》《唐文拾遗》收录了新罗王朝至高丽王朝初年共16篇朝鲜塔铭，分别是：金献贞《海东故神行禅师之碑并序》，崔仁滾《新罗国故两朝国师教谥朗空大师白月栖云之塔碑铭》，高丽王王建《高丽国原州灵凤山兴法寺忠湛大师塔铭》，崔致远《有唐新罗国故知异山双谿寺教谥真鉴禅师碑铭并序》《有唐新罗国故两朝国师教谥大朗慧和尚白月葆光之塔碑铭并序》《大唐新罗国故凤严山寺教谥智证大师寂照之塔碑铭并序》，新罗景明王朴昇英《有唐新罗国故国师谥真镜大师宝月凌空之塔碑铭并序》，金颖《新罗国武州迦智山宝林寺谥普照禅师灵塔碑铭》，崔彦㧑《有唐高丽国海州须弥山广照寺故教谥真澈禅师宝月乘空之塔碑铭》《有晋高丽中原府故开天山净土寺教谥法镜大师慈镫之塔碑铭并序》《高丽国弥智山菩提寺故教谥大镜大师元机之塔碑铭并序》《高丽国溟州普贤山地藏院故国师朗圆大师悟真之塔碑铭》《晋高丽先觉大师遍光灵塔碑》，孙绍《唐高丽大安寺广慈禅师碑铭》，李灵幹《高丽三川寺大智国师碑》，阙名《有晋高丽国踊岩山五龙寺故王师教谥法镜大师普照慧光之塔碑铭》。
② 《唐文拾遗》，《全唐文》，第10864页。

统写作思路，也明确传达当时朝鲜半岛的佛教观。

朝鲜半岛高僧们也多持儒释合流、以佛济世的观念。僧人本应是避世而居，不愿与世俗接触的，但朝鲜的高僧们却表现得愿意和皇亲贵戚交往。翻检 16 篇塔铭，我们可以确知，曾奉旨面圣的高僧多达 11 人，分别是：行寂、忠湛、无染、智诜、审希、利严、元晖、丽严、迥微、允多、庆猷。他们奉召来到京城，并不仅仅是为国君讲经说法、祈福求祥，有些人是来参议朝政的。

> 献康大王居翌室，泣命王孙勋荣谕旨曰："孤幼遭闵凶，未能知政。致君奉佛，誧济海人，与独善其身，不同言也。幸大师无远适，所居唯所择。"对曰："……就有三言，庸可留献，曰：'能官人'。"①
> ——崔致远《有唐新罗国故两朝国师教谥大朗慧
> 和尚白月葆光之塔碑铭并序》

无染（朗慧和尚）学成归国后，经历了新罗文圣王、宪安王、景文王、献康王、定康王、真圣王六朝，他与历代帝王都有交往，颇得王室敬重，特别是献康王给予无染极高的荣宠。前面引文就是献康王大病初愈，向无染咨询国政时的一段对话。无染这时也完全抛开了佛家不问世事的"清净心"，从治国辅政的角度，简练地答复了国君当下的政治最要务是"能官人"，即选拔合适人才，委以重任。可见，无染虽身在佛家，却心存治道，他非常忽视儒家与佛家的差异，曾谕戒僧徒："道师（佛祖）、教父（孔子），宁有种乎？……或谓教、禅为无同，吾未见其宗……大较同弗与异弗，非！"② 可以说，无染是朝鲜儒释合流、以佛辅政的典型代表。

此外，行寂、审希、利严、元晖等，也都是出入王庭，以佛法助王化的僧人，其赞同儒释合流的言行都记载在他们的塔铭中。

---

① 《唐文拾遗》，《全唐文》，第 10871 页。
② 《唐文拾遗》，《全唐文》，第 10872 页。

（行寂）自欲安禅，终须助化。①

——崔仁浇《新罗国故两朝国师教谥
朗空大师白月栖云之塔碑铭》

（审希）大师高拂毳衣，直升绳榻。说理国安民之术，数归僧依法之方。②

——朴昇英《有唐新罗国故国师谥真镜大师
宝月凌空之塔碑铭并序》

据严耕望先生考证："自太宗贞观十四年新罗始派遣留学生起至五代中叶，三百年间，新罗所派遣之留唐学生，最保守之估计当有两千人……不但人数众多，且留居甚久。"③ 塔铭的作者，如崔仁浇、崔致远、崔彦扬、金颖等，都是著名留唐学生，他们或科举高中，或在唐为官，在漫长的旅华岁月中，唐文化浸透了他们的灵魂，极大地影响着他们的认知倾向。

唐代社会虽然儒、释、道三家并行，但士大夫的主流价值观仍首肯儒家，绝大多数士大夫还是站在儒家的伦理和道德原则层面去审视佛法旨义。柳宗元在《南岳大明寺律和尚碑》中说："儒以礼立仁义，无之则坏；佛以律持定慧，去之则丧。是故离礼于仁义者，不可与言儒；异律于定慧者，不可与言佛……儒以礼行，觉以律兴。"④ 白居易《策林·议释教》中说："若欲以禅定复人性，则先王有恭默无为之道在；若欲以慈忍厚人德，则先王有忠恕恻隐之训在；若欲以报应禁人僻，则先王有惩恶劝善之刑在；若欲以斋戒抑人淫，则先王有防欲闲邪之礼在。"⑤ 恰恰是在儒言佛，从外部理解佛教的价值，让士大夫们认同了佛家调养心性，进而间接地协调宗法社会各方面关系的功效。这样就使得重主观、避世的佛教同强调客观、积极入世的儒家一样，于是从表层看，两家变得没什么大矛

---

① 《全唐文》卷一〇〇〇，第 10360 页。
② 《唐文拾遗》，《全唐文》，第 11129 页。
③ 严耕望：《新罗留唐学生与僧徒》，《唐史研究丛稿》，香港：新亚研究所，1969，第 441 页。
④ 《全唐文》卷五八七，第 5936 页。
⑤ 《全唐文》卷六七一，第 6852 页。

盾了，似乎可以并行不悖。唐代士大夫的主流认知也深刻地影响了朝鲜遣唐留学生、留学僧，作为朝鲜半岛的知识精英，这些留学人员回国后，就把这种佛教观带回了本国，从而出现了唐土儒释融通的思想在朝鲜半岛的盛行。

二　细节手法的运用

在写人技巧上，朝鲜半岛塔铭也承袭了唐代塔铭、墓志类文章的特点。唐代的碑志名家张说，《旧唐书》称其"尤长于碑文、墓志，当代无能及者"。[①] 我们考察张说碑铭墓志类文章，发现他特别注重使用细节凸显人物形象。在《唐玉泉寺大通禅师碑铭并序》中，张说就是通过细节描写，表现王室对神秀的极高优待。

> 久视年中，禅师春秋高矣，诏请而来，跌坐觐君，肩舆上殿，屈万乘而稽首，洒九重而宴居……遂推为两京法主，三帝国师。[②]

神秀面圣时不仅不用起立致礼，还可以乘轿上殿，而武后竟还屈尊礼拜这位老和尚，并尊其为"法主""帝师"。其中，"跌坐觐君""肩舆上殿"都属细节描写，张说用精简的笔法形象地烘托出了神秀受皇室认可的特殊的佛教地位。

这种通过细节刻画人物形象的手法，在唐代塔铭、墓志类文章中极为常见，并不仅仅是张说这样的碑铭大家所独有的写作方法。受到唐代同体裁文章的影响，朝鲜半岛的塔铭也经常使用细节描写，而且在表现皇室礼敬高僧方面，半岛作者的描写甚至更为细腻。

> （献康大王）礼之加，焯然可屈指者：面供馔，一也；手传香，二也；三礼者三，三也；秉鹊尾炉缔生生世世缘，四也；加法称曰广宗，五也；翌日命振鹭趋风树鸠列贺，六也；教国中磋磨六义者赋送

---

① 《旧唐书》卷九十七，第 3057 页。
② 《全唐文》卷二三一，第 2334 页。

归之什，在家弟子王孙苏判镒荣首唱敛成轴，侍读翰林才子朴邕为引而赠行，七也；申命掌次，张净室要叙别，八也。①

这是崔致远在《有唐新罗国故两朝国师教谥大朗慧和尚白月葆光之塔碑铭并序》中叙述朗慧和尚面圣时所受到的极不寻常的礼遇。作者一连罗列了八项事例来凸显献康大王对朗慧的优礼：从国王亲自为和尚供捧食物、传香执炉、缔结世缘，到加赠法号、命群臣庆贺，再到净室送别、命文臣作赋送行……每一个动作都在暗示朗慧受到的至高无上的礼遇，作者笔触之细腻，让人惊叹。在现存的十六篇朝鲜塔铭中，我们几乎都能找到详尽描述国王礼敬高僧的细节。

当然，细节描写并不止限于高僧受到礼遇的情节，比如在高僧学养方面朝鲜塔铭也倾向使用细节表现。

> （慧昭）谒神鉴大师，投体方半，大师怡然曰："戏别匪遥，喜再相遇。"遽令削染，顿受印契。②
>
> ——崔致远《有唐新罗国故知异山双谿寺
>
> 教谥真鉴禅师碑铭并序》
>
> （云居道膺）大师谓曰："曾别匪遥，再逢何早？"师（利严）对云："未曾亲侍，宁导复来？"大师默而许之，潜惬元契……谓曰："道不远人，人能宏道，东山之旨，不在他人，法之中兴，唯我与汝。吾道东矣，念兹在兹。"③
>
> ——崔彦㧑《有唐高丽国海州须弥山广照寺故教谥
>
> 真澈禅师宝月乘空之塔碑铭》
>
> （云居）谓曰："戏别匪遥，相逢于此。运斤之际，犹喜子来……所冀敷演真宗，以光吾道。保持法要，知在汝曹。"以此传大觉之心，佩云居之印。④

---

① 《唐文拾遗》，《全唐文》，第 10871 页。
② 《唐文拾遗》，《全唐文》，第 10865 页。
③ 《唐文拾遗》，《全唐文》，第 11139 页。
④ 《唐文拾遗》，《全唐文》，第 11146 页。

——崔彦㧑《高丽国弥智山菩提寺故教谥

大镜大师元机之塔碑铭并序》

灌顶授记曰："往钦哉。汝今归本，晓悟迷津。激扬觉海……"
应时豁尔，得未曾有。①

——金献贞《海东故神行禅师之碑并序》

以上都是师徒间的私下对话，塔铭作者选取这些只言片语，是有意表现朝鲜僧人的造诣高妙，这些对话细节真切地再现了当时朝鲜留学僧受中国名僧高度认可的场景。

三　章法句法的借鉴

中国的塔铭的文体结构是前有序，用以记叙高僧生平功德，是一篇人物传记；序后有铭，内容是对高僧的褒扬，相当于文末附上的颂词。序文可骈可散，铭文则基本是韵文，通常是诗体样式。从现存文献看，朝鲜塔铭也沿用了中国前序后铭的结构方式，采用以散体为主、间以骈句的序文样式和诗体的铭文形式。

先考察铭文。朝鲜塔铭的铭文，最常见的由四言、五言、七言古诗写成，其中又以四言古体诗居多，如崔仁㳂在《新罗国故两朝国师教谥朗空大师白月栖云之塔碑铭》写的铭文：

至道无为，犹如大地。万法同归，千门一致。粤惟正觉，诱彼群类。圣凡有殊，开悟无异。懿欤禅伯，生我海东。明同日月，量等虚空。名由德显，智与慈融。去传法要，来化童蒙。水月澄心，烟霞匪曜。忽飞美誉，频降佳召。扶赞两朝，阐扬元教。瓶破灯明，云开月照。哲人去世，缁素伤心。门徒愿切，国主恩深。塔封峦顶，碑倚溪浔。芥城虽尽，永曜禅林。②

① 《全唐文》卷七一八，第 7381 页。
② 《唐文拾遗》，《全唐文》，第 10361 页。

这是一首古朴的四言古体诗，概括了朗空大师一生德业。类似的以四言诗为铭文的还有《高丽国原州灵凤山兴法寺忠湛大师塔铭》《有唐新罗国故知异山双谿寺教谥真鉴禅师碑铭并序》《有晋高丽中原府故开天山净土寺教谥法镜大师慈镫之塔碑铭并序》《高丽国弥智山菩提寺故教谥大镜大师元机之塔碑铭并序》《高丽国溟州普贤山地藏禅院故国师朗圆大师悟真之塔碑铭》等。另外，《有唐新罗国故两朝国师教谥大朗慧和尚白月葆光之塔碑铭并序》的铭文是五言诗。《大唐新罗国故凤严山寺教谥智证大师寂照之塔碑铭并序》《有唐新罗国故国师谥真镜大师宝月凌空之塔碑铭并序》的铭文是七言诗。值得一提的是，朝鲜塔铭还有楚辞体和古体诗相结合样式的铭文，如《新罗国武州迦智山宝林寺谥普照禅师灵塔碑铭》：

> 禅心不定兮至理归空，如活琉璃兮在有无中，神莫通照兮鬼其敢冲，守无不足兮施之无穷，劫尽恒沙兮妙用靡终。（其一）寥廓含那，苞育万物。蠢蠢众生，违含那律。律既冈体，复谁是佛。迷之又迷，道乃斯毕。（其二）大哉禅师，生乎海域。克炼菩提，精修惠德。观空难空，见色非色。强称为印，难名所得。（其三）有为世界，无数因缘。境来神动，风起波翻。须调意马，勤伏心猿。以斯为宝，施于后贤。（其四）乘波若舟，涉爱河水。彼岸既登，惟佛是拟。牛车已到，火宅任毁。法相虽存，哲人其萎。（其五）丛林无主，山门若空。锡放众虎，钵遗群龙。惟余香火，追想音容。刊此真石，祀法将雄。（其六）①

与铭文相比，序文的史料和文学价值显然要更高。朝鲜塔铭的序以散行单句为主，间以骈句。散体行文旨在将文义叙述清楚，此承秦汉文章言事明理之传统；骈俪句法主要为了增添文采，此则远绍六朝辞赋骈体之风。奇行散句叙述事件，本没有太多可讲，这里仅从谋篇构思上谈谈朝鲜塔铭继承唐代塔铭的表现。

前面我们曾分析了隋唐长篇塔铭的谋篇思路，即首先颂扬一番佛法高妙，并盛赞皇帝的德能善举；其次引入高僧家世、修行经历和生前取得的

---

① 《唐文拾遗》，《全唐文》，第 11135 页。

佛学成就，受过的皇家礼遇以及死后的哀荣；最后，叙述这位高僧亡故的时间、地点以及相应的灵异冥感故事。这个写作思路为多数作者所沿用，成为长篇塔铭标准的写作套路。朝鲜塔铭也不例外，且几乎每一篇塔铭里都把塔主的求学经历、传法遭际、种种非凡的灵异现象，以及生前与身后的殊荣等，写得至为详细，这也构成了朝鲜塔铭多为鸿篇巨制的最主要原因。限于篇幅，此处不再赘录了。

朝鲜塔铭的骈文写法没有太多特色，不论是在对偶还是在用典方面，基本都是严格遵照中土骈文既定规则，中规中矩，比如骈偶句式无外乎四、四句式相对，六、六句式相对。

> 命寄刳木，心悬宝洲。①
> 焚叶为香，采花为供。②
> 仪状魁岸，语言雄亮。③
> 仍栖方便之门，果得摩尼之宝。④
> 禅二主于两朝，济群生于三界。⑤
> 洒法雨于昏衢，布慈云于觉路。⑥

也有四、四句式或四、六句式，抑或六、四句组成长联的。

> 今思前梦，宛若同符；始觉曩因，犹如合契。⑦
> 虽云得月，指或坐忘；终类系风，影难行捕。⑧
> 清眼界者，隔江远岳；爽耳根者，迸石飞湍。⑨

---

① 《唐文拾遗》，《全唐文》，第 10864 页。
② 《唐文拾遗》，《全唐文》，第 10865 页。
③ 《唐文拾遗》，《全唐文》，第 10875 页。
④ 《唐文拾遗》，《全唐文》，第 10359 页。
⑤ 《唐文拾遗》，《全唐文》，第 10361 页。
⑥ 《唐文拾遗》，《全唐文》，第 11133 页。
⑦ 《唐文拾遗》，《全唐文》，第 11143 页。
⑧ 《唐文拾遗》，《全唐文》，第 10864 页。
⑨ 《唐文拾遗》，《全唐文》，第 10866 页。

> 有学无学，才尝香钵之饭；二乘三乘，宁得药树之果。①
>
> 甘泉忽竭，鱼龙惊跃其中；直木先摧，猿鸟悲鸣其下。②
>
> 或闻异香，飞锡空而电奔；或观瑞云，乘杯流而雨骤。③
>
> 先宴坐于松溪，学人雨聚；暂栖迟于雪岳，禅客风驰。④
>
> 遽裁熊耳之铭，焉惭梁武；追制天台之偈，不愧隋皇。⑤

以上均为标准的骈偶句，属对精切，韵律协和。

关于用典。中国的骈文在修辞上注重用典。按照《文心雕龙·事类》说："事类者（即指用典），盖文章之外，据事以类义，援古以证今者也。"⑥ 实际上，文章用典除了起到论据作用外，还能启发人联想，使文章语言简省，风格典雅含蓄。朝鲜塔铭亦使用典故，这从一个侧面反映了朝鲜作者深厚的汉学功底。

> 西向陈仓，用显霸王之道；今来宝地，将兴法主之征。⑦
>
> 不劳坁上之期，潜受法王之印。⑧
>
> 爰切折梁之恸，亦增亡镜之悲。⑨
>
> 甘罗入仕之年，□穷儒典；子晋升仙之岁，才冠孔门。⑩

"西向陈仓"句，典故出自《史记·淮阴侯列传》。⑪ 刘邦决意打回关中时，使用了"明修栈道，暗度陈仓"之计。即在表面上命人抢修通往关中的栈道，以麻痹项羽的注意力，暗地里却从陈仓小路东进，刘邦与

---

① 《全唐文》卷七一八，第 7381 页。
② 《全唐文》卷七一八，第 7382 页。
③ 《全唐文》卷七一八，第 7382 页。
④ 《唐文拾遗》，《全唐文》，第 11129 页。
⑤ 《唐文拾遗》，《全唐文》，第 11130 页。
⑥ 《文心雕龙注释》，第 411 页。
⑦ 《唐文拾遗》，《全唐文》，第 11134 页。
⑧ 《唐文拾遗》，《全唐文》，第 11139 页。
⑨ 《唐文拾遗》，《全唐文》，第 11141 页。
⑩ 《唐文拾遗》，《全唐文》，第 11148 页。
⑪ 司马迁：《史记》卷九十二，中华书局，1959，第 2613 页。

项羽争霸天下的序幕由此开启了。

"不劳圯上之期"句，典故出自《史记·留侯世家》。① 张良曾在下邳桥上遇一老者，老人故意将鞋坠落桥下，却命张良取回。张良愕然，因见老人年迈，强忍怒气取回鞋，并为其穿好。老人大笑，曰："孺子可教矣，后五日平明，与我会此！"后来老人果然授给张良一部书，上写道："读此，则为王者师矣……"

"亦增亡镜之悲"句，典故出自《旧唐书·魏徵传》。② 魏徵死后，唐太宗十分惋惜，说："夫以铜为镜，可以正衣冠；以古为镜，可以知兴替；以人为镜，可以明得失……今魏徵殂逝，遂亡一镜矣！"后世用"亡镜之悲"比喻贤良逝世，国失栋梁。

"甘罗入仕之年，□穷儒典"，典故出自《史记·樗里子甘茂列传》。③ 甘罗十二岁就因功受封为上卿。"子晋升仙之岁，才冠孔门"，典故出自《列仙传》。④ 子晋，周灵王太子，因不满灵王昏聩而出走。甘罗、子晋都是历史上以才学见称的著名人物。

上述典故反映出塔铭作者对于中国古代文史知识掌握娴熟。限于篇幅，这里不再赘例。

综上，朝鲜塔铭在思想、谋篇、章法以及文学技巧等方面都深受中国文学的影响，有些其实就是移植唐人塔铭的传统，这可视作唐文化域外输出的典范。

第三节　唐五代塔铭的书法贡献

马宗霍在《书林藻鉴》中评唐代书法为"唐代书家之盛，不减于晋，固由接武六朝，家传世习，自易为工。而考之于史，唐之国学凡六，其五曰书，置书学博士，学书日纸一幅，是以书为教也。又唐铨选择人之法有四，其三曰书，楷法遒美者为中程，是以书取士也。以书为教仿于周，以书取士仿于

---

① 《史记》卷五十五，第 2034 页。
② 《旧唐书》卷七十一，第 2561 页。
③ 《史记》卷七十一，第 2321 页。
④ 王叔岷：《列仙传校笺》，中华书局，2007，第 65 页。

汉，置书博士仿于晋，至专立书学，实自唐始。宜乎终唐之世，书家辈出矣"。① 由于国家的大力提倡，在教育、取士、官制上都把书法列为重要的考察内容，所以唐代书法风气盛行，据《书林藻鉴》统计，擅长书法的有 245 人之多，且大量民间无名的书家还没有计算在内。加之，唐代刻碑立石之风甚盛，留存下来大量碑版，也成为我们研究那个时代书法成就的宝贵资料。

一 唐五代塔铭书法述评

唐五代有很多著名书法家都曾书写过塔铭，如欧阳询书《化度寺故僧邕禅师舍利塔铭》，欧阳通书《益州多宝寺道因法师碑文并序》，史惟则书《大智禅师碑铭并序》和《大智禅师碑阴记》，颜真卿书《大唐兴唐寺净善和尚塔铭》，徐浩书《东京大敬爱寺大证禅师碑》《大唐兴善寺大广智不空三藏和尚碑铭并序》，史惟则篆书碑额、韩择木书《唐上都荐福寺临坛大戒德律师之碑》，皇甫阅书《唐东都安国寺故临坛大德塔下铭并序》，孙藏器书《唐故招圣寺大德慧坚禅师碑铭并序》，柳公权书《唐故左街僧录内供奉三教谈论引驾大德安国寺上座赐紫方袍大达法师玄秘塔碑铭并序》和他篆额的《圭峰禅师碑铭并序》，刘禹锡书《袁州萍乡县杨岐山故广禅师碑》等，毫无疑问，这些塔铭碑刻都是书法史上的精品，也是我们深入探讨这一时期书法嬗变历程的宝贵研究资料。

众所周知，中国书法发展到南北朝时期，由于时局动荡，南北分治，加上民风好尚的差异，致使南北书风迥异。北朝沿袭汉代以来竖碑刻传的风气，字体古朴雄强、拙厚紧密；南朝书坛则为"二王"书风所笼罩，追求风姿秀美、俊俏洒脱。及至隋唐建立大一统国家，不论从政权需要还是文化策略上，王朝统治者们都须力促南北书风融合，更兼诸多帝王对书法痴迷，使得中国书法获得了一次极好的繁荣发展机遇。

作为大一统的封建王朝，唐代书法更倾向包容，不仅在碑体的基础上，又润以王羲之的书法之风，而且还综合前代篆、隶、楷、行诸体的特点，融会出一个时代书法美学的新风貌。在这个过程中，唐太宗起到了关

---

① 马宗霍：《书林藻鉴》，文物出版社，1984，第 77 页。

键作用。这位血管里流淌着彪悍民族血液的皇帝，虽然早已习惯了北方遒劲雄强的风尚，却偏偏钟爱王羲之书法的秀雅风韵，而且达到了顶礼膜拜的程度。上有所好，下必甚焉，这掀起了全社会"宗王"的热潮，甚至很多著名书法家，如欧阳询、褚遂良，都为了博时君之好，而融南朝风气入自家体式。由此形成了一种全社会融合南北书风的艺术潮流，反映在唐代铨选官员时对"书"的要求——"楷法遒美"，就是强调既要北方碑体的遒劲厚重，又不失南方的流美风韵。从现存初唐的塔铭作品看，也能很好地印证这种时代风气。

欧阳询（557～641），史称"八体尽能"，而以楷书为最工。他本生长于陈朝，在隋朝时就已名震寰宇，曾引来高丽使者指名求书。他在南北书风合流的大形势下，博采众长，独创新体楷书，后世称为"欧体"。他的楷书《化度寺故僧邕禅师舍利塔铭》（图4－12），是晚年的杰作，可谓人书俱老，臻于化境。

图 4－12　欧阳询书
《化度寺故僧邕禅师舍利塔铭》

《化度寺故僧邕禅师舍利塔铭》的楷书，既有北朝碑体方俊遒健之势，又有南朝书帖婉润之致，寓险劲于修美端庄之中，奇正相生，刘熙载评此碑"笔短意长，雄健弥复深雅。评者但谓是直木曲铁法，如介胄有不可犯之色，未尽也。或移以评兰台道因，则近耳"①。刘熙载是深知书法者。他在这里不仅品出了欧阳询笔意深长，是"雄健弥复深雅"，还指出了欧阳询的儿子欧阳通所书的《益州多宝寺道因法师碑文并序》

图 4－13　欧阳通书
《益州多宝寺道因法师碑文并序》

---

① 刘熙载：《艺概》卷五，上海古籍出版社，1978，第154～155页.

（图 4 - 13），才是险劲刚猛，如全副武装的军队，森森然不可侵犯。可见，虽然父子俱以书名世，但父亲融合南北书风，儿子则整合了隶书笔意入楷书，取法不同。

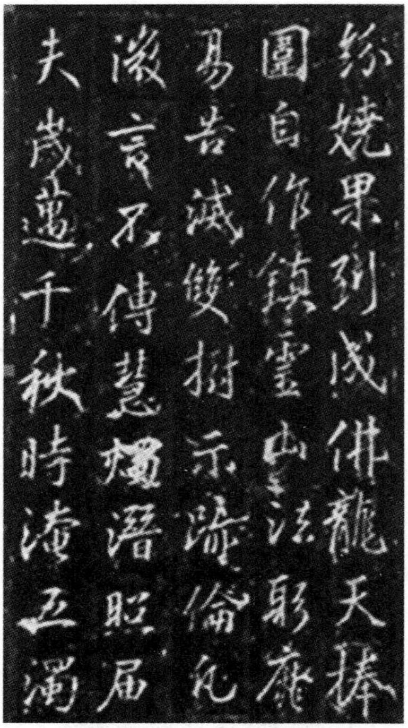

图 4 - 14 怀禅书
《实际寺故寺主怀恽奉敕赠
隆阐大法师碑铭并序》

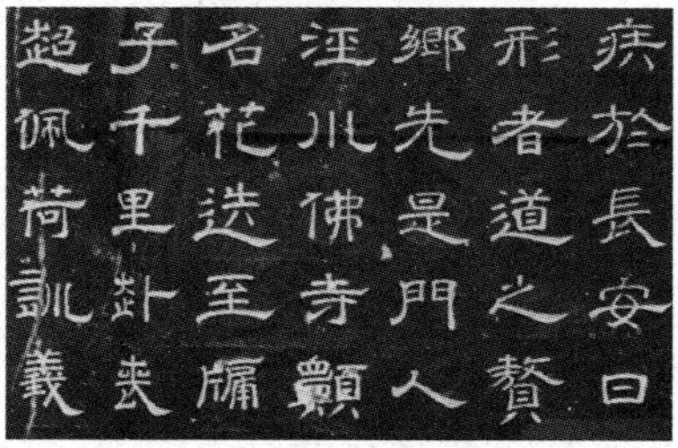

图 4 - 15 韩择木书《唐上都荐
福寺临坛大戒德律师之碑》

怀禅，生卒年不详，唐高宗时高僧，行书《实际寺故寺主怀恽奉敕赠隆阐大法师碑铭并序》（图 4 - 14），撇捺之敛放，笔力之精到，其得《集王圣教序》的笔意，也是宗王时代的产物。

帝王的喜好往往成为时代的风向标，到了盛唐，由于唐玄宗倡导八分章草，字体丰厚腴美，不仅使此前沉寂已久的篆书、隶书开始复兴，还引领盛、中唐书法向着丰腴端庄的风格迈进。

章草脱胎于隶书，玄宗爱尚自然引来文人影从，以至开元、天宝后涌现出一大批以隶书名世的书法家，其中，韩择木、李潮、蔡有邻、史惟则号称隶书"四大家"，其中韩择木和史惟留下了塔铭碑刻传世。从韩择木《唐上都荐福寺临坛大戒德律师之碑》（图 4 - 15）和史惟则《大智禅师碑铭并序》（图 4 - 16），可以明显看到此时期的隶书严整有度，刚健中透着婀娜，但与汉隶相比，也存在着故求其圆、法度过于刻板的弊端。不过从书法史的角度看，这打破了汉末以来隶书几近中绝的局面，也有利于冲破初唐"宗王"风潮的束缚，丰富书法家的艺术趣向。

盛唐以后，出现了一批善于多方取径，融合各种书体特色，字体端庄丰腴的书法家，最著名的是颜真卿、徐浩。

颜真卿（709～785），先祖为琅琊临沂（今山东临沂）人，家传儒学，累世工书篆籀。颜真卿的楷书就是在篆书、隶书古朴方正的基础上，又融合褚遂良的笔法，酝酿出雄浑苍劲、大气磅礴、刚健豪放的楷书新风格，给人一种元气满满的阳刚之美。

颜真卿在乾元元年（758）的楷书《大唐兴唐寺净善和尚塔铭并序》（图4－17），这一年颜真卿50岁，字体虽然还带有时人追捧的均匀平和的特点，也明显不及晚年《颜勤礼碑》那么开张雄浑、气象高华，但是，字体结构已明显宽和博大，重心也微微偏上，已经体现出了雄健其外、端庄肃穆的"颜体"本色了，加之字里行间乌丝栏界格的陪衬，让整幅字更显得稳重庄严。应该说，这是一幅难得的研究颜真卿楷书递变过程的碑刻资料。

徐浩（703～783），虽与颜真卿同时，擅长八分、行书、楷书，但在创新性上远远逊色于颜真卿，不过在当时，他深得时誉。徐浩楷书《大唐兴善寺大广智不空三藏和尚碑铭》和《东京大敬爱寺大证禅师碑》（图4－18），字体结构端正宽博，偏侧取势，笔势取法隶书，力道劲健沉稳。

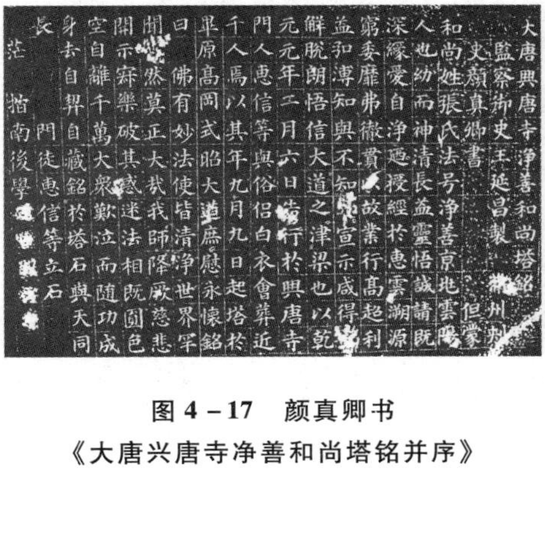

图4－16　史惟则书
《大智禅师碑铭并序》

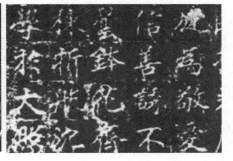

图4－17　颜真卿书
《大唐兴唐寺净善和尚塔铭并序》

图4－18　徐浩书《东京大敬爱寺
大证禅师碑》

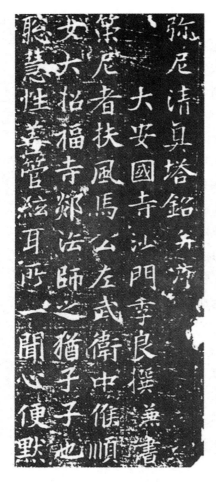

图4-19 季良书《沙弥尼
清真塔铭并序》

图4-20 灵迅书《唐少林寺
同光禅师塔铭》

唐玄宗喜欢章草与隶书，促使盛中唐时期书法熔篆、隶、楷笔意于一炉，具有端正宽厚的审美特质。除了颜真卿、徐浩这样名重一时的书法家以外，还有一些僧人的书法也体现出这一倾向。季良是唐玄宗时高僧，所书《沙弥尼清真塔铭并序》（图4-19），继承碑体方正雄强的风格，结体横平宽扁，点画劲利异常，起笔舒锋有神，彰显出其理性的楷法规范意识。灵迅是唐代宗时高僧，所书《唐少林寺同光禅师塔铭》（图4-20），楷法里融合隶意，字体端庄厚重，波拂转折处，甚得规矩，无毫发偏差。

总体而言，盛中唐的楷书已脱尽南朝灵动的风韵，转而形成一种更具包容性的、端庄宽博的品格，且法度意识鲜明。这一时期的塔铭楷书精品还有马士瞻书《大唐东都敬爱寺故开法临坛大德法玩禅师塔铭并序》（图4-21）、秦昊书《大唐真化寺多宝塔院故寺主临坛大德尼如愿律师墓志铭》（图4-22）、吴通微书《楚金禅师碑》（图4-23）、刘钧书《唐故禅大德演公塔铭并序》（图4-24）、元幽书《杨岐山甄叔大师碑铭》（图4-25）、僧无可书《寂照和上碑》（图4-26）等。各家在点画提按转折、起行收藏、调锋敛放等方面，均能做到有章可循，意到笔到，可能有败字，但不会有败笔。

在行书领域，"宗王"思潮也产生了深远影响，唐初怀仁和尚《集王

图 4 - 21　马士瞻书《大唐东都
敬爱寺故开法临坛大德
法玩禅师塔铭》

图 4 - 22　秦昊书《大唐真化寺
多宝塔院故寺主临坛大德尼
如愿律师墓志铭》

圣教序》，就是摹集补缀王羲之的行书汇集而成的。不过事实上，在摹集补缀、上石刊刻的过程中，怀仁对王羲之的原作进行了很多处理，从而简化了原作字体和结构的灵活多变，在章法上也少有流动起伏之感，显得更为规范了。这似乎释放出了一个时代的信号，即行书不再强调灵动妍妙的意态，转而寻求端庄与法度，这开启了唐代行书的楷化与规范化进程。

图 4 – 23　吴通微书
《楚金禅师碑》

图 4 – 24　刘钧书
《唐故禅大德演公塔铭并序》

图 4 – 25　元幽书《杨岐山
甄叔大师碑铭》

图 4 – 26　僧无可书
《寂照和上碑》

　　沙门勤□，生卒年不详，生活在唐玄宗时代，行书《唐少林寺灵运禅师功德碑铭》（图4-27），虽然字的取势整齐划一，相同笔画的变化不多，但字的结构腾挪开合，收发自如，整体看既严整有度，又富于变化，明显体现出盛唐时代行书与王羲之的区别。

图4-27　沙门勤□书《唐少林寺灵运禅师功德碑铭》

　　通观唐代塔铭，行书入碑一直都很流行，这在一定程度上反映出唐代碑刻趋于实用便捷的方向。著名的行书塔铭有怀禅书《实际寺故寺主怀恽奉敕赠隆阐大法师碑铭》，释温古书《嵩山会善寺故景贤大师身塔石记》（图4-28），元应书《兴国寺故大德上座号宪超塔铭并序》（图4-29），沙门建初书《大慈恩寺大法师基公塔铭并序》《大唐三藏大遍觉法师塔铭并序》（图4-30、图4-31）等，这些都是行书精品，它们的共同特征是稳重规矩，字体与结构都没有多少创新，章法也比较古板。

　　晚唐五代书法，整体上呈现衰飒之气。这一时期的书家们更在乎适意随性，他们早已没有了此前士人的昂扬进取、自由开放的个性精神，取而代之的是失意之后沉湎于个人狭窄的小天地里自娱自适。因而，这一时期的大多数作品都是逸笔草草，乏善可陈。若论此时的上乘之作，往往是结体紧敛瘦长，转折分明，用笔刚劲的一路。

图4-28　释温古书《嵩山会善寺故景贤大师身塔石记》

　　沙门建初，唐文宗时高僧，生卒年不详，所书《大唐三藏大遍觉法师塔铭并序》和《大慈恩寺大法师基公塔铭并序》，笔画劲直、转折急促，字体秀劲、重心偏上，刚健俊爽。

　　僧无可，唐文宗时高僧，俗姓贾，范阳人，诗人贾岛从弟。所书《寂照和上碑》，在融会了褚遂良、柳公权的楷书特点基础上，又特别在行笔的粗细、结体的紧敛方面，体现了严格的规矩意识。

图4-29　元应书《兴国寺故大德上
座号宪超塔铭并序》

图4-30　沙门建初书
《大慈恩寺大法师基公塔铭并序》

　　另如裴休的楷书《圭峰禅师碑铭并序》（图4-32），五代后唐钦绿
楷书《大唐嵩山少林寺故寺主法华钧大德塔铭》（图4-33）、后周僧匡
宝楷书《妙乐寺真身舍利塔碑》（图4-34），也都是典型的瘦硬体，笔
画劲秀、字体高长、中宫紧敛是其共性特征。

图4-31　沙门建初书
《大唐三藏大遍觉法师塔铭并序》

图4-32　裴休书
《圭峰禅师碑铭并序》

　　柳公权（778～865），京兆华原（今陕西铜川市）人，历仕穆宗、
敬宗、文宗、武宗、宣宗、懿宗六朝。柳公权可谓是晚唐书坛绝无仅有
的大师，他遍学当代名家书法，将欧阳询的紧险、褚遂良的流畅与颜真
卿的端庄融为一体，成就了一种法度精严、瘦劲刚锐的楷书新体——
柳体。

图 4 - 33　钦缘书《大唐嵩山
少林寺故寺主法华钧大德塔铭》

图 4 - 34　僧匡宝书《妙乐寺
真身舍利塔碑》

　　《唐故左街僧录内供奉三教谈论引驾大德安国寺上座赐紫方袍大达法师玄秘塔碑铭并序》简称《玄秘塔碑》（图 4 - 35），是柳体楷书中名气最大的代表作。此碑成于会昌元年（841），时柳公权已 64 岁，可谓人书俱老。整幅字结体紧敛高长，用笔刚锐，起笔收笔抛筋露骨，行笔劲健，转折分明，既有颜体的巍峨端庄，又有欧体的劲健俊美，章法疏密合度、张弛入理，堪称唐代楷书的经典之作。

图 4 - 35　柳公权书《唐故左街僧录内供奉三教谈论引驾大德安国
寺上座赐紫方袍大达法师玄秘塔碑铭并序》
（局部放大图）

二 唐五代书法的三大特色

通观塔铭书法的创作情况，我们大致可以发现唐五代书法三大特色。

其一，在用笔方面讲究"提按"法，目的是让用笔变得有章可循，脱去了魏晋笔法的自然风流。唐代书法家倾心于提按用笔的方法，即于笔画的节点处（如起笔、转折、收笔位置）故意让速度变慢，形成浓重的点画，而于行笔处则强调迅疾，欧阳询在《用笔论》里说："夫用笔之法，急提短搦，迅牵疾掣。"① 孙过庭《书谱》中谓："一画之间，变起伏于峰杪；一点之内，殊衄挫于豪芒。"② 这样虽能体现出字的鲜明力度，给人沉稳厚重之感，但毕竟是有意为之，已不具有六朝时代"一搨直下"的自然美感。

欧阳询、欧阳通父子，徐浩、颜真卿、柳公权、裴休等，都是提按法的运用者。该法主要依托腕力与中锋运笔，以"提、顿、行、提、顿、收"的模式写字，在表现出笔画的粗细、顿挫，写出厚重大气字体的方面，不失为一种方便法门。至于魏晋时代用笔讲究明快简便，要诀在于指掌间微妙的动作。王羲之《题卫夫人笔阵图后》云："预想字形大小，偃仰、平直、振动，令筋脉相连，意在笔前，然后作字。"③ 虞肩吾在《书品论》中也说："或横牵竖掣，或浓点轻拂，或将放而更留，或因挑而还直，敏思藏于胸中，巧意发于毫铦。"④ 王、虞二人称赏的都是"意在笔前"，即强调书写前的构思，而此"巧意"发于毫铦，主要通过"偃仰""平直""振动""横牵竖掣""浓点轻拂"等用笔技巧完成，二人都没提到"提按"⑤。

其实不难想象，仰赖手感，利用指掌的瞬间发力而使笔道滑行，所形成的弧线、直线以及笔画的粗细都有渐变过程，这样形成的弧线与直线，粗与细，圆转与方折显得自然而且相映成趣，每个字，以及字与字之间的连带都是悠游自在的，这成为魏晋书法最为人称道的"超逸""隽永"

① 《历代书法论文选》，上海书画出版社，1979，第 106 页。
② 孙过庭：《书谱》，浙江人民美术出版社，2016，第 19 页。
③ 张彦远辑，范祥雍点校《法书要录》卷一，人民美术出版社，1984，第 8 页。
④ 《法书要录》卷二，第 63 页。
⑤ 关于提按法请参见薛龙春《二王用笔无"提按"》，《中国书法》2019 年第 7 期，第 169～175 页。

了。道理虽不难理解，但效法却难得门径，就连王羲之自己都无法写出两本一样飘逸隽永的《兰亭序》，我们就更不能苛求别人了。所以到了唐代，主要依赖腕力的提按法，虽然也可以写出粗细对比、方折、圆角，但是其中变化就不多了，甚至是有些刻板。而魏晋指掌用笔法依靠手指小肌肉写出的笔画，比起提按程式化用笔来，当然就更显得妙趣横生、摇曳多姿了。不过推究创作实际，我们会发现楷书因其行笔速度较慢而尚可依托提按用笔的技巧，但在行、草书中，提按法则很难适用，强行使用会使字体显得呆板，没有灵动风韵。因而，唐代楷书在众多书体里成就最高，可能也导源于此，毕竟唐楷的新技法、新字体，此前没有，唐人的不懈尝试与创造是值得尊敬的。

其二，真、草、隶、篆众体兼容并蓄。魏晋时期，篆、隶、草、行、楷几种书体都已取得了很高成就，但南北书风好尚不同。北方楷书承汉隶，讲究一横一直、顿挫方折；南方楷书从行书来，注重直笔垂势、间用行草笔法，更有妍妙之致。① 唐统一全国后，力促南北书风合流，其中起到最重要作用的皇帝是唐太宗和唐玄宗。

唐太宗极度痴迷王羲之书法，遗命要将《兰亭序》陪葬昭陵，生死相伴。由此"宗王"热潮笼罩书坛，初唐四大楷书名家欧阳询、虞世南、褚遂良、薛稷都来追摹，但实际上只有虞世南的书法最得王羲之真传，也最受唐太宗称赏，这与他早年拜王羲之的七世孙智永和尚为师，关系甚大。其他书法家基本上是整合隶书、行书的笔法，他们以北书为底，南书为面，在用笔上既有行书圆转垂势，也更强调提按方折，唐初欧阳询提出的提按法在褚遂良、薛稷这里得到了强化发展，褚、薛二人虽然没有塔铭书法传世，但褚遂良的《圣教序》和薛稷的《信行禅师碑》都是字形端正，点画顿挫俯仰之间，不失行书疏朗滑行的线条。这一时期尚属唐楷的探索阶段，最终定型要到唐玄宗以后。

唐玄宗喜好八分书，使得篆书、隶书在盛中唐时期再次盛行，也促使很多书家在写楷书时融入篆、隶余意，让字体显得高古端庄。大致讲有两

① 关于字体与书体的区别以及南北楷书的承传关系，参见郭绍虞论文《草体在字体演变上的关系》（下），《学术月刊》1961 年第 12 期，第 39 ~ 40 页。雍文昂论文《试析书体史的双线脉络与"真草隶篆"的循环》，《艺术学研究》2020 年第 1 期，第 120 页。

种最典型的楷书风格：如果书家青睐于丰腴敦厚之美，字体便向着宽博肥厚发展，字形趋向正方甚至是扁方，带有隶书的风貌，较有代表性的书法家是颜真卿、徐浩、季良、灵迅等；如果书家追求劲健瘦硬之美，则字体骨健筋丰，遒劲隽秀，字形明显瘦长，棱角分明，较有代表性的书法家是欧阳通、柳公权、僧无可等。综上，唐楷的确立经历了从唐初兼取北朝隶书、南朝行书的笔意，到中唐融入篆、隶字形字貌，最终形成了横平竖直、俯仰有致、顿挫有序、粗细对比、方折端庄的典范样式，可谓在结体与用笔上都做到了入古出新，成为唐代书学的最高成就。其实，唐楷融入隶法，反过来唐隶也参用楷法。唐玄宗《石台孝经》隶书丰腴爽利，明显有唐楷的审美风格。韩择木《唐上都荐福寺临坛大戒德律师之碑》的隶书有丰腴之美，史惟则《大智禅师碑铭》的隶书有瘦硬之美。可见，盛中唐时期楷书、隶书的创作实践都体现出了肥、瘦两种倾向。

　　至于行书，唐太宗以行书入碑写了《晋祠铭》《温泉铭》，笔画圆熟流利，深得王羲之家法。唐初行书基本是追摹南朝，没有太多新变，但是到了唐玄宗的行书《鹡鸰颂》，就体现出了一些特色。唐玄宗喜爱章草，章草本是隶书、篆书的草体，是草书最早的形态。章草用笔缘自篆、隶，不仅有篆、隶笔画的平铺与波磔，而且上下字独立，互不连带。虽然唐玄宗的《鹡鸰颂》也字字有别，互不牵连，运笔也讲究浑融圆劲，但同时也明显受到时代书法取向的影响，在起笔、收笔处少有藏锋，用笔遒厚有波磔，结体丰润浑茂，表现出融合了楷书、隶书的特色。唐代帝王亲力以行书刻碑，起到了示范天下的作用，书家们也纷纷融众体之特色于行书中，这在塔铭领域里是有体现的，沙门勤□的《唐少林寺灵运禅师功德碑铭》和沙门建初的《大唐三藏大遍觉法师塔铭并序》《大慈恩寺大法师基公塔铭并序》都融合了楷法与章草书的特质，提按折转严谨，纯任笔画自然流转的情况已不多见，中唐以后的行书表现出明显楷书行笔的控制意识，已不同于魏晋自然流转的风貌。

　　其三，唐代书法实践与审美旨趣的分歧。魏晋书法品评的标准是：骨、筋、肉、气，追求的是气韵与神采。① 卫铄《笔阵图》谓："善笔力

---

① 详见樊波论文《六朝的书法品评及其三大标准体系》，《中国书法》2019 年第 10 期，第 200～203 页。

者多骨，不善笔力者多肉；多骨微肉者谓之筋书，多肉微骨者谓之墨猪；多力丰筋者圣，无力无筋者病。"① 这里实是辩证分析了书法中的"骨""肉""筋"三者关系，卫夫人最推重"骨"，坚决反对无骨的"肉书"，谓之"墨猪"，但是如果多骨且微肉，她也是称许的，谓之"筋书"。卫铄这一段话可视为定评，王羲之师承卫铄，而唐初又"宗王"，所以书法评价标准也承袭魏晋传统，孙过庭《书谱》说"务存骨气"②。张怀瓘《评书药石论》说："筋多肉少为上，肉多筋少为下……若筋骨不任其脂肉者……在书为墨猪。"③ 但是在实际的创作实践中，唐代书法家却背离了这样的艺术旨归，纷纷走向了丰肥与瘦硬的道路④，于是唐五代书法便呈现出游走于肥与瘦两极的演进态势。

唐初南北书风合流，北碑的风骨与劲爽，加上南书的精致和严密，造就了初唐一批书法家，康有为《广艺舟双楫》谓："欧、虞、褚、薛、王、陆并辔叠轨，皆尚爽健。"⑤ 初唐大家们完美地把"骨力"转化为瘦劲，开创了唐代清瘦书风一路。而至中唐，徐浩、颜真卿、王绍等人的书法走向了丰润肥硕，并蔚然成为时代新风，不过也有人对书坛"崇肥"表示不满，杜甫在《李潮八分小篆歌》中就振臂高呼"书贵瘦硬方通神"⑥，张怀瓘也说"脂肉者，书之滓秽也"⑦。于是，晚唐柳公权再次扭转时弊，但矫枉过正，那种形销骨立的字体被康有为批判道："元和后沈传师、柳公权出，矫肥厚之病，专尚清劲，然骨存肉削，天下病矣。"⑧

但非常有意思的是，唐代的书法家们一方面在不懈地研讨笔法、字法、用墨等法度，他们在肥瘦两路上逞才争竞，另一方面却还一再推尊书法的"骨气"，书风肥硕的徐浩和颜真卿，都留下了尚筋骨、好劲健的论

---

① 卫铄：《笔阵图》，《历代书法论文选》，上海书画出版社，1979，第 22 页。
② 《书谱》，第 71 页。
③ 《全唐文》卷四三二，第 4410 页。
④ 详见李传君论文《唐宋时期书法"肥瘦"取向的审美内涵及其演变》《文艺评论》2015年第 10 期，第 76~80 页。
⑤ 康有为：《广艺舟双楫》（卷二），《历代书法论文选》，第 776 页。
⑥ 《全唐诗》卷二二二，第 2365 页。
⑦ 《全唐文》卷四三二，第 4410 页。
⑧ 康有为：《广艺舟双楫》（卷二），《历代书法论文选》，第 776 页。

述。徐说："骨劲而气猛。"① 颜说："点画皆有筋骨。"② 这似乎只能说是书法家的艺术理想，而在实践中，他们的书法体现出的却肉感十足，与其理念有明显差距，难怪张怀瓘不免发出："肥腯之弊于斯为甚。"③

三 书道与佛理的契合

不难看出，唐五代有很多僧人参与到塔铭的书法创作中，且书体多为楷书和行书。从现存拓片看，其中不乏书法精品，楷书如僧智详书《进法师塔铭》、季良书《清真残塔铭》、僧无可书《寂照和上碑》；行书如僧温古书《景贤塔记》、僧勤□书《灵运禅师塔铭》、僧元应书《宪超塔铭》、僧元幽书《甄叔大师碑铭》、僧建初书《玄奘塔铭》和《基公塔铭》等，但非常可惜的是，这些僧人书家在书法史上的贡献往往被人们忽视。

事实上，僧人书法的造诣往往极高，但因其声名不显而被淹没在历史长河中，不为人所知。这种不计书法作品本身的艺术价值，仅仅将书品与书家地位相参照的错位评价现象，早在宋代就被欧阳修批评过，他道出了书法评判体系中的不公平和无可奈何的伤感。

> 古之人皆能书，独其人之贤者传遂远。然后世不推此，但务于书，不知前日工书随与纸墨泯弃者，不可胜数也。使颜公书虽不佳，后世见者必宝也。杨凝式以直言谏其父，其节见于艰危，李建中清慎温雅，爱其书者兼取其为人也。岂有其实，然后存之久邪？非自古贤哲必能书也，惟贤者能存尔，其余泯泯不复见尔。④
>
> ——欧阳修《笔说·世人作肥字说》

欧阳修看得很清楚，颜真卿能以书名传世，多半缘于世人敬仰他宣慰李希

---

① 徐浩：《论书》，《历代书法论文选》，第 276 页。
② 颜真卿：《述张长史笔法十二意》，《历代书法论文选》，第 279 页。
③ 《全唐文》卷四三二，第 4410 页。
④ 欧阳修《笔说》，出自朱易安、傅璇琮《全宋笔记》（第一编）（五），大象出版社，2003，第 213 页。

烈被缢杀。忠义成全了他，也给他的书法赢得了千古声誉。① 杨凝式曾在朱温的暴虐下，劝谏其父不要献唐天子的印信给朱温，这被视作有气节。宋初的李建中，因性情谨慎、温文尔雅，而被世人称道。杨、李二人都是因为后世肯定其为人，而得以盛传其书名。正所谓"古之人皆能书，独其人之贤者传遂远……其余泯泯不复见尔"。欧阳修的批评也许有偏激之处，但也从一个侧面反映出书法评价体系中的弊端，即这种因人论字，产生名实不符的情况在所难免，这必然会使一些书法造诣真正高深的人的作品被忽视掉了。

《语石》云："书学至唐极盛，工书而湮没不称者，尚不知凡几。"② 治书法研究，应该就事论事，按照艺术水平的实际情况做公允的评判，名人书法的价值固然可贵，但穷困者的书法倘或真的好，也不该使其寂寥无闻。既然唐五代有这么多僧人留下了如此高妙的书法作品，那我们就应该肯定这些僧人的书法成就，而且还应该推究一下僧人书法能取得高超成就背后的原因。约略而言，原因大致有两方面。

第一，书为心画。孙过庭《书谱》谓："虽学宗一家，而变成多体，莫不随其性欲，便以为姿。"③ 强调了禀性、心性不同，则书法路径、造诣各别的道理。刘熙载也说："书也者，心学也……笔性墨情，皆以其人之性情为本。"④

虚静之心是书家写好字的前提，书法之美，最需静心、真心的境界，此时人的个性气质是自由的，能够在艺术中最大限度地融入个人精神之升华。毫无疑问，禅宗的心性论与书法的"心本"论暗合，从现存的塔铭碑刻拓片，也恰好印证了这样的观点。唐五代僧人善行书者居多，原因大概是行、草最为灵动、有气势，也最能体现出人的个性气质，而僧人们长期的修行，往往具有真我、真性情、真趣味，他们倾向使用行书来表现个人的创造力和自性精神。正所谓"书为心画"，行书没有固定的方法，变

---

① 欧阳修对颜真卿的书法评价不高。杜浩有关于对颜真卿书法评价的专题论文，详见杜浩《颜真卿书法批评现象辨析》，出自《中国国家博物馆刊》2012年第3期。
② 叶昌炽撰，柯昌泗评《语石　语石异同评》，第448页。
③ 《书谱》，第74页。
④ 《艺概》卷五，第169页。

中有定，定中有变，它的自由流转之美，恰恰契合了佛家心性自由的神韵。

第二，书法的法度意识与僧人的戒律精神高度吻合。"楷"本身就有标准、样板、法度的意思。张怀瓘谓"楷者，法也、式也、模也"①。唐代楷书在综合了篆、隶的结体方式后，转化成了今天我们看到的正楷体。同时，楷书也是唐代科举考试和官府文书的规定字体②，是唐代的通行字体。今天我们看唐楷，会深深地体会其点画提按使转、起行收藏、结体左右向背、上下承盖，皆有章可循。

唐人一直在书法的技法方面孜孜以求。欧阳询《三十六法》讲述了字的框架结构及笔势，张怀瓘《玉堂禁经》谈了用笔、结体问题，韩方明《授笔要说》、卢携《临池诀》、林蕴《拨镫序》探讨执笔运指的方法，孙过庭《书谱》把创作过程分阶段详解。唐人"尚法"，写字的雕饰感增强了，不论楷书、行书还是隶书，他们在用笔、结体、字形、墨法、章法等方面都形成自家规矩，与魏晋书法直抒胸臆，推崇线条自然流转的气韵和神采，明显不同了。

僧人们最具法度意识。他们在漫长的修行岁月里，必须尊重佛教仪轨、持戒精严。于是，长期的律仪训练，让僧人们的生活规范化，而且最重要的是这深入骨髓的戒律精神，恰好对接上了书法的法度意识。不仅是楷书，在讲究流变之美的行书里，僧人字里行间也流露出了规范意识。

---

① 《书断》，第 53 页。
② 黄宗羲：《认识书法艺术》，台湾艺术教育馆，1997，第 9 页。

第五章

隋唐五代塔铭的史料研究价值

封建时代佛教必须依赖皇权，所谓"佛不自佛，唯王能兴"，说的就是这个道理。所以，在漫长的"不依国主，则法事难立"① 的皇权时代，僧人的境遇及其宗派的命运往往取决于统治者的好恶。譬如天台宗的智者大师，因其一番感人肺腑的临终说法，而感化了隋炀帝，使其愿意在漫长的岁月里践行了总持佛法的承诺，给予天台宗大力支持；唐太宗敬重玄奘的道德学识，而成就了慈恩宗在京城声名大噪一时，其后，又因玄奘对武则天新政权的疏离，而使慈恩宗遭到莫大打压；同样，还是武则天执政时期，她隆礼神秀，于是北宗禅法便被赋予了在两京地区弘传的政治支持；"安史之乱"爆发，神会积极配合朝廷售卖度牒，筹措军饷，而得到肃宗的尊崇，从而加速了南宗争取禅宗正统地位的步伐；中唐以后，社会秩序崩溃，中唐帝王不约而同地求助于佛法庇护，于是几代帝王接连掀起了对佛教尤其是密宗的崇拜狂潮；晚唐时期，宦官之祸与党争严重，中央政权脆弱不堪，尤其是会昌法难之后，佛家（尤其是禅宗）审时度势，转而依靠地方军政势力的支持，发展出一种新型生存之道……

凡此种种佛史大关节，都在隋唐五代僧人塔铭中有详细记述。如天台智者大师——智颛，慈恩之祖——玄奘，禅宗七祖——神会，密宗祖师无畏三藏、金刚三藏、不空三藏、一行、惠果，以及晚唐五代时期禅宗沩山灵佑、临济义玄、云门文偃等，都有相应的塔铭流传下来，也牵扯出很多

---

① （晋）道安语，详见释慧皎《高僧传》，中华书局，1992，第178页。

有价值的研究线索，能够帮我们辨析很多佛史事件。毫无疑问，塔铭是极具价值的文史研究资料。

第一节　智颢的塔铭与天台宗的获益

智颢，是南朝陈以迄隋的高僧，中国第一个本土化佛教宗派——天台宗的开宗祖师，他对当时的政治、哲学、文化、民俗等方面都有重要影响，被后世誉为"东土释迦"①。智颢一生身经乱世，为了实现弘传佛法的心愿，他不得不与陈、隋的统治者周旋，特别是在与杨广（隋炀帝）的交往中，智颢更加明确地表现出欲借助皇权振兴佛法的宗教使命感，以至于在临当去世的时候他都还不忘为天台教团的长久发展而竭心尽力。

一　意料中的死亡与意料外的临终说法

隋开皇十七年（597）十一月二十四日，智颢在浙江新昌石城寺圆寂。有关他圆寂前的情况，柳辩在《天台国清寺智者禅师碑文》里记述得很详尽。

> 逮于我君，临边岁久，孝性淳至，入京省谒，旋迈江都，登命舟楫，迎来镇所，使乎至彼，便事装束，谓大众曰："在上意重，弗敢致辞。然往而不反，因此长别。"……行百余里，到剡东之石城寺。寺有百尺金缋石像，梁太宰南平元襄王镌创。自有灵迹，因此见疾。右胁而卧，……回身西向，端坐迁神。春秋六十。②

由碑文可知，杨广刚刚从长安回到江都，就派人迎请智颢，而智颢则明知此行必是"往而不反"，竟还欣然赴约，结果行至石城寺病逝。

更耐人寻味的是，智颢其实早就预感到自己不久于人世了，据《东土九祖纪》载：

---

① 参见潘桂明《智颢评传》，南京大学出版社，1996。
② 《全隋文》卷十二《天台国清寺智者禅师碑文》，第 137 页。

尝于一夜，皎月映床，独坐说法，如人问难。侍者智晞明旦启曰："未审夜来见何因缘？"师曰："吾初梦大风忽起，吹坏宝塔。次见梵僧谓我曰：'机缘如薪，照用如火，傍助如风，三事备矣，化道乃行。华顶之夜，许相影响。机用将尽，傍助亦息，故相告耳。'又见南岳共喜禅师令吾说法，即自念言：'余法名义，皆晓自裁，唯三观三智，最初面受。'说竟谓我曰：'它力华整（应是国名，未详所在），相望甚久，缘必应往，吾等相送。'吾拜称诺。此死相现也……吾终后当藏尸于西南峰，累石周龛，植松覆坎，立二白塔，使见者发菩提心。"又经少时，语弟子曰："商行寄金，医去留药，吾虽不敏，狂子可悲。"乃口授《观心论》，随语疏成。

十月，王遣使入山奉迎，师即日散施什物以与贫乏，标杙山下以拟殿堂（杙，橛也），画作图形以为模式，诫其徒曰："后若造寺，一用此法。"或疑山涧险峻，何能成？师曰："此非小缘，乃是王家所辨。"众不测其旨。次日随使出山……①

上文记载了智顗圆寂前的各种异兆。虽然我们无从考证智顗是否真梦到了梵僧和早已故去的共喜禅师，但他确实在杨广使臣到来之前，向弟子们口授了《观心论》，并嘱托了自己的葬地；在使臣到来之后，他又把自己的财物施舍给穷人，还实地探察地形，绘制了国清寺的建设图纸，并预言日后皇家会帮助营造此寺……凡此种种迹象都清晰地显示出智顗确乎知道自己命之将尽，他在有条不紊地逐一安排后事。

而从杨广的心态分析，他对智顗是虚假的且有深深的戒备。开皇十四年（594）智顗在荆州玉泉寺结夏安居，应僧俗之请讲说圆顿止观法门，一度吸引僧俗听众逾千人，这种"道俗延颈，老幼相携，戒场讲坐，众将及万"② 的大型讲会，因被疑有聚众谋乱之嫌而遭粗暴干涉，被强令解散了。这件事被智顗视作人生"六恨"之一，他深深怀疑这位来自西北、有着彪悍民族血统的王子的入道动机。事实上，杨广希望借助与智顗结成

---

① 志磐撰，释道法校注《佛祖统纪校注》卷六《东土九祖纪第三之一》，上海古籍出版社，2012，第181～182页。
② 《续高僧传》卷十七《隋国师智者天台山国清寺释智顗传》，第631页。

的师徒关系，以此实现对南方地区的有效统治，但这与智𫖮传灯化物的宗教使命并不相干，由于二人心志无法契合，所以在智𫖮活着的时候，长期以来双方的师徒关系是若即若离式的。杨广虽然经常给智𫖮写信嘘寒问暖、送礼物并邀请老师来江都供养，而智𫖮则多是推脱，实在推脱不掉时他便象征性地前去小住一番。那么这一次是智𫖮明知自己命之将尽，他非但不拒绝杨广之请，反而着急赴约。究竟是什么原因让智𫖮不顾病体垂危，非要这般匆忙赶路呢？

智𫖮此番着急赴约，实是临终前要向杨广嘱托心中要事，只是杨广当时并不知情。六年的师徒相处，让智𫖮对杨广假宗教之伪装、谋政治之利益的本质看得无比透彻。虽然此前杨广应智𫖮之请，也曾多次做了檀越主，还庄严过很多佛寺，不过这都是从礼敬老师、维护政教融洽关系的角度出发的，杨广的内心深处对智𫖮的宗教使命并不太关心。因此，洞察杨广内心的智𫖮，这次是着急要去"说服"杨广的。但如何感化杨广，促其成为真正的"护法使者"，此时是摆在智𫖮面前的难题。经过一番深思熟虑，智𫖮一反常态，他非常痛快地答应了杨广的邀请，并急切地"次日随使出山"。大概智𫖮也没有想到自己迁化之日比预想来得要早些，行至石城他便病势加重，自知化缘已尽的智𫖮便在石城向远在江都的杨广进行了一场临终说法课，以此成功地争取到杨广日后对天台宗的鼎力支持。

智𫖮的临终说法分行动感化和遗嘱渲染两个部分展开。行动感化部分，智𫖮巧妙地利用了杨广在得知他病重后的草率反应。从文献分析，杨广当时并没把问题想得很深、很严重，起码他没料到智𫖮已经病危了，他派医生去石城寺探望，也多是出于礼节上的考虑，杨广绝没有预判到智𫖮有可能病死，以至于他在给智𫖮信中还写道：

> 今遣医李𦠆往处治，小得康捐。愿徐进路，迟礼觐无远。[1]

在这封信里杨广说只要病情稍稍好转，便希望智𫖮能继续赶往江都。这话听起来让人觉得非常不合情理，因为二人毕竟是师徒关系，智𫖮此番是老

---

[1] 《全隋文》卷六《王参病书》，第 70 页。

迈赴约，且半路病重，而作为弟子的杨广竟然还要老师稍微好转就"进路"！一向"深沉严重"① 的杨广这一次确实是有些行事草率了。

智颛的人格境界也同样令人感佩，他的遗嘱写得有理、有据，更有情，十分耐人寻味。遗嘱的题目是《赴晋王召道病遗书告别》，非常明确地告白天下：此番下山是赴杨广召见，不幸于半路病重，要留下这封遗书与杨广告别。全文近两千字，内容主要讲了自己人生"六恨"和他对杨广未来"总持"佛法的期望。

简而言之，"六恨"是智颛总结自己没能很好地完成宗教责任的遗憾，其中，他把官兵驱散荆州戒场一事称为"第五恨"，并分析其中原因是"此乃世调无堪，不能谐和得所"而致，即世俗政治的功利性与佛教弘化苍生的旨归是难以协调的。人之将亡，其言也善，智颛这些话十分真诚，他在临终前道出了自己洞彻世事的大智慧，既体现出自己包容万物的心怀，同时也促成杨广的愧悔之情，期待这位皇家弟子能摆脱狭隘的世俗功利短见，提升自己的精神层次。

接下来，智颛更是饱含深情地说："命尽之后，若有神力，誓当影护王之土境，使愿法流衍，以答王恩，以副本志。菩萨誓愿，诚而不欺，香火义深，安知仰谢……"② 智颛原谅杨广，也真心理解杨广，他甚至真诚地希望死后还能保佑杨广平安如意。再接下来的四十二个字是智颛亲笔写下的，可谓字字饱含深情。"莲花香炉、犀角如意，是王所施，今以仰别，愿德香远闻，长保如意也。及以造寺图式，并石像、发愿文，悉用仰嘱"。"香炉"和"如意"两件器物，既是智颛留给杨广的纪念，也是老师希望这两件受过加持的宝物能常保弟子平安如意。

导师如此包容的胸怀，如此慈悲的心地，如此洞达世情的大智慧……让杨广不能不折服。从后来杨广的一系列行动看，他确实是一步步地践行了智颛的嘱托。

二　天台宗的获益

当杨广得知智颛去世，看到老师的遗书时，这位精明的权谋家立刻意

---

① 《隋书》卷三《炀帝纪上》，第 59 页。
② 《全隋文》卷三十二《赴晋王召道病遗书告别》，第 364 页。

识到只有做出堂皇的弥补，才能挽救自己不仁不义的公众形象。杨广明确说："已悔于前，须补于后……并乞众力，为弟子忏悔。"① 可见，他后来践行智顗遗嘱的种种举措，其根本出发点都是忏悔自己做错了事，希望摆脱"不义"之境地。

智顗的遗愿有六桩：第一给南岳慧思大师创制碑颂；第二嘱托杨广继续做潭州大明寺、荆州上明寺和玉泉寺的檀越主；第三请求杨广营立天台寺；第四建议国家在转运粮草上能够怜惜民力；第五希望杨广在天下承平时，多度人出家，增益僧众；第六期望杨广日后能够匡正佛教，整肃教徒队伍。针对这六件嘱托，杨广在开皇十八年（598）正月二十日，亲自撰写《答释智顗遗旨文》，积极地做出了回应。

> 遗旨以天台山下，遇得一处，非常之好，垂为造寺，始得开剪林木，位置基阶。今遣司马王弘创建伽蓝，一遵指画。寺须公额，并立嘉名，亦不违旨。佛陇头陀，并各仍旧，使移荆州玉泉十僧守天台者。今山内现前之众，多是诸宫之人，已皆约勒，不使张散，岂直十僧而已？所求废寺水田，以充基业，亦勒王弘施肥田良地，深蒙拥护。当年别资给，行送经一藏，依法为先师别供养具钟、幡香等。又施钱直，且充日费。鄮县灵塔，吴内石像，剡县弥勒尊仪卧疾之处，并使装饰，亦不仰异。荆州玉泉寺，既是为造，理当异余道场。其潭州大明寺、荆州十住、上明寺等，先已敬许为檀越，无容复乖今诲。使制南岳师碑，即命开府学士柳顾言为序，自撰铭颂。所嘱僧有罪治，无罪平等，窃以涅槃羯磨，经有成文，正论治国，金光明品，住持三宝，弗敢坠失。又令加修慈心，抚育民庶。犬马识养，人岂忘恩？盖闻外书为教，仁尚恕物，内典居宗，大慈为首，在文虽异，诣理实同。不有君子，其能为国？不有菩萨，岂济含生？又以僧未贯籍，许其出首，适奉诏书，冥符来及，见几而作，所谓后天而奉天时。粮运转输，深关军国，前已表闻，所司未报，终当方便，必期谐

　　果。及承寄嘱，斯复能照他心，前来仰答，无违意旨。①

　　这篇文章距智顗圆寂不到两个月，杨广虔敬地说自己是"前来仰答，无违意旨"。从内容上看，杨广此时已经着手办理老师交代的四件遗愿：一是派司马王弘去实地勘察，筹划创建天台寺，并划拨肥田良地以充寺产；二是依智顗遗嘱，装饰了灵塔、石像、弥勒等；三是命学士柳辩撰写《南岳大师碑》，杨广则亲自撰写铭文；四是已就粮草转运中浪费民力的问题写了奏章。其中，对于营造天台寺一事，杨广尤为用心，不仅做出了基建计划，还对未来寺额、僧人配置以及寺院供给等都做了周详考虑。另外，对于智顗提出要他继续做几个寺院的檀越主，以及期待杨广将来主持法界、整肃僧团队伍等嘱托，杨广也全都爽快地答应了。他确实没有食言，在当了皇帝以后，杨广仍旧十分关注国清寺，不仅与多位国清寺的高僧有书信往还，还时时训诫天台僧人们说，"去圣久远，学徒陵替，规求利养，不断俗缘，滋味甘腴，违犯戒律……俾夫法门等侣，咸归和合，诸佛禁戒，毕竟遵行"②。对于智顗"度人出家，增益僧众"的嘱托，杨广也都尽心照办，大业三年（607）正月，他一次性敕度一千人出家以"建立善缘"③。此外，他还非常注意确立智顗的佛学权威地位，智顗的《净名经》《法华玄义》《法华文句》等著作，都被作为皇家道场的指定讲本④，这对树立天台宗地位，意义非同小可。

　　综上所述，智顗建立天台宗学说体系，设计建造国清寺，以及度僧、藏经、造佛像等功德，都离不开杨广这位"总持"弟子的助力。而杨广肯如此尽心诚意地践行智顗的嘱托，又与智顗临终那场周密的说法课密切相关。这不仅让我们想起佛陀临终说法的典故，只是佛陀当年是应阿难提问而答疑解惑；智顗则是深思熟虑后的有意为之。从这一点看，智顗的思虑更精深，他被后世尊称为"东土释迦"，也绝非虚誉了。

---

① 《全隋文》卷七《答释智顗遗旨文》，第 74 页。
② 《全隋文》卷五《敕释智越》，第 56 页。
③ 《全隋文》卷五《敕度一仟人出家》，第 57 页。
④ 《全隋文》卷五《下令延请释灌顶开讲法华》，第 59 页。

余论：末法情结下智顗的苦心

智顗活着的时候，他与杨广的师徒关系是若即若离式的，在智顗圆寂之后，杨广竟做到礼数周备，其对老师感恩之深足以让世人感动。当事一方已然作古，双方关系不仅没因此转淡，反而加深了，要想理解智顗与杨广这种奇怪的交往模式，我们必须弄清楚二人能够结交的原因。一个清心寡欲的佛教高僧和一个政治野心家之所以能结交，从根本上讲，是由于他们各自深藏心底的人生愿景——智顗"传灯化物"的宗教使命意识，与杨广"入继大统"的政治野心，在相需相求的作用下，合力促成了这段"政教姻缘"。

智顗行动的根本出发点在于他深深的末法情结。《天台山国清寺智者大师传》记载，智顗"十五值元帝败，家国沦亡"，此即西魏攻陷梁都城江陵一事。《资治通鉴》记载：梁承圣三年（554），"辛未，帝为魏人所杀……（魏）尽俘王公以下及选百姓男女数万口为奴婢……驱归长安，小弱者皆杀之。得免者三百余家，而人马所践及冻死者什二三"①。智顗全家虽幸免于难，但不久他的父母便相继去世，孤弱的智顗只好"北度峡州，依乎舅氏……年十有八，投湘州果愿寺出家"②。

然而，乱世中的佛门绝不可能成为世外桃源，向往人间净土、一心潜修佛法的智顗，很快便认识到佛教的命运往往取决于统治者的个人意志。当时正值北周武帝宇文邕下诏，"断佛、道二教，经像悉毁，罢沙门、道士，并令还民。并禁诸淫祀，礼典所不载者，尽除之"③。这场大规模的禁佛运动，在北周吞并北齐以后又进一步推行至整个长江以北地区，并一直持续到武帝驾崩才告消歇，它给北方佛教带来的打击极其沉重，"数百年来官私佛法，扫地并尽，融刮圣容，焚烧经典。禹贡八州见成寺庙出四十千，并赐王公充为第宅；三方释子减三百万，皆复军民，还归编户。三宝福财，其赀无数，簿录入官，登即赏费，分散荡尽"④。

---

① 《资治通鉴》卷一六五，元帝承圣三年十二月，第5123页。
② 《续高僧传》卷十七《隋国师智者天台山国清寺释智顗传》，第628~629页。
③ 令狐德棻《周书》卷五《武帝纪上》，中华书局，1971，第85页。
④ 《续高僧传》卷二十四《周终南山避世峰释静蔼传》，第909页。

事实上，北方大规模法难并非始自宇文邕，早在北魏太平真君七年（446）太武帝拓跋焘就曾下诏灭佛，态度也极为决绝。① 百年间两次毁佛运动，导致北方经像被大量焚毁，僧侣被杀戮或强制还俗，宝刹伽蓝转作俗宅，许多僧人被迫潜逃至江南。其情况之悲惨，江南僧侣耳闻目睹，以致当时佛教界弥漫着浓重的末法情结，大家慑于皇权的威势与蛮横，认为佛法将被彻底毁灭，很多高僧也在无奈之下转而与皇权相妥协。"不依国主，则法事难立"成为时代共识。

智𫖮心中浓重的"末法情结"还因为老师慧思的亲身经历和训诫而被进一步刺激加深了。从东魏武定六年（548）到齐天保八年（557）十年间，慧思不仅被两次下毒，还有两次险遭暗算②，虽然他都侥幸脱险，但慧思已经清楚意识到北地不可久留。前代国主的毁佛运动，当代国主的昏聩无能，再加之北方教界内部各派的争斗，最终让慧思对北地佛教的前途感到无望，他慨叹："齐祚将倾，佛法暂晦，当往何方，以避此难？"后来慧思入居南岳，在大苏山以法付嘱智𫖮，并说："汝粗得其门，当传灯化物，莫作最后断种人也。"③

慧思自身的凶险遭遇和莫作"断种人"的训诫，让智𫖮末世法运的思维更加笃定，他深彻担忧佛法运数，更担心自己不能弘传佛法，成为最后的"断种人"。智𫖮十分清楚，想要在北方彪悍民族的强权下实现弘法的大愿，就必须在一定程度上争取皇权护持。

从杨广的角度看，他争取智𫖮合作的意义非同小可。开皇十年（590），隋文帝让杨广总管江南，传达出他对杨广才干的重视，而能否理顺江南民心，也成为杨广行政能力测试的关键考试，考试结果势必影响其政治前程。有鉴于杨俊的前车之覆，他深知平复民怨不能用蛮横的强权

---

① 《资治通鉴》卷一二四，文帝元嘉二十三年，第 3923 页。

② 东魏武定六年（548），在河南兖州，与众议论，为恶比丘所毒，垂死复活。齐天保四年（553），至郢州，为刺史刘怀宝讲摩诃衍义，诸恶论师以生金药置毒食中，师命垂尽，一心念般若波罗蜜，毒即消散。齐天保七年（556），于城西观邑寺讲摩诃衍，有众恶论师竞欲加害，师誓造金字般若经，现无量身于十方国讲说是经，令一切诸恶论师咸得信心，住不退转。齐天保八年（557），至南定州，为刺史讲摩诃衍。有众恶论师竞起恶心，断诸檀越，不令送食，经五十日，常遣弟子乞食济命。《佛祖统纪校注》卷六《东土九祖纪第三之一》，第 164～165 页。

③ 《佛祖统纪校注》卷六《东土九祖纪第三之一》，第 172 页。

术，面对江南近三百年的崇佛积习，杨广明智地利用了佛教行绥靖政策。

智颛与杨广，一个是以弘传佛法为毕生信念的高僧，一个是野心勃勃的权谋家，他们最终走上政教合作之路，是由于双方各自深藏心底的人生愿景促成的。从过程看，双方的差别在于智颛关注的是人心的平衡与安宁，而杨广更看重外在利益的得失。最终的结果则是双赢的，智颛用直指人心的临终说法，促使杨广不得不做出相应的回报，而杨广所做的感恩回馈实则于人于己也都是福田利益。智颛是杨广罩在身上的"闪亮光环"，有意无意间帮助了排行第二的杨广博得了父母的喜爱，并一步步地接近梦寐以求的皇位。智颛在洞察人心方面绝对是高明的，他勘破了杨广的内心却一直隐忍包容，最终利用临终说法的契机，促成杨广心甘情愿去扮演"总持"佛法的角色，也给天台宗争取到了长远利益。总而言之，智颛"传灯化物"的宗教使命感，与杨广"入继大统"的权力野心，在相需相求之下合力实现了隋初的政教双赢。

第二节　玄奘的塔铭与凄凉晚境

人们普遍认为高僧玄奘取经归国以后，受到了唐朝皇帝极高礼遇，其生存境遇也极顺意。然而，经过深入研读现存的有关玄奘晚年的文献资料，我们发觉玄奘晚年的生活境遇非常凄凉，历史真相绝非世人想象得那么简单。

一　迟来的塔铭

事实上，一代圣僧玄奘，在亡故时是没人给他刻写塔铭的，而且时隔五年，即总章二年（669），唐高宗下令发棺迁葬玄奘时，竟也没有为他树碑立传。我们现在看到的刘轲撰写的《大唐三藏大遍觉法师塔铭并序》，作于唐文宗开成二年（837），距离玄奘亡故（唐高宗麟德元年，即664）已经173年了。又过了2年（即开成四年，839），此塔铭才得以镌成，立于坟前。作为历史上首屈一指的高僧，玄奘不仅是在圆寂之初没有塔铭，后来高宗将他迁葬于樊川时，仍旧没有塔铭，直至其圆寂后整整175年才有塔铭竖立，这着实令人备感诧异。

　　众所周知，唐代甚重"饰终之典"①，当时佛教的丧葬观念受民俗影响，僧侣圆寂以后通常会在其葬塔前竖一块塔铭以记述一生的功德行迹。玄奘生前得到了唐太宗、唐高宗的莫大荣宠，太宗曾赐予玄奘价值百金的衲衣，以示对其独一无二的恩典。高宗对玄奘的德望和才识也是极为肯定的，他在《答玄奘请入少林寺翻经书》中称赞玄奘"津梁三界，汲引四生。智皎心灯，定凝意水"②。另据《大慈恩寺三藏法师传》记载，玄奘还是唐中宗李显满月时的剃度高僧③。如此功德崇高的玄奘，何以两次下葬都无人为他写塔铭呢？究竟是什么原因致使人们都极力回避为玄奘盖棺定论呢？

　　同时，我们还注意到这块迟来的塔铭完全是佛教界依靠自身力量一步步争取来的。先是安国寺和尚义林以"见（玄奘）塔上有光，圆如覆镜"的灵异现象而奏请唐文宗，经皇帝批准后，义林得以重修玄奘墓塔。但工程费用并非官府分拨，而是义林"与两街三学人共修身塔"，即费用是义林召集长安东西两街寺院的内供奉僧、三教大德僧共同捐集的。当玄奘塔"修毕，林乃化，遗言于门人令检曰：'而必求文士铭之'"④。后来，令检颇费周折，最终才说服刘轲撰写了这篇玄奘塔铭（刘轲开始也是推辞的，在《大唐三藏大遍觉法师塔铭并序》中，他自述是"三让不可"）。如此看来，这篇玄奘塔铭可谓来之不易了！

　　那么，高僧玄奘的晚年究竟经历了什么？笔者依据刘轲撰写的《大唐三藏大遍觉法师塔铭并序》，道宣撰写的《续高僧传·玄奘传》，慧立、彦悰撰写的《大慈恩寺三藏法师传》，冥详撰写的《大唐故三藏玄奘法师行状》，以及佚名辑录的《寺沙门玄奘上表记》，认为玄奘生命的最后十年，即从永徽六年（655）至麟德元年（664），皇权一直在不断打击玄奘的佛教权威地位，以至于后来竟对其漠视不理。事实上，盛名之下的玄奘晚境相当困顿，且身后凄凉。

---

① 据《唐会要》记载的唐代丧事仪礼，出殡队伍中要有"志石车"，就是在一个彩扎的车子里装上墓志石，公开送到墓穴里。我们由此可知，唐人"饰终之典"是相当讲究的，只要条件允许，为墓主造刻墓志铭，记述家世门第、生平事迹，已成唐时的社会风气了。

② 《全唐文》卷十五，第 176 页。

③ 慧立、彦悰：《大慈恩寺三藏法师传》，中华书局，2000，第 201 页。

④ 《全唐文》卷七四二，第 7681 页。

二 权威之末路

1. "吕才事件"

玄奘于贞观十九年（645）正月二十四日回到长安，到麟德元年（664）二月五日在玉华寺圆寂，近二十年的时间里，经历了唐太宗、唐高宗和武则天执政。[1] 总体讲，玄奘在贞观年间是受到了极高的礼遇。太宗驾崩后，继任者唐高宗在其统治早年，尚能坚持礼敬玄奘，譬如派朝臣慰问，频施财物等。但是，随着高宗逐渐剪除掉太宗朝的辅政旧臣势力，以及武则天地位的不断提升，玄奘与皇权的关系便发生了微妙的变化。我们姑且把双方关系变化的起始时间定在永徽六年（655），因为这一年发生了"吕才事件"，玄奘的佛教权威地位，因这一事件而遭遇了最严峻的挑战。

永徽六年五月太常丞吕才著书[2]，质疑玄奘译场中三位高僧——神泰、靖迈、明觉对《因明论》《理门论》二经的义疏互有矛盾，进而攻击玄奘的译经和授业之法。在《因明注解立破义图》序中，吕才的措辞犀利，他说："然以诸法师等虽复序致泉富，文理会通，既以执见参差，所说自相矛盾。义既同禀三藏，岂合更开二门，但由衅发萧墙，故容外侮窥测。"吕才在这里甚至由神泰、靖迈、明觉三人的义疏互有矛盾，而将矛头直指玄奘，指责其译场组织不力，众僧各行其是。在序文最后，他甚为傲慢地教训起玄奘："法师等若能忘狐鬼之微陋，思句味之可尊，择善而从，不简真俗，此则如来之道不坠于地，弘之者众，何常之有。必以心未忘于人我，义不察于是非，才亦扣其两端，犹拟质之三藏。"[3] 毫不客气地要玄奘应该"择善而从"，这里吕才已俨然一副可以教训玄奘的师者形象。

然而令人惊讶的是，玄奘面对吕才的公然挑衅，竟两个多月未做出任

---

[1] 据《资治通鉴》（卷200）载："（显庆五年）冬，十月，上初苦风眩头重，目不能视，百司奏事，上或使皇后决之。后性明敏，涉猎文史，处事皆称旨。由是始委以政事，权与人主侔矣。"第6322页。

[2] 关于吕才的行年著述，可参见侯外庐《中国思想通史》（第四卷·上册）第二章第一节，人民出版社，1957。

[3] 《大慈恩寺三藏法师传》，第168～169页。

何回应，以至吕氏之论"媒炫公卿之前，嚣喧闾巷之侧"①。最后，还是玄奘的译经僧慧立作书向左仆射于志宁求助，才使得"其事遂寝"。但仍有朝臣认为此事不能就此不了了之，冬十月丁酉，太常博士柳宣致书玄奘的僧徒，期望僧人们能对吕才的攻击做一个说明，柳宣在《檄译经僧众书》中称："若其是也，必须然其所长；如其非也，理合指其所短……朝野俱闻吕君请益，莫不侧听泻瓶，皆望荡涤掉悔之源，销屏疑忿之聚。"②玄奘一方在三天后，由明浚回复，严厉批评吕才"岂得苟要时誉，混正同邪"，意即吕才乃沽名钓誉之徒，其著述是胡说八道以混淆视听的。这激起吕才辩论的冲动，经高宗准许，"群公学士等往慈恩寺请三藏与吕公对定"，最终的结果是"吕公词屈，谢而退焉"③。

其实，只要我们稍加思索，就会发觉该事件里有疑点：第一，吕才在唐太宗时期因精通音乐而得到赏识，至永徽年间也仅是太常丞④，无论官阶还是学养都算不上优等，如若不是有强大的后台支持，何以能如此突兀且十分嚣张地挑战圣僧玄奘的权威呢？而处境尴尬的玄奘，又为何在半年多时间里一直保持沉默呢？众所周知，玄奘无比珍视自己的佛教学说，且拥有圆通无碍的辩才，在印度"无遮大会"期间，他极自信地表示"若其间有一字无理能难破者，请斩首相谢"⑤。然而，这个为了学术尊严不惜以死相谢的玄奘，为什么这一次面对吕才的肆意侮辱却一再隐忍吞声？玄奘的顾虑究竟是什么呢？第二，这件事的解决方法也着实耐人寻味。先是玄奘的学生慧立实在不忍，挺身替老师向于志宁求助，在于志宁的干涉下，"其事遂寝"。这种不了了之的解决，似乎也很合玄奘的意愿（至于后来双方论辩，则是吕才自不量力主动请求的结果）。那么，处在斗争焦点的玄奘，为什么一直回避正面处理这件事呢？第三，"吕才事件"仅见载于《大慈恩寺三藏法师传》，唐代的其他文献都没有相关记载，甚至连

---

① 《大慈恩寺三藏法师传》，第 170 页。
② 《大慈恩寺三藏法师传》，第 172 页。
③ 《大慈恩寺三藏法师传》，第 178 页。
④ 详见《音乐志》（一），《旧唐书》卷二十八，第 1047 页。以及《吕才传》，《旧唐书》卷七十九，第 2720 页。
⑤ 《大慈恩寺三藏法师传》，第 108 页。

确知此事的道宣①，在后来的《续高僧传·玄奘传》时也绝口不提此事。这种种疑问，都让我们隐隐觉得是有更强大的势力在暗中参与，以致当事人和旁观者都三缄其口。

"吕才事件"应该是高宗、武后幕后设计的，近臣吕才只是充当"打手"，陷玄奘于难堪，以图迫使玄奘理屈词穷而主动屈服皇权圣意。从结果来看，事件的"落败者"——表面看是吕才，实则为高宗、武后，确乎由此更加体察到玄奘智慧的高深及其思维的难以驾驭，以至在此之后，统治者进一步加强了对玄奘的管控。至于事件的"胜利者"——玄奘，只是暂时赢回了他权威的尊严，其日后的遭遇却由此而越发困顿了。"吕才事件"的第二年，即显庆元年（656），朝廷派六大臣监督译事②，这是皇家对玄奘监控的加强，也侧面反映出统治者对玄奘宗教权威地位的恐惧。

2. 伴驾洛阳

巧合的是就在高宗皇帝加强监管玄奘的这一年夏五月，玄奘旧疾——冷病复发，以致几乎不起，这也许是玄奘忧惧自己与皇家的紧张关系而旧病复发，亦未可知。不过，从文献中我们可以清楚地看到，唐高宗当时还派了御医给玄奘诊疗。玄奘也在病愈后不久便以武后临盆为契机，积极为武后祈福，以缓和与皇家的紧张关系。据《大唐三藏大遍觉法师塔铭并序》记载：

> （显庆元年）冬十月，中宫方妊，请法师加祐。既诞，神光满院，则中宗孝和皇帝也。请号为佛光王，受三归，服袈裟，度七人。请法师为王剃发。③

① 道宣在《广弘明集》里收录了柳宣的《橄译经僧众书》及译经僧明浚对此的答书，故道宣是确知吕才事件的。详见《大正藏》（第52册），第260~261页。
② 据《大慈恩寺三藏法师传》卷八，高宗敕曰："大慈恩寺僧玄奘所翻经、论，既新翻译，文义须精，宜令太子太傅尚书左仆射燕国公于志宁、中书令兼检校吏部尚书南阳县开国男来济、礼部尚书高阳县开国男许敬宗、守黄门侍郎兼检校太子左庶子汾阴县开国男薛元超、守中书侍郎兼检校右庶子广平县开国男李义府、中书侍郎杜正伦等，时为看阅，有不稳便处，即随事润色。若须学士，任量追三两人。"第179页。
③ 《全唐文》卷七四二，第7684页。

玄奘为武后祈福，并借机祈请皇子出家，一方面是出于缓和自己与帝、后
的紧张关系的考虑，同时，也是为了将来能得到一位皇室成员的庇护，其
思虑可谓深远。围绕着"佛光王"一事，玄奘受到的最高礼遇是在显庆
二年（657），他奉命随驾洛阳，据《大唐三藏大遍觉法师塔铭并序》
记载：

> 显庆二年春二月，驾幸洛阳，法师与佛光王发于驾前，既到，馆
> 于积翠宫。①

由上述记载可知，玄奘因在武后诞子的过程中"护佑有功"，而在帝后
驾幸东都时得到随驾的殊荣，且礼遇非常高，即"法师与佛光王发于
驾前"。

然而，唐高宗和武后这次优礼玄奘，似乎有更深远的打算。事实上，
在洛阳的一年时间里，帝、后对玄奘的态度十分疏淡，玄奘住在城西的积
翠宫，而帝、后住在城北的洛阳宫，双方近距离相处的时间并不多，无
依、无助、无援的玄奘，生活陷入窘境，以至患病都得不到医药救治，竟
被迫私自出宫求医。《大慈恩寺三藏法师传》卷九，记载了他事后给高宗
的表奏：

> 玄奘摄慎乖方，疾疗仍集。自违离銮跸，倍觉婴缠，心痛背闷，
> 骨酸肉楚，食眠顿绝，气息渐微，恐有不图，点秽宫宇。思欲出外自
> 屏沟壑，仍恐惊动圣听，不敢即事奏闻。乃有尚药司医张德志为针
> 疗，因渐疗降，得存首领。还顾专辄之罪，自期粉墨之诛……②

事实上，高宗对玄奘此次私自出宫求医，是极为不满的，据《大慈恩寺
三藏法师传》称"帝闻不悦"③。而玄奘的进表称：是因为自觉病情深
重，恐有不测，害怕玷污了宫廷，所以才悄悄离宫的。玄奘的解释诚惶诚

---

① 《全唐文》卷七四二，第 7684 页。
② 《大慈恩寺三藏法师传》，第 211 页。
③ 《大慈恩寺三藏法师传》，第 211 页。

恐，让人觉得既蹩脚又可怜，这便不难推想平日帝、后对他是何其漠视。再从这一次高宗派的御医等级看，是尚药司医张德志，正八品，较前一年武后怀孕期间，为玄奘治疗冷病的尚药奉御蒋孝璋（正五品）相比，已经明显是怠慢和轻忽了。其实，居洛期间，玄奘受到了严格管控，连他要回乡改葬父母，高宗也仅给了三天假，由于时间实在太过局促，迫使玄奘又再次奏请皇帝延长假期。

3. 错位的人事安排与权威地位的终结

从洛阳回到长安后，高宗对玄奘的错位安排，更是匪夷所思。据《大慈恩寺三藏法师传》卷十记载：

> 显庆三年（658）正月，驾自东都还西京，法师亦随还……秋七月，敕法师徙居西明寺……敕遣西明寺给法师上房一口，新度沙弥十人充弟子。①

玄奘在慈恩寺建成就被诏定为慈恩寺上座，至此时回长安，他的身份仍是慈恩寺上座。而新落成的西明寺（显庆三年夏六月营造功毕）的上座是道宣，寺主是神泰，维那是怀素。② 那么，高宗让慈恩寺的上座玄奘住进西明寺，身份只是一名普通和尚，这样的人事安排实在令人费解。而且，道宣本就与玄奘不睦，很早便从玄奘的弘福寺译场退出，他后来撰写的《续高僧传·玄奘传》，其中也明显含有对玄奘的不满和人格攻击。③高宗任命道宣担任新落成的官方寺院——西明寺的上座，将玄奘充为该寺普通和尚，一方面是使用行政手段强行打压玄奘的佛教权威地位，另一方

---

① 《大慈恩寺三藏法师传》，第 214～215 页。
② 《佛祖统纪》卷四十："二年（657），敕建西明寺……诏道宣律为上座，神泰法师为寺主，怀素为维那。"第 921～922 页。
③ 在《玄奘传》里，道宣说："今所翻传都由奘旨，意思独断出语成章。"此外，《续高僧传》卷四将《玄奘传》与《那提传》并举，实也暗含有诋毁玄奘之意。《那提传》中明确说："有敕令于慈恩安置所司供给。时玄奘法师，当途翻译声华腾蔚，无有克彰，掩抑萧条，般若是难。既不蒙引返充给使……（那提）所赍诸经，并为奘将北出，意欲翻度，莫有依凭。"意思是那提在慈恩寺受玄奘压制，玄奘不仅没有汲引那提，还将其充为役使，并把那提携来的梵文经卷携至玉华寺，故造成那提意欲翻经时，无所依凭的窘境。《续高僧传》卷四，《大正藏》（第 50 册），第 456～459 页。

面也有扶持玄奘对立面，借道宣之手监管玄奘的意图。而且，玄奘住西明寺期间，身边没有既往追随他的弟子，只有十个新度的小沙弥，这显然是皇帝有意架空玄奘。

离开慈恩寺的译场，看不到取经带回来的梵经，身边也没有译经僧的协助，住在西明寺的玄奘，无奈之下，于显庆四年（659）奏请高宗，主动要求去陕北的玉华寺，据《重请入山表》载：

> ……自奉诏翻译一十五年，夙夜匪遑，思力疲尽，行年六十，又婴风疹，心绪迷谬，非复平常，朽疾相仍，前涂讵几？今讵既不任专译，岂宜滥窃鸿恩？见在翻经等僧并乞停废。请将一二弟子移住玉华，时翻小经，兼得念诵，上资国寝，下毕余年。并乞卫士五人依旧防守，庶荷宸造，免其僭庾。无任恳至，谨诣阙奉表以闻，轻触威严，伏深战惧。谨言。①

在表述了自己老迈衰朽之后，玄奘便自贬自疏，一方面他说不愿再"滥窃鸿恩"，请求皇帝停废翻经译场；另一方面，他希望能去陕北的玉华寺，仅带一两名弟子同往，可于空闲时翻译一些小经，以聊此余生。玄奘虽然没有明说，但他自愿离开京城，去僻远的玉华寺终其余生，实是相当于主动放弃慈恩寺主之位。这其中到底还有何隐情，我们不得而知，不过从后来玄奘给高宗的书信落款——"玉华寺僧玄奘"来看，玄奘的僧籍已转至玉华寺，且身份就是一名普通僧人。从现存文献我们可以看出，高宗还是很乐意让玄奘就此悄无声息地淡出人们视野的，诏敕回复得很痛快，"即以四年冬十月，法师从京发向玉华宫，并翻经大德及门徒同去，其供给诸事一如京下，到彼安置肃诚院焉"②。虽然准许玄奘继续翻经，但高宗仍旧严密监控玄奘，除了派"卫士五人"防守玉华寺外，还规定译经僧要定期回长安觐见述职。据《大唐故三藏玄奘法师行状》记载：

---

① 《大正藏》（第50册），《寺沙门玄奘上表记》，第826页。
② 慧立、彦悰：《大慈恩寺三藏法师传》，中华书局，2000，第215页。

> 至正月三日，法师又告门人："吾恐无常"……其有翻经僧及子
> 等辞向京觐省者，法师皆报云："汝宜好去，所有衣钵经书，并皆将
> 去，吾与汝别，汝亦不须更来，设来亦不相见。"①

由这一段文献，我们大体可以推知，直至玄奘圆寂的麟德元年（664），高宗一直都要求译经僧定期"向京觐省"，目的是对这个"逊位"的佛教权威严加监控。

玄奘于麟德元年（664）二月五日，在玉华寺圆寂，从正月初一玄奘预感自己将不久于人世，到正月初九跌倒伤足、卧病不起，直至最后迁化，在这一个多月的时间里唐高宗对玄奘都是极冷落的。《大唐故三藏玄奘法师行状》和《大慈恩寺三藏法师传》均记载高宗派遣的御医是在玄奘去世后才抵达玉华寺的，《大慈恩寺三藏法师传》中说：

> 法师病时，检校翻经使人许玄备以其年二月三日奏云："法师因
> 损足得病。"至其月七日，敕中御府宜遣医人将药往看。所司即差供
> 奉医人张德志、程桃捧将药急赴。比至，法师已终，医药不及。②

玄奘圆寂后遗体被送回慈恩寺安置，至四月十五日下葬，除了"葬事所须并令官给"③ 外，唐高宗竟没有赐给玄奘任何追荣，也没有一位皇室成员或当朝官员参加葬礼，更没人为玄奘写塔铭。然而，刘轲在《大唐三藏大遍觉法师塔铭并序》中，不知是出于何种原因，却对皇家给予不合事实的美化。

> 初高宗闻法师疾作，御医相望于道，及坊州奏至，帝哀恸，为之
> 罢朝三日……

事实上，高宗在二月三日得知玄奘病危，但他当时并没做出任何善

---

① 《大正藏》（第50册），《大唐故三藏玄奘法师行状》，第219页。
② 《大慈恩寺三藏法师传》，第225页。
③ 《大慈恩寺三藏法师传》，第225页。

举，直到四天之后，即二月七日，他才敕御医前往探病，而此时玄奘已离世了。基于文献的可信度来判断，《大慈恩寺三藏法师传》的作者慧立、彦悰以及《大唐故三藏玄奘法师行状》的作者冥详，都是追随玄奘的弟子，他们的记载更真切、翔实，要比 170 多年后刘轲的塔铭更为真实可信。

玄奘的坟就在白鹿原，没有塔铭或碑志，仅仅是"苕然白塔"罢了。但到了总章二年（669）高宗又突然下诏迁葬玄奘，理由是皇帝每每望见玄奘的白塔就伤心不已。据《大慈恩寺三藏法师传》（卷十）记载：

> 至总章二年四月八日，有敕徙葬法师于樊川北原，营建塔宇。盖以旧所密迩京郊，禁中多见，时伤圣虑，故改卜焉。①

高宗发坟改葬玄奘的理由是"伤圣虑"，这着实难让人信服。因为玄奘坟仅仅是一个覆钵式的白塔，并不是多么高大的建筑。从地图上看，白鹿原距离长安皇城至少有 25 公里②，唐高宗患有严重风眩病，他的目力应该是不及四五十里外的玄奘的小白塔。再退一步说，如果高宗真是出于"伤情"之心而迁葬玄奘，那最起码也应该给玄奘一些追荣，而事实却是，皇帝这一次连名分上的哀荣都没赐予玄奘！那么，高宗到底是出于内心何种考虑而又去折腾玄奘的遗体呢？

皇权险恶，在正面进攻玄奘无果的情况下，高宗、武后便在显庆二年带玄奘去洛阳，表面上看似乎是无比的恩宠，但实际上却并不是什么真正的恩典，玄奘更像是被皇帝近距离地监管，至于回京之后对玄奘故意错位安排，更是明显的贬抑，并最终迫使玄奘"自省"，主动请求去僻远的玉华寺翻译佛经。应该说，这是玄奘的识时务之举，相当于变相让出了佛教权威地位，满足了皇家的心愿。

余论：慈恩宗早衰的原因

玄奘开创了慈恩宗。在隋唐佛教各宗派里，慈恩宗最为接近印度佛学

---

① 《大慈恩寺三藏法师传》，第 227 页。
② 参考《中国历史地图集》（五），中华地图学社，1975，第 35~36 页。

本来面目的宗派，这与玄奘个人的学术经历有关。对此，吕澂先生已有详尽论述，这里就不再赘述了。① 然而问题是：既然慈恩宗是最为接近印度佛学本来面目的宗派，那么，为什么它在中华大地兴旺不过几十年，仅仅传承了四代②，其后便销声匿迹了呢？

慈恩宗（唯识宗③）的开宗可以追溯到玄奘，其后则由窥基继续发扬成派。以我们熟知的玄奘的学识、社会声望及皇家支持的传道条件，慈恩宗无论如何也不应该迅速衰亡。然而，事实却是，慈恩宗在唐初佛教的各大宗派中是最短命的。究竟是何原因造成慈恩宗的短命呢？对于这个令人费解的问题，学术界已有关注，比较有代表性的观点如下。胡适先生认为玄奘的法相唯识学不适合中国人的思维习惯，其钻牛角尖式的逻辑也不适合中国的语言表达，所以慈恩宗回归印度的"古典主义"护法运动，尽管得到了皇帝的支持，结果还是归于失败。④ 吕澂先生认为是由当时河洛地区的佛教宗派竞争激烈而导致慈恩宗"骤然衰落"，并且慈恩学说"和当时的'治术'不协调而间接受到打击"⑤。任继愈先生对此论述得更具体，他认为法相宗（即唯识宗）衰落的原因主要是不能为当时的统治者"向人民大众散发廉价的进入天堂的门票"，"法相宗把外来的上层建筑搬了来，不加改装，暂时靠某些外因，如帝王的提倡、政治的支持等，曾得到较好的传播的条件。由于它不能密切配合它的基础，到底生不了根，更不能发展"⑥。熊十力先生则从唐代佛教旧派势力对玄奘的冲击乃至诬毁角度，论述了慈恩宗的短命。⑦ 此外，还有学者认为慈恩宗的迅速衰落缘于玄奘不曾形成一个既有广泛的信众基础又有独立的组织系统的教团……总之，对于该论题的研究，学者们众说纷纭，莫衷一是。

事实上，各位学者从各自不同的角度阐发了慈恩宗"短命"的缘由，

---

① 详见吕澂《中国佛学源流略讲》，中华书局，1979，第 183～191 页。
② 详见第五章第一节关于洁相宗（慈恩宗）传承的论述。
③ 因慈恩宗的核心观念是认为"万法唯识"，所以也被称为唯识宗。
④ 详见胡适《中国中古思想小史》，胡适纪念馆，1969，第 106 页。
⑤ 详见《中国佛学源流略讲》，第 351～352 页。
⑥ 详见任继愈《中国哲学史》，人民出版社，1964，第 56 页。
⑦ 详见熊十力《境由心生·唐世佛学旧派反对玄奘之暗潮》，陕西师范大学出版社，2008，第 136～138 页。

都有一定道理。笔者通过分析相关文献，认为慈恩宗没能在中国大地长久畅行，根本原因在于皇权排斥。

纵观玄奘一生，他把宏通传译印度佛教原典作为自己的人生终极目标，又因为十分清楚封建皇权对佛教抑扬之巨大作用，即他所说的"外护建立属在帝王"①，故而，从印度归国的玄奘很清醒地去争取皇权的支持。在玄奘心中，只要能够进行着自己最珍视的翻经志业，他什么都可以舍弃，也愿意为皇家效劳。然而事与愿违，小心谨慎周旋在皇权与佛国理想之间的玄奘，并没有得到皇权的长久眷顾，他生前就切身感受到皇权的冷落，也很清醒地预测到其死后事业的惨景，所以在圆寂前他会说：

> "吾恐无常"……其有翻经僧及子等辞向京观省者，法师皆报云："汝宜好去，所有衣钵经书，并皆将去，吾与汝别，汝亦不须更来，设来亦不相见。"②

言下之意便是玄奘已经预知他死后，皇家必然会撤销玉华寺译场，遣散相关僧人，事实也确乎如此，据《大慈恩寺三藏法师传》卷十记载：

> 至三月六日，又敕曰："玉华寺玄奘法师既亡，其翻经之事且停。已翻成者，准旧例官为钞写；自余未翻者，总付慈恩寺守掌，勿令损失。其奘师弟子及同翻经先非玉华寺僧者，宜放还本寺。"③

此外，我们翻检文献，会惊讶地发现，玄奘的弟子们在当时就已被人所轻忽，以至玄奘的众多德才兼备的高徒们，时人竟全然不知其踪迹。如为玄奘撰写《大慈恩寺三藏法师传》的彦悰，据《宋高僧传》记载，后来"不知终所"④。高昌国僧人玄觉，随玄奘去玉华寺译经，他在玄奘圆寂前，曾于梦中预感玄奘将不久于人世，便"劝诸法侣竞求医药"，但玄

---

① 《大慈恩寺三藏法师传》，第 178 页。
② 《大正藏》（第 50 册），《大唐故三藏玄奘法师行状》，第 219 页。
③ 《大慈恩寺三藏法师传》，第 225 页。
④ 赞宁：《宋高僧传》卷四，中华书局，1987，第 74 页。

觉也是"后莫测终焉"①。还有晚年同玄奘翻译《大般若经》的嘉尚，深得玄奘信任，在玄奘临终前，受命整理、辑录玄奘一生翻经造像功德，后来也"不知所终"②。另外，在大慈恩寺一直苦心修行的明慧，也与玄奘的感情深厚，他在玄奘圆寂之夜，竟目睹了白虹"横跨东井"这样的玄奘亡故时的异兆，但明慧后来也是"未知终所"③。

这些深受玄奘影响，真心追随玄奘的高僧们，最后竟都以"不知所终"为结局，我们在疑惑之余，也大体可以想见出慈恩一派在当时佛教界的影响有限，势力很弱，以至于上述极精勤且极有才能的高僧们，湮没无闻，最终连人生的归止都无人留意。也许有人会说，上述高僧毕竟还不算是玄奘的一流高徒，那么，我们不妨也可以简要了解一下玄奘最器重的弟子窥基的境遇。

据李乂《大唐大慈恩寺法师基公碑》记载，窥基曾离开过长安，去他的祖籍地附近游历，后至五台山，"（窥基）曾于代郡五台山，造玉石文殊像，写金字般若经"④。窥基是第一位把唯识宗初祖弥勒菩萨供于五台山的高僧，也是第一位把五台山当成文殊道场的高僧，他大有把五台山当作唯识道场之意。据《广清凉传》卷中说，"慈恩和上……先化黑白五百余人"，明显是要组织本宗队伍，甚至窥基还有"极缘殆尽，何不就终于此"，意即人生不得于五台山圆寂的人生怅恨。那么问题是，窥基为什么没有在慈恩重地——长安大慈恩寺发展自己的教团势力，而要东渡黄河，经潼关、过蒲州、历平阳、游太原、临忻州，最后到五台山弘法呢？

原因是长安旧的佛教势力排挤了窥基，使他不得不离开矛盾中心——长安，回到祖籍地弘法。事实上，当时长安讲唯识学说的还有圆测，他本是新罗人，年轻时与玄奘是同学，在显庆三年，玄奘敕住西明寺，朝廷同时还简选了五十名高僧同住西明寺，圆测便是其中之一，后来俗称测师为"西明法师"，其学为"西明学系"，可见圆测的宗教地位也很了不起。西

---

① 《宋高僧传》卷二，第 24 页。
② 《宋高僧传》卷四，第 73 页。
③ 《宋高僧传》卷二十四，第 611 页。
④ 《全唐文补编》，第 339 页。

明系与慈恩系同讲唯识，但在"五种姓说"方面却观点截然对立。窥基对"五种姓"说特别崇尚，甚至将其推向极端，无疑把"无种姓"这部分人永远排除在佛门之外，慈恩系在窥基的唯识论说中便具有了非常明显的贵族化倾向。而圆测师承汉地旧学，坚决否定"五种姓说"，坚持"一阐提皆可成佛"的中华佛教论旨。很明显，西明系更具平民性，会赢得更多信徒，而慈恩系则因贵族气质自我孤立于民间。

不仅是在佛教界内部势单力薄，事实上，导致慈恩宗短命的最关键因素，是王朝统治者——武则天对"五种姓"理论的厌弃。众所周知，武氏本是前朝宫女，一步步地谋取后位，并最终成为王朝的实际统治者，她从政治实用主义出发，是非常希望意识形态方面能为其行为的正当性提供理论支持的。相比之下，武则天更愿意礼敬圆测，据崔致远《故翻经证义大德圆测和尚讳日文》记载："武后尊贤，实重之如佛。每遇西天开上，则征东海异人（圆测）俾就讨论……"① 甚至新罗国王多次表请，欲使圆测归国传教，都因武则天爱敬圆测及其学说，"优诏显扼"，执意挽留圆测，不令其回国。

慈恩系与西明系同讲唯识论，武则天倾心圆测一派，则慈恩系在长安境遇之尴尬，以及窥基远走五台山的原因，便不言自明了。且慈恩宗是学院派，崇尚理论推究，求索印度原典的真谛，这些都必须有强大的资金、人力、物力以及场地等方面的支持，方可维继，故而，玄奘曾明确说"外护建立属在帝王"②。在归国以后，玄奘把传译宏通印度佛教原典作为自己的人生终极目标，所以他十分清醒地去争取皇权的支持，只要能够进行着自己最重视的翻经志业，玄奘什么都可以舍弃，包括他的佛教权威地位。然而事与愿违，玄奘最终没能换取帝、后对其佛学事业的长期支持。

从高宗、武后的角度分析，他们最希望的是将这位宗教领袖纳入自己新政治格局的权势范围之内，但玄奘对此是无意参与的。实际上，玄奘是超尘脱俗的高僧，有着自己人格的独立性。为此，玄奘情愿过着青灯古佛

---

① 转引自陈景富《圆测与玄奘、窥基关系小考》，《南亚研究》1994 年第 3 期，第 19～20 页。

② 《大慈恩寺三藏法师传》，第 178 页。

的孤苦寂寥生活，也甘愿不远万里孤身西行，求取佛法，并将翻译印度原版佛经作为自己后半生的志业。

唐高宗和武后既无法将这位宗教领袖纳入新政治格局体系之内，便无意再推尊这位佛学大师了。且玄奘在百姓中有庞大的信众基础①，也在一定程度上令统治者感到不安，于是出于打压以至排斥玄奘佛教权威性的考虑，统治者最终便做出一系列摧抑玄奘及其教派的举动。由最初授意吕才挑衅到伴驾洛阳，近距离监管，再到困入西明寺，由佛教旧派势力统领；最后以至远放陕北玉华寺……可以说，高宗和武后一步步地实现了削弱玄奘影响力的目的，终迫使其悄然淡出公众视野。至于公开礼敬西明系的高僧，漠视慈恩派，则明显激化佛教旧学与新学的矛盾，助长西明系对慈恩系排挤的势头。

朝廷官员们应该是对"圣意"心领神会的，因而在相当长的时间里，人们对玄奘的遭遇都讳莫如深，以至玄奘下葬时，竟无一位当朝官员亲临送葬，也无一位朝臣愿意为玄奘传述功德懿行。事实上，唐初不乏崇佛高官，据《续高僧传》记载：秘书监萧德言为大庄严寺保恭撰碑；中台司藩大夫李俨撰《益州多宝寺道因法师碑文并序》；东宫洗马萧钧为普光寺玄琬制铭……而玄奘的塔铭却是在他圆寂后 175 年才得以镌成竖立。足见，高宗、武后时期的崇佛且能文的达官显贵们，在宗教信仰与世俗利益之间，不约而同地都倾向了俗世的富贵荣华，对待高僧玄奘的身后事，他们集体沉默了。

甚至可以说，在打压玄奘的问题上，当时社会上形成了一种肃杀氛围，以致人们在相当长的时间里，对玄奘的遭遇都讳莫如深。《大慈恩寺三藏法师传》的成书过程，更能让我们体察出当时人对玄奘其人其事噤若寒蝉的惶恐心理。据彦悰写的《大唐大慈恩寺三藏法师传序》记述慧立为玄奘作传的心路历程：

（慧立）睹三藏之学行，嘱三藏之形仪，赞之仰之，弥坚弥远，

---

① 据《大唐三藏大遍觉法师塔铭并序》记载，玄奘在民间有巨大的宗教感召力，其回国伊始，便是"自朱雀至宏富十余里，倾都士女，夹道鳞次"。后来玄奘回乡改葬父母，"洛下道俗赴者万余人"。《全唐文》卷七四二，第 7683～7684 页。

> 因循撰其事，以贻终古。及削稿云毕，虑遗诸美，遂藏之地府，代莫
> 得闻。而后役思缠疴，气悬钟漏，乃顾命门徒，掘以启之，将出
> 而卒。①

慧立作传的起因是由于敬仰玄奘大师的学行，恐其事迹淹没不传（玄奘大师连塔铭都没有），便"撰其事"，以图"贻终古"。然而，书稿写成后，慧立却将稿子"藏之地府"，直到临终弥留之际，才告诉门徒发掘书稿，自己却没等到书稿被掘出，便死去了。既然是欲"贻终古"，为何将稿子"藏之地府"，并保守秘密直至临终之际呢？彦悰一句"代莫得闻"，透露了其中的玄机，暗示出慧立有意隐藏此书，不愿别人知道有此书稿的心理。

《大慈恩寺三藏法师传》的第二作者——彦悰，开始也是坚决拒绝慧立的徒弟让其续书的要求的。据《大唐大慈恩寺三藏法师传序》记述：

> 因命余以序之，迫余以次之。余抚己缺然，拒而不应。因又谓余
> 曰：佛法之事岂预俗徒，况乃当仁苦为辞让？余再怀惭退，沉吟久
> 之，执纸操翰……②

很明确，开始彦悰对续书一事坚决拒绝，经过慧立弟子几番苦劝，并致以"当仁苦为辞让"（职责所在，为何坚意推辞）的质疑，最终令其惭愧，彦悰最后犹豫很久，才同意续成该书的，而且颇不寻常的是，彦悰在垂拱四年（688）完成该书以后，便从公众视野里消失了，《宋高僧传》称其"不知所终"。慧立和彦悰的种种反常行动，如果不是慑于统治者的淫威，出于自危自保的心理，则很难再有其他解释了。

封建时代佛教宗派的命运往往取决于皇权的眷顾。唐高宗、武后不断打压玄奘，以致其晚境困顿，后事凄凉，慈恩宗迅速衰亡也导源于此。

---

① 《大慈恩寺三藏法师传》，第 1 页。
② 《大慈恩寺三藏法师传》，第 1 页。

第三节　三位"六祖"塔铭与"定祖之争"

中国禅宗尊菩提达摩为始祖，其后二祖慧可、三祖僧璨、四祖道信、五祖弘忍，代代单传，世所公认，没有疑问。但在六祖的身份确定上，却出现了激烈争议，这就是禅宗历史上著名的"定祖之争"。从塔铭文献的记载看，被唐人尊称为六祖的共有三位：神秀、慧能和法如。其中，神秀和慧能是大家都知道的，被称作"南能北秀"，唯有法如，知者不多。其实，如果我们仔细梳理一下这几位高僧的塔铭以及相关的历史文献，就会发现作为弘忍的弟子——神秀、慧能和法如，他们在世时候，彼此间的关系还是很和睦的，反倒是他们各自的嗣法弟子——普寂、神会和元珪，围绕着"究竟谁是禅宗的第六代祖师"这个问题，争论不休。事实上，这场"定祖之争"是元珪、普寂和神会出于对个人名分和各自宗派长远利益的考虑，借由五祖弘忍临终付法的模糊表态，而硬性生发出来的。

一　重温一段公案

开元二十年（732），在滑州的治所滑台（白马）的大云寺，神会设无遮大会（僧俗贵贱皆可参加的法会），同禅宗北宗的代表崇远禅师展开过一场激烈的辩论，史称"滑台辩论"。神会在论辩伊始，就开宗明义说："神会今设无遮大会兼庄严道场，不为功德，为天下学道者定宗旨，为天下学道者辨是非。"①

事实上，神会与北宗禅师争论的焦点集中在两个方面。第一，五祖弘忍的法嗣究竟是谁？到底是神秀，还是慧能？

据《菩提达摩南宗定是非论》记载：

> 远法师言："请为说六代大德是谁？并叙传授所由。"
> 和上答："后魏嵩山少林寺有婆罗门僧，字菩提达摩，是祖师。达摩在嵩山将袈裟付嘱与可禅师，北齐可禅师在山兒山将袈裟付嘱与

---

① 杨曾文编校《神会和尚禅话录》，中华书局，1996，第21页。

璨禅师，隋朝璨禅师在司空山将袈裟付嘱与信禅师，唐朝信禅师在双峰山将袈裟付嘱与忍禅师，唐朝忍禅师在东山将袈裟付嘱与能禅师。经今六代。内传法契，以印证心；外传袈裟，以定宗旨。从上相传，一一皆与达摩袈裟为信。其袈裟今在韶州，更不与人。余物相传者，即是谬言。又从上已来六代，一代只许一人，终无有二。纵有千万学徒，亦只许一人承后。"①

神会在这里不仅详细叙述了每一代祖师受印可的地点，还极力强调达摩袈裟是禅宗内部师资承传的信物，并将中土六代禅宗祖师传衣相承，与西天佛祖传金阑袈裟做类比，以暗示其符合原始佛教承传惯例。他说："法虽不在衣上，表代代相承，以传衣为信，令弘法者得有禀承，学道者得知宗旨，不错谬故。昔释迦如来金阑袈裟，见在鸡足山，迦叶今见持此袈裟，待弥勒出世，分付此衣，表释迦如来传衣为信。我六代祖师亦复如是。"②

第二，禅宗的修习方式是渐修还是顿悟？《菩提达摩南宗定是非论》记载了神会对渐修与顿悟差别的认识。

　　今言不同者，为秀禅师教人"凝心入定，住心看净，起心外照，摄心内证"。缘此不同。
　　……
　　此是愚人法。离此调伏不调伏二法，即是能禅师行处。是故经云：心不住内，亦不在外，是为宴坐。如此坐者，佛即印可。从上六代已来，皆无有一人"凝心入定，住心看净，起心外照，摄心内证"。
　　……
　　皆为顿渐不同，所以不许。我六代大师，一一皆言"单刀直入，直了见性"，不言阶渐。夫学道者须顿见佛性，渐修因缘，不离是生而得解脱。譬如其母，顿生其子，与乳渐养育，其子智慧，自然增长。顿悟见佛性者，亦复如是，智慧自然渐渐增长，所以不许。

① 《神会和尚禅话录》，第27页。
② 《神会和尚禅话录》，第29页。

……

若教人坐，"凝心入定，住心看净，起心外照，摄心内证"者，此障菩提。今言坐者，念不起为坐；今言禅者，见本性为禅。所以不教人坐身住心入定。①

神会先阐释了神秀北宗禅法与慧能南宗禅法的最大差别，即北宗教人修道之法是"凝心入定，住心看净，起心外照，摄心内证"，而这被神会指斥为"愚人法"，并明确说修禅者应"心不住内，亦不在外"，所谓禅者，"见本性为禅"。然后，神会借用母亲生养孩子为喻，解释悟道须"单刀直入，直了见性"，其后则须渐修以增长智慧。

据《菩提达摩南宗定是非论》记载，双方论辩结果是崇远法师"结舌无对"②，词穷落败。其实如果我们分析一下这场辩论的两个焦点问题，就不难发现神会还是有破绽的。

首先，关于佛衣承传问题，中唐诗人刘禹锡在《佛衣铭并序》里说得再明白不过，"……俗不知佛，得衣为贵。坏色之衣，道不在兹。由之信道，所以为宝。六祖未彰，其出也微。既还狼腒，憬俗蚩蚩。不有信器，众生曷归。是开便门，非止传衣"。③ 意即五祖传佛衣给慧能，是为了让他在辟远的南方，可以凭借着达摩袈裟取信于民众，使人们能心无疑虑地信从慧能。故而，佛衣只是传法的"信器"，是为了让民众皈依禅法而开的"方便门"，并非弘忍法定继承人的标志物。对此，神会心里其实也极其清楚，在贾𫗧《扬州华林寺大悲禅师碑铭并序》中，记载了神会对佛衣的真实看法。

神会曰："衣所以传，信也，信苟在法，衣何有焉？"他日请秘于师之塔庙，以熄心竞。传衣繇是遂绝。④

---

① 《神会和尚禅话录》，第29～31页。
② 《神会和尚禅话录》，第41页。
③ 《全唐文》卷六〇八，第6145页。
④ 《全唐文》卷七三一，第7546页。

可见，就连神会自己也同意师资传承的关键在于佛法本身，而不是佛衣。假如佛法能取信于人，为大众所崇信，那么佛衣就没有留存价值了。又因为要避免后世学人不专心求道，反为争佛衣而起"心竞"，神会后来便把佛衣藏起来，从此禅宗的师资相传就不再以佛衣为凭据了。

至于"顿渐之争"，其实就连神会自己都承认顿悟和渐修是禅宗的两种修行方式，方式不同，目标却是一致的，都为了学人"见性成佛"。顿悟和渐修只是开悟的"方便之门"，是修行过程中的两种方式，用他自己的话说是"夫学道者须顿见佛性，渐修因缘"，就是说顿悟与渐修都不能偏废。

神会执意要"为天下学道者定宗旨，为天下学道者辨是非"，实际上弄出来的是只能掩人一时耳目的假命题。神会的根本意图是要为自己的老师慧能争取六祖名分，而他之所以要大张旗鼓地在佛法重镇河南挑起南、北禅法的辩论，原因在于当时社会上已经有两位"禅宗六祖"了，神会想推翻此前的既定事实，进而推尊慧能，就必须在佛教界挑起轩然大波。

二　塔铭中的三位"六祖"

从现存的塔铭文献记载看，被唐人尊称为六祖的共有三人：神秀、慧能和法如。神秀和慧能被称作"南能北秀"，唯有法如，知者不多，所以我们先来看一下关于法如的记载。

嵩山法如被推尊为六祖，明确记载于其弟子元珪的塔铭里。

> （法如）大师即黄梅忍大师之上足也。故知迷为幻海，悟即妙门。此一行三昧，天竺以意相传，本无文教，如来在昔密授阿难，自达摩入魏，首传惠可，可传粲，粲传信，信传忍，忍传如，至和尚（元珪）凡历七代，皆为法王。①
> ——智严《大唐中岳东闲居寺故大德珪和尚纪德幢》

也许人们会觉得智严所作的塔铭，是"法如六祖说"的孤证。其实不然，

---

① 《全唐文补编》，第 360～361 页。

在登封市少林寺东一公里处，存有法如的塔，其塔内至今尚有题为《唐中岳沙门释法如禅师行状》的石碑。据碑文记述：

> 南天竺三藏法师菩提达摩，绍隆此宗，步武东邻之国，传曰神化幽迹，入魏传可，可传粲，粲传信，信传忍，忍传如，当传之不言者，非曰其人，孰能传哉？至咸亨五年，祖师灭度，始终奉侍，经十六载。①

此碑立于唐永昌元年（689），比推尊神秀的《大照禅师塔铭》要早 50 年，比推尊慧能的《六祖能禅师碑铭》更是早了 50 多年。事实上，法如的佛学造诣十分高深，北宗的两大禅学宗师普寂和义福，起初也都极其崇拜法如，他们原本都想去参学法如，又都因为行至半路而得知法如去世的消息，才转而投奔神秀座下的，这在他们二人的塔铭里有很清晰的记述。

> （普寂）将寻少林法如禅师，未臻止居，已承往化，追攀不及，感绝无时。芥子相投，遇之莫遂，甘露一注，受之何阶？翌日，远诣玉泉大通和上，膜拜披露，涕祈咨禀。②
>
> ——李邕《大照禅师塔铭》
>
> 时嵩岳大师法如，演不思议要用，特生信重，夕惕不遑。既至而如公迁谢，怅然悲愤，追践经行者久之……闻荆州玉泉道场大通禅师以禅惠兼化，加刻意誓行，苦身励节，将投胜缘……既谒大师，率呈操业，一面尽敬，以为真吾师也。③
>
> ——严挺之《大智禅师碑铭并序》

由这两篇塔铭可知，在神秀的两位最杰出弟子——普寂和义福的心目中，首肯的禅学大师是法如，只因追攀不及，他们才转而去参学神秀的。至于推尊慧能为六祖的神会，其一生以南阳为传法重镇，且长期在洛阳、

---

① 《唐文拾遗》，见《全唐文》，第 11123 页。
② 《全唐文》卷二六二，第 2658 页。
③ 《全唐文》卷二八〇，第 2842 页。

滑台（今河南滑县）等地的寺院住持，我们依常理推断，他应该也很清楚河南境内的禅学老前辈——法如的法统地位。

然而令人迷惑的是，在清楚法如地位的前提下，普寂和神会却不约而同，相继推尊自己的老师为禅宗六祖。先是普寂，他没有理会佛界内部尊奉法如的事实，而是尊自己的老师神秀为禅宗六祖，自己为七祖，相关文字记载见于李邕撰写的《大照禅师塔铭》中。

> （普寂）诲门人曰："吾受托先师，传兹密印，远自达摩菩萨导于可，可进于璨，璨钟于信，信传于忍，忍授于大通，大通贻于吾，今七叶矣……"①

这段话是普寂临终前（开元二十七年秋，739）说的，可以看出他是以禅门嫡传自居的。又因为当时皇家对神秀、普寂等北宗禅师崇敬有加，神秀被尊为"两京法主，三帝国师"②，普寂也是唐中宗钦定的继神秀之后的统法高僧③，故而，普寂的说法很受当时人们的重视，许多塔铭作者都依普寂的说法，叙述禅宗的传承世系，著名的有王缙《东京大敬爱寺大证禅师碑》、李华《故左溪大师碑》、独孤及《舒州山谷寺觉寂塔隋故镜智禅师碑铭并序》等，这表明当时的文人士大夫们，普遍认可神秀为六祖的说法。

稍后，针对普寂的"六祖说"，神会也给予了激烈驳斥。他以禅宗祖师代代相传的佛衣袈裟为物证，力争自己的老师慧能才是真正的禅宗第六代宗师。为此，他特地请当时著名的诗人王维，给慧能撰写了碑铭，其中记载了五祖弘忍"传衣"的情节。

---

① 《全唐文》卷二六二，第 2659 页。

② 详见张说《唐玉泉寺大通禅师碑铭并序》记载：久视年中，禅师（神秀）春秋高矣，诏请而来，跌坐觐君，肩舆上殿，屈万乘而稽首，洒九重而宴居。传圣道者不北面，有盛德者无臣礼，遂推为两京法主，三帝国师。《全唐文》卷二三一，第 2335 页。

③ 详见李邕《大照禅师塔铭》记载：神龙中，孝和皇帝诏曰：'……僧普寂，凤参梵侣，早筮法筵，得彼髻珠，获兹心宝。但释迦流通之分，终寄于阿难；禅师开示之门，爰资于普寂。宜令统领徒众，宣扬教迹，俾夫聋俗，咸悟法音。'"《全唐文》卷二六二，第 2658～2659 页。

（弘忍）临终，遂密授以祖师袈裟，而谓之曰："物忌独贤，人恶出己。吾且死矣，汝其行乎！"禅师遂怀宝迷邦，销声异域。①

——王维《六祖能禅师碑铭》

开元二十八至二十九年间（740～741）②，王维以殿中侍御史的身份知南选，并在南阳与神会首次见面。他为神会的辩才所打动，在此后相当长的时间里两人一直保持着联系。《六祖能禅师碑铭》就是王维应神会之请，依据神会的叙述，为慧能撰写的。这是文献中第一次详细地描述了五祖"传衣"的具体情节，为五祖付法蒙上了一层传奇色彩。故事讲得非常耐人寻味，其中"物忌独贤，人恶出己"一句，暗示出了慧能当时遭人嫉妒，是不得以才南行的。而我们综合神会一生与北宗争竞名位的经历看，他授意王维在文中所说的"恶出己"者，应该暗指北宗僧众。

三 "定祖之争"的经过

从上述文献我们不难发现，争夺六祖名分的并不是禅宗的第六代传人，而是第七代禅宗的学人们有意制造出来的。元珪、普寂与神会在这场"定祖之争"中各自采取了自家攻防策略。

元珪推尊法如，走的是佛教界内部公推认可的路线。在《唐中岳沙门释法如禅师行状》里，就记述了当时各地高僧齐聚少林寺，推举法如为佛教领袖的具体情境。

垂拱二年，四海标领僧众，集少林精舍，请开禅法。佥曰："始自后魏，爰降于唐，帝代有五，年将二百，而命世之德，时时间出，咸以无上大宝，贻诸后昆。今若再振玄纲，使朝闻者光复正化！"师闻请己，辞对之曰："言寂则意不亡，以智则虑未灭。若顺诸贤之命，用隆先胜（圣）之道，如何敢矣！"犹是谦退三让，久乃许焉。③

---

① 《全唐文》卷三二七，第 3313～3314 页。
② 此处据陈允吉《王维与南北宗禅僧关系考略》，《文献》1981 年第 2 期，第 58～59 页。
③ 《唐文拾遗》，见《全唐文》，第 11123 页。

我们由此可以看出，法如在禅宗史上的地位是当时的佛界齐聚少林寺，共同推举出来的。

普寂一直活动在两京地区，他凭借皇权眷顾的优势，走高端路线推尊神秀，最终成功地得到了皇家的肯定，普寂本人也成为唐中宗钦定的统法高僧。

> 神龙中，孝和皇帝诏曰："……僧普寂，夙参梵侣，早荷法筵，得彼髻珠，获兹心宝。但释迦流通之分，终寄于阿难；禅师开示之门，爰资于普寂。宜令统领徒众，宣扬教迹，俾夫聋俗，咸悟法音。"①

毫无疑问，在封建社会，皇权是最高权威，对社会舆论有着导向作用，皇权的认可，就成为"定祖之争"的最重要筹码。借由皇权的青睐，以及上有所好，下必甚焉的效应，普寂的北宗禅名震京师，也正是由于声势浩大，使得当时上至皇亲国戚，下至黎民百姓，普遍都不假思索地赞同北宗是禅门权威，神秀是禅宗六祖，普寂是其嗣法高僧。

元珪等少林弟子尊法如为六祖，得到佛界内部的承认；普寂推尊神秀，有着官方和民间的支持。如此一来，让同样有着名分争夺意愿的神会面临的任务就显得艰巨很多。事实上，在争竞"六祖"名号的过程中，神会既没有元珪获得教界首肯的顺利，也没有普寂得到皇权青睐的幸运，他走了一条曲折的自下而上的道路。

神会先是扩大南宗在平民百姓中的声望，借此吸引并结交了当时许多文人士大夫，著名的有户部尚书王琚、礼部侍郎苏晋、燕国公张说、吏部侍郎苗晋卿、嗣道王李炼、吏部郎中王维、给事中房琯等。又因为神会本人的学识渊博、口才出众，使得这些人对南宗学说产生了极大兴趣，神会便借机扩大了南宗禅在士大夫阶层的声望。王维就是应神会之请，给慧能撰写了第一篇碑铭——《六祖能禅师碑铭》，文中首次提出慧能才是得五祖弘忍真传的嗣法弟子，这标志着士大夫心中开始认同了南宗禅的正统地

---

① 《全唐文》卷二六二，第 2658～2659 页。

位。此外，兵部侍郎宋鼎、给事中房琯也都为荷泽寺内的慧能灵堂撰写了碑记。不过，在相当长的一段时间内，认同南宗的官僚士大夫阶层并没有接引神会获取皇权的认可，实际情况是神会连连遭到当局迫害，他本人可谓是受尽了人间苦难。据宗密《圆觉经大疏钞》卷三《神会传》，神会在"滑台辩论"之后，"便有难起，开法不得"。其实神会不仅是不能再开法筵，而且还遭到人身迫害，《圆觉经大疏钞》卷三《神会传》载：

> （神会）直入东都，面抗北祖，诘普寂也。龙鳞虎尾，殉命忘躯。侠客沙滩，五台之事，县官白马；卫南卢、郑二令文事，三度几死。商旅缧服，曾易服执秤负归。①

这一段大体讲神会因侠客之事以及卫南县卢、郑两位县令的文书之事，被送往白马县衙受官司，并身陷官衙中，久处不决（"县官"即"悬官"），还遭到人身迫害，前后三次几乎丧命。后得商旅救护，才得以脱离此难。

转机出现在"安史之乱"期间。当时，神会不顾自己年老体衰，亲自出面为唐政府售卖度牒②，凭借个人在民间的声望，神会筹集了大量军饷，缓解了军需粮草供应困难。据《宋高僧传·神会传》记载：

> 初洛阳先陷，会越在草莽，时卢弈为贼所戮，群议乃请会主其坛度。于时寺宇宫观，鞠为灰烬，乃权创一院，悉资苫盖，而中筑方坛。所获财帛顿支军费。代宗、郭子仪收复两京，会之济用颇有力焉。③

出于感激神会不计此前官司之嫌，在唐军最危难的时候，以老迈之躯度僧鬻牒，筹集军饷，唐肃宗在"安史之乱"尚未结束时就给予神会特别嘉

---

① 宗密：《禅源诸诠集都序》，中州古籍出版社，2008，第164页。
② 所谓"度牒"，是指唐代僧尼出家必须由尚书省的祠部颁发出家证明，该证明也被称为"祠部牒"。可参见曹旅宁《唐代度牒考略》，《陕西师范大学学报》1990年第2期，第74~77页。
③ 《宋高僧传》卷八，第180页。

奖。《宋高僧传·神会传》记载：

> 肃宗皇帝诏入内供养。敕将作大匠并功齐力，为造禅宇于荷泽寺中是也。①

虽然，神会到死也没能回到肃宗在洛阳为他建造的荷泽寺②，但他为弘传南宗禅法，推尊慧能，而苦心孤诣奋斗了一生，最终换来了皇权对南宗正统地位的认可。据神会弟子慧空撰写的《大唐东都荷泽寺殁故第七祖国师大德（神会）于龙门宝应寺龙岗腹建身塔铭并序》：

> 粤自佛法东流，传乎达摩，达摩传可，可传璨，璨传道信，信传弘忍，忍传慧能，能传神会，宗承七叶，永播千秋。③

此碑立于永泰元年（765）十一月十五日，不仅写明慧能是弘忍的嗣法弟子，还第一次称神会为七祖。皇家钦定的禅宗谱系则在稍后，据宗密《禅门师资承袭图》载：

> 德宗皇帝贞元十二年（796），敕皇太子集诸禅师，楷定禅门宗旨，搜求传法傍正。遂有敕下，立荷泽大师为第七祖，内神龙寺见在铭记。又御制七代祖师赞文，见行于世。④

贞元十二年（796），唐德宗正式下诏认定南宗禅为中土禅的正统，并追认神会是第七代祖师，自此官方不再推尊神秀，转而膜拜慧能一系的南宗禅，这最终成为社会共识，其后的高僧塔铭基本都认同慧能为五祖弘忍的嫡传弟子，著名的塔铭有柳宗元的《曹溪第六祖赐谥大鉴禅师碑并

---

① 《宋高僧传》卷八，第 180 页。
② 神会死于公元 758 年，时"安史之乱"尚未平息，洛阳处在双方争夺之中：公元 757 年十月，唐军收复洛阳，公元 759 年九月，史思明再次反叛攻陷洛阳，公元 762 年十月，唐军重新收复洛阳。反复争夺使洛阳及其周边地区宫殿、佛寺、民宅都遭到极大破坏。
③ 《全唐文补编》，第 526 页。
④ 《禅源诸诠集都序》，第 110 页。

序》，刘禹锡的《曹溪六祖大鉴禅师第二碑并序》，权德舆的《唐故章敬寺百岩大师碑铭并序》《唐故洪州开元寺石门道一禅师塔铭并序》，白居易的《唐东都奉国寺禅德大师照公塔铭并序》，韦处厚的《兴福寺内道场供奉大德大义禅师碑铭》，裴休的《圭峰禅师碑铭并序》等。

余论："定祖之争"的深层原因

普寂和神会二人在"定祖之争"中，都避而不谈佛界公认的法如地位，又都去结交权贵，争取官方支持，神会甚至还违背个人真实认识，硬生生地制造出两个假命题打压北宗禅。从最终结果来看，法如是三位"六祖"中最默默无闻的；普寂为神秀争取"六祖"，仅取得了短暂的胜利；神会则是这场"定祖之争"的最终胜利者。在一定程度上，这也证明了普寂和神会比元珪走的路线更高明、更成功。那么究竟是什么原因，促使第七代禅僧要为各自的亡师争取"六祖"名位呢？

原因固然是多方面的，究其主要原因不外三个方面。首先是造成"定祖之争"的前提——是五祖弘忍打破了禅宗历代的单传惯例，他总共印可了十一名弟子。根据净觉的《楞伽师资记》（此书依据玄赜《楞伽人物志》写成，因该书是禅宗未分南北二宗时所写，故内容较公允可信）载，弘忍在临终前，谈到其后能够传法的弟子时说：

> 如吾一生，教人无数，好者并亡（这指是以前的事）。后传吾道者只可十耳。我与神秀论《楞伽经》，玄理通快，必多利益。资州（四川）智诜，白松山刘主簿（此人不详），兼有文性（除禅法外，文章也好）。华州（陕西）慧藏，随州（湖北）玄约，忆不见之。嵩山老安（慧安，因年龄大而称老），深有道行。潞州（山西）法如，韶州（广东）慧能，扬州（江苏）高丽僧智德，此并堪为人师，但一方人物。越州（浙江）义方，仍便将说……

这段话是向玄赜讲的，所以弘忍只说这十人，但在最后，他又补充说了玄赜也是他所印可的高徒：

汝（玄赜）兼行（禅、文），善自保爱，吾涅槃后，汝与神秀当以佛日再晖，心灯（指禅）重照。①

关于弘忍的遗训，杜朏的《传法宝纪》和作者不详的《历代法宝记》都有记载，差别只在《传法宝记》将法如与神秀并列，《历代法宝记》特别提出了慧能。虽然记载的侧重点不同，但总体上都承认上述十一人为弘忍的嗣法弟子。

其实，弘忍打破禅宗历来的单传惯例，认可更多的学生得悟真宗，并让他们散布到全国各地传播佛法，这本有利于禅宗弘传，也符合佛教广济众生的宗旨。然而让弘忍始料未及的是，他的遗训虽然得到亲传弟子的遵守，却给隔代弟子们留下了争执的空间。在第七代禅师看来，得弘忍印可的十一位禅师，都具有成为第六代禅宗领袖的资格，那么，究竟谁能继承禅宗大统，关键要看谁能争取到社会的普遍支持，尤其是皇家的首肯。于是，我们看到了元珪、普寂和神会为了"六祖"名位而演绎的这一场激烈的争夺。

其次，造成"定祖之争"的第二个原因，是六祖的名分直接决定着第七代禅师的地位，如果谁能为自己的老师争得六祖头衔，那么谁就顺理成章成为禅宗第七代传人。由于事关个人以及本门教派的利益，所以第七代禅师当然要为此争论不休了。

相比较而言，元珪、普寂和神会三人中，神会争夺"六祖"名位的行动最激切。原因主要是元珪与普寂为老师所作的塔铭是先写成的，文中尊奉各自的老师是六祖，自己则是继承法统的禅宗七祖。到了神会为慧能争取六祖名分的时代，佛界内部认可法如的六祖地位，官方和民间则推尊神秀是六祖，如果此时神会还是单纯利用塔铭来追述禅宗传承，势必难以引人瞩目。为了扭转世俗心中的观念，神会只能采用一系列更激切的策略了。我们在前面提到的神会弄出两个假命题与北宗辩论，原因正在于他要在北宗势力强大的京洛一带树立慧能南宗禅的声望，就必须凸显慧能禅学的优势，以吸引懵懂的民众皈依。故而，他以佛衣为信物，并大力宣讲简

---

① 引文中括号内文字系笔者所加。

单易行的"顿悟"式修行方式，无疑旨在取信于民，获得百姓的普遍支持。

其实，隐藏在"定祖之争"背后的最深层原因，却是教派间的利益之争，这也是造成"定祖之争"的第三个原因。也许，人们会认为佛家过的就是青灯古佛旁的吃斋诵经的生活。实则不然，唐代僧徒拥有极其丰润的产业，他们平日的生活享用让当时一些达官贵人都为之感叹。狄仁杰曾说：

> 今之伽蓝制过宫阙，穷奢极壮，画缋尽工，宝珠殚于缀饰，环材竭于轮奂……膏腴美业，倍取其多；水碾庄园，数亦非少。[1]
>
> ——《旧唐书·狄仁杰传》

寺院如此奢靡，所耗费的惊人财富，小部分源自寺院自身的经营所得，大部分则来自民间以及官方的无偿给予，其中又以皇室的赏赐占据最大比例（事实上，寺院自营的田产也多为皇家赐予的）。对此，我们可以从普寂的塔铭里窥见一斑。

> 是故闻者斯来，得者斯止，自南自北，若天若人。或宿将重臣，或贤王爱主，或地连金屋，或家蓄铜山：皆毂击肩摩，陆聚水咽，花苾拂日，玉帛盈庭。[2]
>
> ——李邕《大照禅师塔铭》

不难想象，"宿将重臣"和"贤王爱主"礼拜普寂，自然会施舍给他"玉帛盈庭"的巨额财富，而这些财富不仅可用来维系僧众的日常开销，还可以借此扩大自身在民间的影响，发展更多的信众，为本教派的长远发展提供可靠保障。

然而，并不是所有教派都能分得皇亲贵戚的恩泽，最终能得到皇家青睐的教团毕竟只是少数，所以，教团领袖从本派发展的长远利益出发，就

---

[1] 《旧唐书》卷八十九，第2893页。
[2] 《全唐文》卷二六二，第2659页。

必须设法争取到皇权的惠顾。这时，他们不约而同地想到了利用门阀世系的观念。我们都知道，中国封建社会十分讲究门第观念，在唐及以前的时代里，出身名门的清贵们都是很容易就被上流社会接纳以至平步青云的。这种世俗的思维启发了僧人们，元珪、普寂、神会都是通过追述本门传承历史，推尊自家导师，来强调本宗派为名门正宗的观念。从实际情况看，这种以自家出身正统，来博取认同的做法确实很奏效，普寂和神会都因此为本派争取到了相当丰厚的利益回报。可以说，教派的生存利益是导致这场"定祖之争"的终极原因。

第四节　密宗塔铭与中唐政局

封建帝王大多秉持着实用主义精神，他们往往根据个人好恶以及是否有利于王朝统治的判定，来决策对何种意识形态加以推尊。唐代皇帝，无论是信奉道教，还是崇尚佛法，抑或是推重某一佛教宗派，其思维基本不出这一局限。

一　备极荣宠的密宗高僧塔铭

在现存的四百余篇隋唐五代僧人塔铭中，只有一篇塔铭是出自唐朝皇帝之手，这便是创造了帝国最繁盛时代的唐玄宗，给一行和尚撰写的《大慧禅师一行碑铭》。的确，这篇塔铭在整个中国的塔铭史上显得异常引人瞩目，首先，因为它是帝王亲撰，这让一行和尚享有至高无上的哀荣——玄宗甚至用了"兼善艺事，文揭日月，术穷天地"[1] 这样的玄妙措辞来形容一行的才艺学识[2]；其次，因为这位玄宗皇帝本来信奉道教，对佛教实行许多限制政策，他怎么能一反常态地给一位和尚写塔铭呢？[3]

---

① 《全唐文补编》，第 2102 页。
② 玄宗礼敬一行的轶事颇多，详见郑处海《明皇杂录》，中华书局，1994，第 42 页。《佛祖统纪校注》，第 944～946 页。
③ 详见《全唐文》收录的玄宗诏书——《禁创造寺观诏》《禁百官与僧道往还制》《禁士女施钱佛寺诏》《分散化度寺无尽藏财物诏》《禁僧道不守戒律诏》《禁坊市铸佛写经诏》《禁僧徒敛财诏》《括检僧尼诏》等。此外，《资治通鉴》《唐会要》《佛祖统纪》中，也有相关记载。

事实上，玄宗对佛教的反感是不包括当时新兴的密宗的，密宗最初得到朝廷的肯定与鼓励正是在玄宗时期。在开元全盛时代，唐玄宗曾积极地给予了几位密宗高僧超规格的礼遇。

> 开元绍兴，重光大化。圣皇梦与真僧见，其姿状非常，躬御丹青，图之殿壁，及和尚至止，与梦合符。天子光灵而敬悦之，饰内道场，尊为教主。自宁、薛二王而下，皆跪席捧器。为师宾大士于天台，接梵筵于帝座，礼国师以广成之道，致人主于如来之乘，巍巍法门，于此为盛。①
>
> ——李华《东都圣善寺无畏三藏碑》
>
> 我皇搜集贤良，发使迎接，以开元四年景辰，大赍梵夹，卖达长安……后有表归国，有诏止之。②
>
> ——李华《玄宗朝翻经三藏善无畏赠鸿胪卿行状》
>
> 因届唐国，建毗庐遮那塔，规模意表，思锐毫端，代为希有……帝甚嘉之……王公士庶，无不宗仰。二十四年，随驾入长安，至二十九年七月二十六日，天恩放还本国。行至东京广福寺乃现疾。嗟有身之患，坐而迁化。③
>
> ——混伦翁《大唐东京大广福寺故金刚三藏塔铭并序》

由于中印交通，所以密宗在印度产生不久就传入我国。开元年间，相继来唐的善无畏（637~735）和金刚智（669~741），分别传承了印地胎藏界和金刚界的法门，唐玄宗给予他们国师级待遇。善无畏在开元四年（716）抵达长安后，玄宗敕住兴福寺，后移至西明寺，并命其于禁中建内道场，尽许其翻译所携来的梵经，而且宁王、薛王，都从其灌顶受法。善无畏在华居留二十年，最后卒于中国。金刚智在开元七年（719），抵达广州，次年来到洛阳、长安，敕住慈恩寺，后移大荐福寺。他经常随玄宗往来于两京之间，广建曼陀罗道场，最后也卒于中国。

---

① 《全唐文》卷三一九，第 3239~3240 页。
② 《全唐文补编》，第 555 页。
③ 《全唐文补编》，第 427 页。

　　由于玄宗的优待，让善无畏和金刚智成为中国密宗的教主，新兴的密宗就这样在中国站稳了脚跟。但是，真正使密宗兴盛起来的是不空（705～774），他接连享有玄宗、肃宗、代宗三朝的隆宠，这在佛教历史上是比较少见的，相关塔铭文献里记载得十分清楚。

　　　　玄宗烛知至道，特见高仰，讫肃宗、代宗三朝，皆为灌顶国师，以元言德祥，开右至尊。代宗初，以特进大鸿胪褒表之。及示疾不起，又就卧内加开府仪同三司肃国公。皆牢让不允，特锡法号曰大广智三藏。大历九年夏六月癸未，灭度於京师大兴善寺。代宗为之废朝三日，赠司空，追谥大辩正广智三藏和尚。①
　　　　　　——严郢《大唐兴善寺大广智不空三藏和尚碑铭并序》

　　在这篇塔铭里，详细记载了不空受到的礼遇。他10岁来华，13岁入长安，后拜金刚智为师，学金刚界曼陀罗法。玄宗曾命不空出使狮子国，借此机会不空又重学了秘密总持、瑜伽护摩，他跟随普贤阿阇黎学了十八会金刚顶瑜伽，并毗卢遮那大悲胎藏、五部灌顶真言和秘典经论梵夹五百余部。天宝六载（747），不空从狮子国再次来华，玄宗延请他入内道场。天宝十三载（754），受哥舒翰邀请，不空赴河西边陲，他在那里翻译密典、置曼陀罗道场、演绎瑜伽教、兼开灌顶，声名远播西域四镇。安史之乱爆发后，不空身陷长安，但始终保持着与肃宗的秘密联络，他甚至还预测了王师收复两京的日期，并写信告诉肃宗。所以，当肃宗回銮后，给予了不空特殊的礼遇。到了代宗执政时期，不空更是达到了人生的巅峰，他被授予了各种荣誉职衔，并得到了数量惊人的巨额赏赐。这些内容在飞锡给不空撰写的塔铭中，有更详尽的描述。

　　不空之后，弟子惠果整合了胎藏界和金刚界密法，据僧空海《大唐神都青龙寺故三朝国师灌顶阿阇黎惠果和尚之碑》记载，（惠果）"游法界宫，观胎藏之海会；入金刚界，礼遍智之麻集。百千陀罗尼贯之一心，万亿曼陀罗布之一身"，由于他学养深厚，代宗对惠果也十分敬重。

――――――――

　　① 《全唐文》卷三七二，第3782～3783页。

于时，代宗皇帝闻之，有敕迎入，命之曰："朕有疑滞，请为决之。"大师则依法呼召，解纷如流。皇帝叹之曰："龙子虽少，能解下雨。斯言不虚，左右书绅，入瓶小师，于今见矣。"……是故三朝尊之，以为国师；四众礼之，以受灌礼……①

惠果 60 岁圆寂，作为密宗第七代传人，他被代宗、德宗、顺宗三朝奉为国师，不论生前还是死后，都受到了非比寻常的皇室优待。

二　密宗在中唐崛起的原因

密宗势力能够在唐代迅速崛起，首先是因为它契合了玄宗皇帝的心理需求，从而在华夏大地站稳了脚跟。

李唐王朝尊崇道教，道教意在脱离群体而实现个人精神之独立与解放，但是作为皇帝，信奉道教，其身份、职责与信仰之间，就不免产生矛盾：一方面，毫无疑问，帝王处于社会大群体的核心，肩负着解决纷扰世事的职责；另一方面，皇帝内心对老子离俗出世的个人主义哲学②的极度崇拜，势必造成他对庸常事务的厌倦。玄宗就是这样典型的例子，他执政后期惰于朝政，与其思想是有很大关系的。

自性解放理想的最高境界莫过于逍遥于宇宙之中与神仙方术了。身为帝王的玄宗，希望在个性超然与庸常世事之间寻找到调和的契机，便很容易在思想上倾心于各种玄妙的天道观。十分巧合的是，密宗的宗教实操性极强，它在法式仪轨、幻术、修持等方面与道教相似，同时，由于密宗法师往往又是天文、历算学者，他们在吸取婆罗门法术的基础上，创造出了占卜、星象、符咒、神鬼系统，以人事折合自然现象等玄妙理论，这又很像中国本土的阴阳学。于是，密宗学说貌似能够以天道指导人世，这种"究天人之际"的理念，恰好可以满足玄宗个性自由的理想和他解决纷繁世事的需要。善无畏、金刚智和不空于玄宗朝来到中国，可谓来得恰是时候。印度最新的佛学思想，因为十分暗合中国皇帝既有的心性追求，于是

① 《全唐文补遗》（第五辑），第 4 页。
② 玄宗曾亲自为《老子》作注，还曾令每户家藏《老子》一本。详见《旧唐书》，第 199、697 页。

借助着皇权的力挺，密宗在华夏大地轻松地创宗立派了。

　　但是，安史之乱爆发后唐肃宗、代宗、德宗对密宗虽然也是极度信奉，但这几位中唐皇帝的心态却与玄宗迥乎不同。这三位经历了安史之乱、各种叛乱以及藩镇谋逆的皇帝，对密宗的尊崇更倾向于政治的实用主义精神了。这是成就中唐密宗极盛的第二个主要原因。

　　公元 755 年安史之乱爆发，不空被紧急召回长安。他于次年抵达长安，在大兴善寺搭建了密教道场，全身心地为唐军作法祈祷胜利。但不幸的是，很快叛军就攻陷了长安城，不空落入敌手。不空的过人之处在于他精明地分析了双方实力，预判出唐军必将战胜叛军，故而，虽然个人尚有性命之忧，但他仍然通过密使保持着与肃宗朝廷的联络。据飞锡《大唐故大德开府仪同三司试鸿胪卿肃国公大兴善寺大广智三藏和上之碑》记载：

> 洎至德中，肃宗皇帝行在灵武。大师密进不动尊八方神旗经，并定收京之日。如符印焉。①

其实，在等待肃宗重回长安的一年多的时间里，不空不仅频发情报，还送出了据说能够保佑唐军取胜的佛经抄本，他甚至还预言了胜利的具体时间。赵迁在《大唐故大德赠司空大辨证广智不空三藏行状》中也记载：

> 至德中，銮驾在灵武凤翔，大师常密使人问道，奉表起居，又频论克复之策。肃宗皇帝亦频密谍使者到大师处，求秘密法，并定收京之日，果如所料。②

可能的情况是，肃宗在与不空的情报往还以及综合各方面的军情分析后，有了胜算的把握。而发起总攻的最终时间点，很可能是不空利用他神秘的占卜术协助肃宗确定下来的。毕竟，突遭变故且惶惶然的大唐天子，此时确实非常需要高明的心理暗示给予的自信。

---

① 《全唐文补编》，第 579 页。
② 《全唐文补编》，第 558 页。

公元 757 年九月，肃宗重新回到长安，他解救了不空，并请不空来皇宫里做洒扫法事。此后，不空被 "延入内殿建护摩，亲授灌顶，渥恩荐至，有殊恒礼"①，意即不空为肃宗授转轮王位，并在内殿建立护摩道场，还获准将长安不同寺院收藏的玄奘、义净、菩提流支等大翻译家带来的梵文佛经收集到一起，并在皇家的财政支持下开始译经活动。从表面上看，这是肃宗对不空战时忠勇表现的回报，但深层意蕴却是他对不空法力的深切信赖。

代宗、德宗在执政最初的几年里，本来都不太在意佛教，甚至是对佛教有所限制。② 毕竟安史之乱结束后，百废待兴，且国库空虚，做各种宗教法事、供养僧尼、修造寺院，会让政府财政更为捉襟见肘。我们完全有理由认为，是因为接二连三的谋逆和叛乱，让代宗和德宗最终变为虔诚的佛教信徒。

帮助代宗平定安史之乱的将领，绝大多数是胡人③，仆固怀恩就是其中之一。他出身铁勒族，因为女儿嫁给了回纥可汗，所以，当代宗得知史朝义意欲联合回纥夹攻唐军时，仆固怀恩便成为说服回纥可汗撤兵的最佳人选。一来有姻亲关系，二来使用了大量贿赂，最终仆固怀恩不辱使命，成功地劝服了可汗没有叛唐。应该说，安史之乱的最终平定，与仆固怀恩的功劳密不可分。但也许是代宗对回纥的善变极度反感，他疑心重重，所以当河东节度使辛云京控告仆固怀恩借护送回纥可汗返回老家之机，意欲图谋不轨时，代宗的反应是 "无所问"，并听取中使骆奉仙（前往调查此事的宦官）的片面之词，一味催促仆固怀恩进京。代宗愚钝的反应最终激怒了仆固怀恩，这位功臣最终与大唐决裂了。④ 他在灵武纠集了一支包括回纥人在内的军队（据称有二十万之众），同时又得到了吐蕃的支持，对唐军形成包围之势。公元 765 年，就在准备总攻的时候，仆固怀恩忽然暴死在营地。回纥和吐蕃的联军随即解散，这次叛乱就这样戏剧性地瓦解了。

---

① 《全唐文补编》，第 579 页。
② 详见《全唐文》收录的代宗诏书《禁僧尼道士往来聚会诏》《禁断公私借寺观居止诏》。《旧唐书》卷十二，记载德宗即位的当年，就下令今后不得上奏置寺观以及度人，公元 780 年，他又表明以后不再依靠密宗法术来御敌，解散内道场，并取消了盂兰盆会。
③ 详见钱穆《国史大纲》（第五编），商务印书馆，1996，第 451 页。
④ 详见《资治通鉴》卷二二三，第 7147～7177 页。

当仆固怀恩对长安的威胁越来越大时，不空不失时机地向代宗提出可以通过做护摩法事来为王朝祈福。代宗也越来越希望能获得某种神助，于是，他同意不空重译《仁王经》的请求。此经承诺只要帝王支持佛教，不设立严格的僧尼管控制度，就可以免于叛乱、异族入侵和其他各种灾难。此时，已是焦头烂额的代宗对此深信不疑，他甚至还为该经撰写了序言。① 当仆固怀恩意外暴死的消息传来，代宗身边几个崇佛的重臣——元载、王缙和杜鸿渐都纷纷献言这是佛力的护佑，"国家运作灵长，非宿植福业，何以致之！福业已定，虽时有小灾，终不能为害，所以安、史悖逆方炽而皆有子祸；仆固怀恩称兵内侮，出门病死；回纥、吐蕃大举深入，不战而退：此皆非人力所及，岂得言无报应也！"② 自此，代宗佞佛日甚，他对不空崇拜优礼超越常规，"师事道尊，授特进试鸿胪卿，加大广智之号"③，甚至"敕沙门百人于禁中行念诵法，谓之内道场，出入乘马，度支廪给"④，意思就是，皇帝给不空配备一百名僧人，协助他在宫中从事密宗仪式，所需费用由政府财政资助，这些人都可以乘马进出禁中。可见，代宗对密宗一派的恩宠到了无以复加的程度。而不空圆寂后，皇帝还特别加封他为肃国公，赠司空之号，这大概是唐代僧人所获得的最高荣衔了。

至九年六月十一日，制加大师开府仪同三司，封肃国公，食邑三千户，余如故。荣问优洽，宠光便繁。降北极之尊，为师宗之礼。幡像之惠，玉帛之施，敕书盈箧，中使相望，前古已来，未有如我皇之清信也……以其月十五日，爰命弟子进表上辞，嘱以后事……哀悼九重，辍朝三日。赠绢三百匹，布二百端，钱三十万，米面共四百石，香油薪炭及诸斋七外支给，又赐钱二百二十五万，建以灵塔，寙内式瞻。又敕高品李宪诚勾当，及功德使开府仪同三司李元琮监护……中书门下敕牒赠司空，谥大辩正广智不空三藏和上。又遣内给事刘仙鹤

---

① 详见《新翻护国仁王般若经序》，《全唐文》卷四十九，中华书局，1983，第 546 页。
② 详见《资治通鉴》卷二二四，第 7196 页。
③ 《全唐文补编》，第 579 页。
④ 《佛祖统纪校注》，第 960 页。

宣册致祭。内出香木，焚之灵棺。①

———飞锡《大唐故大德开府仪同三司试鸿胪卿肃国公

大兴善寺大广智三藏和上之碑》

德宗在执政的最初几年里意欲改善中央财政状况，所以他对佛教也执行限制措施。例如，他登基后不久，即下令今后不得上奏置寺观及度人，他还取消了宫廷内道场和盂兰盆会，表示不再依靠密宗法会来抵御藩镇叛乱。② 不过，建中元年（780）爆发了一场迁延五年之久的藩镇节度使联合叛乱，最后迫使德宗改变了他对佛教的态度。

成德、魏博、平卢三镇联合襄阳节度使反叛朝廷，并且成功地争取到了原本忠君的幽州和淮西节度使的支持，淮西节度使李希烈甚至还切断了漕粮的运输道路，让中央财政雪上加霜。更为棘手的是朱泚召集旧部，并成功地争取到了长安老百姓的支持，建立了新朝廷，这迫使德宗只能出逃小城奉天。德宗最终不得不放弃对全国的控制权，大赦河北诸节度使，腾出手来全力击败朱泚这个巨恶元凶，并于兴元元年（784）回銮。③

惊魂甫定、痛定思痛，德宗感觉当务之急是改革最严重的朝政弊端，争取尽可能广泛的支持。而佛教长久以来得到了朝廷和民众的大力支持，德宗意识到有必要改变登基之初对佛教的限制措施。他于兴元元年（784）下诏，命令官僚们不得抢夺已故僧人的财物，要遵照佛家戒律，依据相关条文进行处置。④ 德宗还恢复了自己曾经诏停的宫中盂兰盆会。而最明确的崇佛信号是德宗在贞元二年（786）二月二十八日造访章敬寺，依道澄受菩萨戒，皈依了佛法。贞元五年（789），"又敕为妃主嫔御受菩萨戒"⑤。贞元六年（790）元月，德宗诏迎凤翔法门寺释迦佛骨，入禁中供养，并转入长安各大寺院供人瞻礼。⑥

---

① 《全唐文补编》，第 580 页。
② 详见《旧唐书》卷十二，第 326 页。以及富世平校注，赞宁撰《大宋僧史略》卷中，中华书局，2015，第 146 页。
③ 详见《资治通鉴》，第 7291～7440 页。
④ 《佛祖统纪校注》卷四十二，第 964 页。
⑤ 《宋高僧传》卷十六，第 388 页。
⑥ 《佛祖统纪校注》卷四十二，第 966 页。

德宗成了虔诚的佛教徒，他泛爱并普惠各个佛教宗派，当然也包括密宗。德宗尊不空的传人惠果为国师，按照空海写的《大唐神都青龙寺故三朝国师灌顶阿阇黎惠果和尚之碑》中所言，是"皇帝皇后崇其增益"①。德宗还是唐代最后一个慷慨支持译经的皇帝，他认定般若是当朝最杰出的翻译家，赐其"三藏法师"的尊号，并诏命般若在西明寺从事佛经的翻译工作。而般若从印度带来的佛经中，有数量相当可观的密宗经典。

总体而言，肃宗、代宗、德宗都是在安史之乱、藩镇叛乱搞得焦头烂额、惶然不得终日之后，开始倾心于佛教的支持与护佑。毕竟不费一兵一卒，花销也不很大，仅仅通过密宗玄妙的法事就能解决旷日持久的内战，而且顺应了民心，对佛教的支持，何乐而不为呢？

中唐密宗极盛还有第三个深层原因，即有相当多的实力派宦官崇佛，并且涉入佛教事务的管理，他们最终以个人意志影响了皇帝的宗教政策取向。

事实上，安史之乱成就了一批实力派宦官，他们取得了京畿地区的独立兵权，从此开启了唐中后期宦官大得其势的序幕。广德元年（763），唐代宗为躲避吐蕃入侵而出幸陕州，多亏鱼朝恩率领神策军迎接和保护。② 经过这样的考验，代宗认为鱼朝恩所领导的神策军是坚强可信赖的，因而当回銮京师后，他把神策军编入禁军并交给鱼朝恩指挥。鱼朝恩在长安西面建立了永久的军事基地，从而保证了这支军队可以直接听命于皇帝，并能在战事危急关头随时投入战斗。皇帝自此可以不必再像过去那样，完全倚重并乞怜于地方节度使的帮助。但是，这支部队很快滋生了腐败，到了建中四年（783），德宗需要军队驰援镇压长安朱泚的叛乱时，他的神策军却是用商人和店员充数来假冒的名额，这些乌合之众看到真正的战时警报竟然四散逃匿，唯有宦官窦文场和霍仙鸣率领一小队人马来保驾。③ 功高莫过救驾，脱离危险之后的德宗对这两名宦官万分感激，他任命这二人分别监管新成立的左、右厢神策军，自此，宦官在神策军中的影

---

① 《全唐文补编》，第 858 页。
② 详见《资治通鉴》，第 7151 页。
③ 《资治通鉴》，第 7353 页。

响力永久地延续下来了。

然而，接下来的问题便产生了。这些手握京畿兵权的宦官大多崇佛，在获得显赫的政治地位后，他们往往更愿意插手管理佛教事务，充当护法使者。鱼朝恩、窦文场、霍仙鸣以及后来的神策军首领宦官第伍守亮等人，无一例外都是当朝的功德使。① 功德使，亦称修功德使，主要职责是掌管僧籍、监督佛寺的建造与维修，以及负责僧人与皇帝之间的沟通等。这是一个非常有利可图的职务，职权范围包括：①售卖度牒，这也是自安史之乱以来朝廷筹措资金的重要手段；②修造寺院，土木工程项目少不了巨额的工程款项开支，这为监管者们中饱私囊提供了便利；③充当皇帝与佛家的沟通角色，这既可以狐假虎威，受到教界的尊敬，又可以巧妙利用那些深得皇帝礼敬的高僧，授意他们不失时机地为自己美言，达到固宠的目的。足见这个不大起眼的内廷官职确实是致富邀宠的捷径，以至有宦官竟主动向皇帝谋求此职务。元和二年（807）大宦官吐突承璀贪求该职务②，宪宗皇帝不敢也不愿因此"末节小事"而得罪宦官集团的利益，于是，他下令功德使此后可以兼管僧尼与道士，这实际是进一步扩大了宦官的权力范围。笔者查阅相关资料，整理出中晚唐担任过功德使的著名宦官名单，兹列表统计如下。

表 6-1　中晚唐担任过功德使的著名宦官名单

宦官	担任功德使的时间	掌握兵权	文献出处
李宪诚	代宗大历十三年，内功德使		《代宗朝赠司空大辨证广智三藏和上表制集》（卷六）①
孙常楷	代宗后期，修功德使		《内侍省内常侍孙常楷神道碑》②
窦文场	德宗贞元五年，左街功德使	左神策军护军中尉	《大唐贞元续开元释教录》（卷二）。③
王希迁	德宗贞元四年，右街功德使	右神策军营幕使 右监门卫将军	《大唐贞元续开元释教录》（卷二）④

① 有关功德使的演变研究，参见〔日〕冢本善隆《唐中期以来的长安功德使》，《冢本善隆著作集》（第三册），东京：大东出版社，1974，第251~284页。
② 《佛祖统纪校注》卷四十二，第968页。

续表

宦官	担任功德使的时间	掌握兵权	文献出处
霍仙鸣	德宗贞元十五年，右街功德使	右神策军护军中尉	《贞元新定释教目录》(卷十七)⑤
第伍守亮	德宗贞元十五年，右街功德使	右神策军护军中尉	《贞元新定释教目录》(卷十九)⑥
杨志廉	德宗贞元十二年，左街功德使	左神策军护军中尉	《唐故开府仪同三司行左监门卫大将军知内侍省事上柱国弘农郡开国公食邑三千赠扬州大都督杨府君(志廉)墓志铭并序》⑦
孙荣义	德宗贞元十七年，右街功德副使	右神策军护军中尉判官	《唐故右神策护军中尉右街功德使开府仪同三司守右武卫大将军知内侍省事上柱国乐安县开国公内侍省少监致仕赠扬州大都督府孙公神道碑铭并序》⑧
杨钦义	德宗贞元后期到宪宗元和初年，左街功德使	左神策军护军中尉	《唐故银青光禄大夫行内侍省掖庭局令员外置同正员致仕上柱国弘农郡开国侯食邑一千户赐紫金鱼袋赠内侍省内侍杨府君(玄略)墓志铭》⑨
吐突承璀	宪宗元和二年，左右街功德使	左军中尉	《旧唐书·宦官传》⑩ 《新唐书·宦者上》⑪ 《佛祖统纪》(卷四十二)"元和二年"条⑫
刘宏规	宪宗元和初年，副左街功德使	贰副军中尉	《唐故左神策军护军中尉兼左街功德使知内侍省事刘公神道碑铭》⑬
	敬宗宝历元年，左街功德使	左神策军中尉	
彭献忠	宪宗元和六年，左街功德使，卒于元和十二年春	左神策军护军中郎将	《内侍护军中尉彭献忠神道碑》⑭
马存亮	宪宗元和十三年，左街功德使，卒于文宗开成末	云麾将军 左监门卫将军	《唐故开府仪同三司行右领军卫上将军致仕上柱国扶风马公神道碑铭》⑮
仇士良	文宗大和九年，左街功德使，卒于武宗会昌三年六月	左神策军中尉	《新唐书·宦者传上》⑯ 《内侍省监楚国公仇士良神道碑》⑰

宦官	担任功德使的时间	掌握兵权	文献出处
宋叔康	唐宣宗时左街功德使		《唐语林》[18]
田令孜	唐僖宗光启元年，左街功德使	左右神策十军使	《旧唐书·僖宗纪》[19]

注：① 《大正藏》第 52 册，第 860 页。
② 《全唐文》卷四二九，第 4373 页。
③ 《大正藏》第 55 册，第 764 页。
④ 《大正藏》第 55 册，第 762 页。
⑤ 《大正藏》第 55 册，第 895~896 页。
⑥ 《大正藏》第 55 册，第 909 页。
⑦ 《全唐文补遗》（第二辑），第 35 页。
⑧ 《全唐文》卷四九八，第 5076 页。
⑨ 《唐故银青光禄大夫行内侍省掖庭局令员外置同正员致仕上柱国弘农郡开国侯食邑一千户赐紫金鱼袋赠内侍省内侍杨府君（玄略）墓志铭》记载：墓主杨玄略是杨钦义的义子，杨钦义担任过左神策军护军中尉兼左街功德使，杨玄略历仕文、武、宣、懿四朝，咸通元年（860）十二月致仕，由杨玄略活动时间以及表中担任过左街功德使的杨志廉、彭献忠等人的任职时间，可以推知杨钦义担任左街功德使大致在德宗之后，顺宗、宪宗之前。吴钢《全唐文补遗》（第三辑），第 253 页。
⑩ 《旧唐书》卷一八四，第 4768 页。
⑪ 《新唐书》卷二百七，第 5869 页。
⑫ 《佛祖统纪校注》卷四十二，第 968 页。
⑬ 《全唐文》卷七一一，第 7295~7296 页。
⑭ 《全唐文》卷六四四，第 6523 页。
⑮ 《全唐文》卷七一一，第 7298 页。
⑯ 《新唐书》卷二百七，第 5872 页。
⑰ 《全唐文》卷七九〇，第 8272 页。
⑱ 王谠撰，周勋初校证《唐语林校证》（卷一）《政事上》，中华书局，2008，第 80 页。
⑲ 《旧唐书》卷十九下，第 721 页。

中唐的皇帝们一方面出于信赖这些大宦官，愿意随顺他们的思维；另一方面，也是出于维稳的考量，不愿意因小失大，去得罪这些宦官的既得利益。通常情况，这些掌握京畿兵权的大宦官让皇帝们既爱又恨，爱的是他们中确实有一部分人在皇帝遭难的时候甘愿冒死护驾；恨的是他们往往欲壑难填，仗着手中的兵权谋私、贪污甚至干政。但是，在权衡兵变与姑息养奸二者带来的损失之后，代宗、德宗、宪宗都毫不犹豫地选择了后者。随顺宦官崇佛思维，实现维稳的政治主张，成为中唐皇帝的策略之选。这是迫不得已的，但彼时政权虚弱不堪、内忧外患，着实令皇帝们忐忐难安，他们实在不愿意一次次地面对社稷的倾危，崇敬佛教，维护宦官集团的利益，还可以在冥冥之中祈愿神明保佑，获得眼前政局稳定和心态之安，不失为权宜之计。

余论：对晚唐密宗衰败的几点质疑

学界普遍认为密宗在中唐兴盛过后便迅速衰落了。蒋维乔在《中国佛教史》里写道："一行、不空之后，我国密教遂衰，著述流传者既少，《僧传》所载之人亦不多。"① 但是，如果我们深入研究相关历史文献与考古新发现，就会感到这种论断似乎太武断了。

关于不空的传人，他在《表制集·不空遗书》里明确说："吾当代灌顶三十余年，入坛授法弟子颇多，五部琢磨成立八个，沦亡相次，唯有六人。其谁得之？则有金阁含光，新罗慧超，青龙慧果，崇福慧朗，保寿元皎、觉超。后学有疑，汝等开示，法灯不绝"。② 可见，不空认可的传法弟子主要有六位：含光、慧超、慧（惠）果、慧（惠）朗、元皎和觉超，其中惠果和惠朗，我们在前文已有论述，这里不再赘述。含光传记详见《宋高僧传·唐京兆大兴善寺含光传》。③

此外，飞锡在《大唐故大德开府仪同三司试鸿胪卿肃国公大兴善寺大广智三藏和上之碑》里提到的不空弟子大济，是"长修功德使检校殿中监"，在《宋高僧传·唐均州武当山慧忠传》④ 里也再一次印证了大济的这个职务，足见大济是掌管佛教事务的实权人物。还有惠胜，根据他呈给代宗的《进兴善寺文殊阁内外功德数表》和《恩赐锦彩绁共四十匹谢表》⑤，都记载了惠胜的职事是"检校两道场知院事"，这说明他在当时佛教界的地位很高，是执掌宫廷内道场且受到朝廷礼敬的人物，平日里常有机会接触皇帝。

不空之后传播密教的高僧也还有很多，而且仍然非常受皇权贵族的崇

---

①　蒋维乔：《中国佛教史》，上海古籍出版社，2004，第 186 页。

②　《大正藏》第 52 册，第 844 页。

③　《宋高僧传》卷二十七，第 678 页。

④　《宋高僧传》卷九，第 207 页。

⑤　《全唐文补编》，第 593 ~ 594 页。

敬。法门寺地宫的发现①，再一次向世人清楚地呈现出唐末密宗的显赫。

咸通十四年（873）三月懿宗迎请法门寺佛骨舍利，这是佛指舍利最后一次被请出，此年十二月僖宗"诏送佛骨还法门寺"②。关于这次迎奉的情况，在《资治通鉴》《旧唐书》《杜阳杂编》里均有记载。其规模之大、耗费之多、供品之丰富，都超过了以前历次迎佛骨活动。地宫被封存时，保留着佛骨、法器、宝函和大量供器，直到1987年重修真身宝塔清理塔基时，这个地下历史宝库才重见天日。法门寺博物馆成立后，专家们一致肯定法门寺在晚唐时期是以密宗为特点而存世的。③ 这不仅是因为其中的供养器、法器和生活用品的密宗气息浓厚，还因为"地宫文物中，智慧轮贡有金函、银函、水碗银香炉和四个阏伽瓶，是除懿宗、僖宗外供奉最多的一个"④。这里提到的智慧轮就是大兴善寺遍觉法师，智慧轮是汉语的法号，他"深通密语"⑤，地宫中他供奉的器物数量仅次于皇帝，足以见出其受皇帝的钦敬，佛教地位非常崇高。

有关密宗经典的翻译情况，似乎也可以推知密宗在中晚唐时期仍受到皇权礼敬。上文提到贞元后期德宗大力支持般若翻译密宗经典，为此，般若甚至还特地去印度取得数量可观的密教经典，并带回长安翻译，而且直到元和年间，宪宗仍十分支持般若的译经。文宗开成年间梵僧满月来华，"务在翻传瑜伽法门……遇伪甘露事去未旋踵，朝廷无复纪纲，不暇翻译"⑥。此外，智慧轮在宣宗大中年间，"著《佛法根本》……又述《示教指归》，共一千余言，皆大教之钤键也"⑦。

另据《大宋僧史略》记载了梁末后唐世，有道贤阇黎者"解五印言音，毫厘不爽。今传粉坛法，并宗此师……后唐清泰帝（后唐末帝李从

---

① 详见陕西省考古研究院、法门寺博物馆、宝鸡市文物局、扶风县博物馆编著《法门寺考古发掘报告》，文物出版社，2007。
② 《资治通鉴》卷二百五十二，第8165～8168页。
③ 韩金科：《法门寺地宫唐密曼荼罗世界全面破译》，《世界宗教研究》1995年第3期，第133页。
④ 任新来：《试论法门寺地宫文物与唐代佛教密宗的关系》，《文博》1992年第4期，第60页。
⑤ 《宋高僧传》卷三，第52页。
⑥ 《宋高僧传》卷三，第51页。
⑦ 《宋高僧传》卷三，第52页。

珂）尤旌其道，后随驾入洛而卒。今塔在龙门，近东京南。日本大师常
为王公大人演密藏，至今弟子繁衍，传其业者，号曰：'三藏'"。① 赞宁
在宋太宗太平兴国初年撰写《大宋僧史略》，至宋真宗咸平二年（999）
重修，距后唐不过 50 年左右的时间，因而他记述的五代佛教事迹应该是
真实可信的。文中提到的道贤法师是一位精通密教的高僧，为后唐末帝李
从珂所崇敬，其影响力非常巨大，甚至一些日本的密宗高僧也是继承了道
贤的法要，从而使得道贤的衣钵在日本得到了大力传承。

综上，密宗在唐代并不是速兴又速衰的，从中唐以迄晚唐五代密宗一
直都有传承，皇家对密宗也一直都很信奉，密宗的地位始终很崇高。但是
由于密宗更仰赖咒语、供养、作法、祭坛、法器等现场仪式感很强的外部
条件，在连遭武宗灭佛和黄巢起义、藩镇叛乱战争之后，寺庙、经像被损
毁严重，有关密宗的实物证据和典籍等没能充分留存下来，因而学者们对
密宗有早衰的臆测。

第五节　塔铭中的 "会昌法难" 与禅宗的生存之道

在中国历史上佛教经历过三次法难。第一次北魏太武帝拓跋焘灭佛事
件。第二次北周武帝宇文邕毁佛法事件。第三次唐武宗李炎大规模灭佛事
件，因其发生在会昌年间，故这次法难又被称作"会昌法难"。三次法难
虽然都是统治者用行政以至武力手段，强行摧抑佛教发展，但从其后历史
的实际情况看，前两次法难并未撼动佛家发展的根基，相比之下，"会昌
法难"则带给了佛家灾难性的破坏，中国佛教也由此改变了发展方向。

"会昌法难"的直接影响是国内绝大多数寺院被拆毁，僧尼被遣散，
佛教经书典籍散佚殆尽，维系寺院日常运转的庄园式经济被毁灭，也最终
造成了以义理研究为特征、沉浸在浩繁典籍的整理中，且需要稳定生存给
养的一些佛教宗派，如法相宗，丧失了繁荣条件。中国佛教经院哲学研究
的黄金时代就此终结了。但同时，佛教并未由于这次法难而在中国销声匿
迹，恰恰相反，唐末五代时期禅宗成为一枝独秀，表现出异常旺盛的生命

---

① 《大宋僧史略校注》卷上，第 63 ~ 64 页。

力。究其原因则是经历了"会昌法难"的禅宗高僧们不再对李唐政权抱有幻想，他们审时度势转而寻求地方军政要人的支持和保护，同时又在丛林建设方面尽力争取底层百姓的拥戴，并由此走上了以山林为基地的自给自足的经济模式。这种上有所护、下有基础，既得到地方政权保护，又适应封建分散式的农业经济模式的生存策略，最终合力成就了禅宗各宗派的兴旺发达。

一　塔铭中的"会昌法难"

塔铭属于纪传文学，早在宋代，人们就已经认同塔铭为人物传记了。宋代赞宁撰集的《宋高僧传》，就是"博采碑文"的。① 陈垣先生也曾指出《宋高僧传》所本"多是碑文"②。这样我们也就不难想见，在塔铭这类纪实文字中，必然会涉及一些传主生前经历过的时代大事件，譬如"会昌法难"在塔铭中就有相应记载，只是由于这关涉到帝王的功过得失，故而，在文字表述上比较隐晦，需要我们仔细品读。在这里，我们先引述几段塔铭，粗略感知一下"会昌法难"给佛教徒带来的生存灾难。

> 及武宗皇帝乙丑之否，弃之而条帽潜匿，大师（志忠）允檀信之迎，隐于数家。和尚栖于岩穴之内，不离兹山。相伍者麋鹿，驯伏者虎狼。既而靡耕蓄，杜施丐，还取苦盖之卯。至今兹院之逢歉岁，一邱之风不泯。宣宗皇帝复寺之始，议者以灵岩之奇胜，非我菩萨僧不可以宏就。由是都人环乞大师以居，故和尚独荐龟洋之址焉。③
>
> ——黄滔《龟洋灵感禅院东塔和尚碑》

碑文作者黄滔（840～911），字文江，莆田人，晚唐五代著名的文学家，被誉为"福建文坛盟主"、闽中"文章初祖"。黄滔擅于写碑，所作碑铭骈散间行、气韵生动。这篇《龟洋灵感禅院东塔和尚碑》，记述的是志忠和尚的生平行事，文中特别提及了唐武宗乙丑年（845），志忠和尚

---

① 《宋高僧传·序》，第1页。
② 陈垣：《中国佛教史籍概论》，上海书店出版社，2001，第32页。
③ 《全唐文》卷八二六，第8700～8701页。

为躲避官府搜查，辗转在几个佛教信徒的家中，甚至还曾经一度藏匿在岩穴山野栖身，直至宣宗皇帝改变武宗的灭佛政策，恢复佛寺，志忠和尚才得以到龟洋禅院安身。

> 洎武皇帝除佛舍，籍释子于户部，师则巾华阳，衣缝披，晦迹樵客，庐于西岩石室。律身守道，如居千众。及宣皇帝复寺，刺史琅琊王公迎以幡花，舍于郡开元寺，俾为监领。①
>
> ——黄滔《华严寺开山始祖碑铭》

这篇《华严寺开山始祖碑铭》也系黄滔所撰，记载了华严寺开山和尚行标的生平经历，由于佛学造诣高超，行标曾得到过唐宪宗的称许，而且当时很多崇佛的朝廷官员都与他交谊颇深，黄滔便是行标的钦慕者之一，在尚未及第时，黄滔还曾探访过行标，二人亦师亦友，且这种关系一直持续到行标圆寂。然而，就是这样一位德高望重的高僧，也难逃武宗灭法的厄运。会昌元年（841），新登基的武宗皇帝削减各地寺院，统计全国和尚数量，户籍交由户部管理，受此影响，行标不得不乔装打扮，混迹打柴人的行列，无处栖身，被迫躲在山野石洞中。直到宣宗大中元年（847），行标已是 67 岁的老人了，才结束东躲西藏的生活，住进了开元寺。

> （义存）十七落发，淳朴贞古，了与流辈异。暨武宗皇帝乙丑之否，乃束发于儒冠，菜中而蓬迹。来府之芙蓉山，宏照大师见奇之，故止其所。至宣宗皇帝之复其道也，涅而不缁其身也，褰然而出。②
>
> ——黄滔《福州雪峰山故真觉大师碑铭》

这篇《福州雪峰山故真觉大师碑铭》是黄滔给大名鼎鼎的义存禅师写的。义存在禅宗历史上之所以地位重要，主要是因为其门下发展出了两

---

① 《全唐文》卷八二六，第 8702 页。
② 《全唐文》卷八二六，第 8702 页。

大禅宗派别，一即义存的亲传弟子文偃，开创了云门宗；二即义存的三传
弟子文益，开创了法眼宗。但是这样一位学养高深的佛学大师，在会昌五
年（845），也为躲避官府追查，而被迫蓄发，混迹儒生士子的行列，后
因在芙蓉山得到宏照大师的赏识和保护，才得到安稳的学习环境。至宣宗
复法，义存才真正获得行动自由，继续他的访学之路。

> 武宗皇帝简并佛刹，冠带僧徒，大师（三平）至于三平深岩。
> 至宣宗皇帝稍复佛法，有巡礼僧常肇、惟建等二十人。刺史故太子郑
> 少师薰俖蔵其事，旬岁内寺宇一新，因旧额标曰开元。①
> ——王讽《漳州三平大师碑铭并序》

这篇塔铭作者王讽，咸通十三年（872）他自吏部侍郎谪守漳州，到
任第二天，便专程去三平寺，拜访三平禅师。二人"谈禅论易，深相印
可"，结下一段情谊。是年十一月初六三平祖师圆寂，王讽为其撰写碑
文，即这篇《漳州三平大师碑铭并序》。另外，王讽还为三平大师撰写了
《三平山广济大师行录》，这块石碑至今尚存于漳州市平和县的三平寺。
三平大师一生医病救人，向百姓传授先进的耕种技术，宣宗皇帝敕封他为
"广济大师"，然而，即便是如此深受爱戴的高僧，也难脱法难的厄运，
王讽碑文中就明确提到武宗削减天下佛刹数量，强令僧侣还俗，三平禅师
被迫率众来到三平山隐居逃难的经历。

> 武宗毁寺逐僧，遂空其所。（灵祐）师遽裹首为民，惟恐出。蚩
> 蚩之辈，有职者益贵重之矣。后湖南观察使故相国裴公休酷好佛事，
> 值宣宗释武宗之禁，固请迎而出之。乘之以己舆，亲为其徒列。②
> ——郑愚《漳州大沩山同庆寺大圆禅师碑铭并序》

这篇塔铭作者郑愚是晚唐达官。咸通初，官监察御史、商州刺史、桂

① 《全唐文》卷七九一，第8285~8286页。
② 《全唐文》卷八二四，第8646页。

管观察使。名为礼部侍郎，实掌岭南西道节度使，终尚书左仆射（左丞相）。灵佑，沩仰宗的创始者，一生深得佛旨禅理，受到朝中许多达官的仰慕。从郑愚的塔铭文中，我们可以看出武宗灭法时，全国各地都在毁绝寺院、驱逐僧侣，灵佑大师也未能幸免，只好以头巾裹头，混迹民间。直到宣宗复法，裴休坚意迎请，灵佑才最终安定下来，住进了同庆寺。

　　武宗灭法，不仅针对寺院、僧侣、寺产，事实上，就连前代遗存的尊胜石幢、僧侣墓塔等佛教纪念物，武宗也没忘记令人拆毁。我们可以从下面两段塔铭的记载约略感受到当时唐武宗诏令的严切，其灭法态度的决绝。

　　　　武宗皇帝谓真谛不可以相取，密跡不可以像设。徒使动荡清净，泉薮昏晦。会昌癸亥岁，遂诏废释氏。□是率土□庙，鞠为丘阜，大师（达摩祖师）铭志，亦随湮灭。碧空钟梵，与霜露而俱销；金地松□□□而无口。今上即位，即日牵复。大中庚午八月十三日，诏河南尹河东公再建斯塔……①
　　　　　　　　　　　　　　　　　　——陈宽《再建圆觉塔志》
　　　　会昌壬戌岁，简求既撰大师（盐官齐安）碑铭。是月藏真身于法堂之西南隅。琬玉将刻，遭值难事。塔石圮坼，福地洿潴。今天子绍开洪基，保定景福。以为生灵迁善，本乎化导之功；帝道无为，雅契空寂之理。申明像教，以福群生。遂班示县道，崇焕寺宇。②
　　　　　　　　　　　　　　　　　　——卢简求《禅门大师碑阴记》

前一篇塔文中提到的圆觉大师即禅宗的达摩祖师，他的塔石碑铭在会昌年间被毁没，无从查找。直到大中庚午（850）八月十三，唐宣宗诏令河南尹重修了圆觉大师塔，才使得这位祖师的塔碑重新竖立起来。后一篇碑记中所述的禅门大师是盐官齐安禅师，他师承马祖道一，是禅宗史上著名的高僧。从卢简求的碑阴记述中我们知道，由于齐安禅师圆寂后不久即逢"会昌法难"，盐官齐安禅师的塔石便被毁灭，而卢简求为其撰写的碑铭

---

　　① 《唐文拾遗》，《全唐文》，第 10719 页。
　　② 《全唐文》卷七三三，第 7568 页。

也没来得及刻制。既然连达摩祖师和盐官齐安禅师的塔碑都难逃被毁灭的厄运，那么，我们就不难想见其他僧侣塔碑铭志的下场了。可以说，"会昌法难"给佛家带来的是前所未有的灭顶之灾。

二　禅门高僧的变通

也许有人会问，"会昌法难"发生在会昌五年，至会昌六年三月武宗驾崩，其持续的时间并不长，且继任的唐宣宗在这一年五月就敕令复建佛寺，其后，一些佛教故事也得以恢复，譬如为高僧重新竖塔、立碑、修寺，安抚流徙僧人，朝廷还恢复一些佛事活动等。但实际上，新政策仅仅是允许在人口稠密地区新建寺庙，僧尼虽然不再有性命之虞，且能够重操旧业，但政府仍尽力防止私度僧尼，缺额的僧尼只能由祠部加以审核补足。这都表明中央政府在强化对佛教的管控措施。① 因而我们只能说，宣宗复法仅仅是让佛家在被严重摧抑之后稍稍得以喘息，但是好景也不长，在"会昌法难"之后30余年，黄巢起义（878～884）爆发，唐王朝由此彻底进入了末世纷扰期，兵燹所及，民不聊生，寺院荡覆无存，僧徒的处境更加艰危。我们从下面两则塔铭就能真切地感受到僧侣们的生存惨境。

　　师于乾符四年，有人报师，□保广贼寇欲害于师，宜速回避。吾□于□□□不怖焉。若被所诛，偿宿债矣。其年正月十三日，果如所报，命随寇忍，气逐风灯。②

　　　　　　——阙名《潞州紫峰山海会□明惠大师铭记》

　　嗣子寇七，号痛罔极，见星而行，请收灵骨以起塔焉。于时狂寇蚁聚，往回皆经其傍，一无惊畏，将至孝之感欤！③

　　　　　　——阙名《唐故信州怀玉山应天禅院

　　　　　　尼禅大德（善悟）塔铭并叙》

第一则记载了乾符四年（877），明惠大师坚守佛寺，终被贼寇所杀害的

---

① 《资治通鉴》，第8047～8048页。
② 《全唐文补遗》（第七辑），第437页。
③ 《全唐文补遗》（第三辑），第307页。

惨境。第二则写的是善悟大德去世后，尸首无人收拾，最后是其嗣子冒着
生命危险闯过贼寇驻地，才将其遗骨收回，得以安葬的。乱世兵燹的艰危
时代，佛教徒时时刻刻都有性命之忧，甚而至于有死后尸身被弃，无人打
理的境地。

　　"会昌法难"加之唐末危艰时局，一方面致使那些依附于中央政权的
佛教教派很快衰落，唐代佛教经院派的繁荣时代一去无返；另一方面动荡
时局也让佛教徒们做出了"识时务"的应变之举，唐末几家著名的禅宗
门派，如沩仰宗、临济宗、云门宗等，就是适应了险恶的生存环境而逐步
壮大起来的。事实上，这些禅宗门派都意识到乱世争取地方军政势力保护
的重要性，他们无一例外都在地方政权的庇护和金钱支持下兴旺壮大起
来。外力保护是法事兴旺的前提，除此以外，禅宗门派还注意到在下层民
众中传教，大力强化禅宗在民间的渗透，这同样也使得禅宗的发展基础深
深根植于社会民众的普遍支持中。事实证明，禅宗各门派在理顺佛门与官
府的关系、协调缁素关系上，走出了一条明智而成功的道路。沩仰宗是率
先走地方路线的宗派。据郑愚《潭州大沩山同庆寺大圆禅师碑铭并序》
记载：

　　　　后湖南观察使故相国裴公休酷好佛事，值宣宗释武宗之禁，固请
　　迎而出之。乘之以己舆，亲为其徒列。①

　　塔铭中记载了会昌三年，笃信佛教的裴休调任潭州刺史兼湖南观察
使，这使潭州一方的佛教得到了极大保护。从铭文中这几句简单的叙述，
我们可以看出，裴休对灵佑禅师非常敬重，用自己的车舆迎请灵佑，还甘
愿执弟子礼，力请灵佑回沩山同庆寺弘法。裴休在潭州刺史任上恰好赶上
武宗归天（846），这让他可以按自己的心愿更好地维护潭州地方的佛教
事业，至唐宣宗大中二年（848），裴休卸任，灵佑的沩山道场多得裴休
的关照。除裴休以外，灵佑还有地方高官李景让支持。李景让在大中元年
至大中八年之间（847~854）出任山南道节度使，检校户部尚书、襄阳

----

　　① 《全唐文》卷八二四，第 8646 页。

州刺史，当时潭州亦在其管辖之内，灵佑晚年所居同庆寺的寺名，就是李景让奏请朝廷赐予的。据《宋高僧传》载："时襄阳连率李景让统摄湘潭，愿预良缘，乃奏请山门号同庆寺。"①

我们基本可以断定，争取达官显宦的鼎力支持是灵佑晚年为沩仰宗的长远发展而设计的外交策略。仍据《宋高僧传》记载，在李景让之后，出任湖南观察使的崔慎由（在大中十一年，官至中书侍郎同平章事），也对灵佑"崇重加礼"②。考查灵佑一生，"会昌法难"让他有过"遽褰首为民，惟恐出"的经历，沩山的道场也于此时未能免于大劫。但吃一堑长一智，痛定思痛的灵佑禅师明智地吸取了教训，在"会昌法难"过后直至其圆寂（即大中七年，853），灵佑都坚持走结交地方官员、寻求外护的路线，这使沩山道场在此后一段时间有了稳定宽松的发展环境，僧人们不再有岌岌可危的生存压迫感，四方学人也踊跃参学，终于成就了沩山禅派在鼎盛时期"僧众果至五百"③的盛况。

道场僧人众多势必带来僧团日常用度如何供给的问题。中唐以前的教派多是依赖皇亲权贵的赏赐，但在经历"安史之乱"、"会昌法难"以及军阀割据混战之后，依靠外援过活明显行不通了，对此灵佑的应变办法是提倡农禅，也就是继承了老师怀海禅师"一日不作，一日不食"的家风。据《祖堂集》记载，"师（大安禅师）头头耕耨，处处劳形，日夜忘疲，未尝辄暇"④。大安禅师是灵佑的高徒，我们从他的日常行为能想见出沩山道场的生活风貌。事实证明，只要有军政势力保证教团的平安处境，这种内部自给自足式的生存模式是非常适应封建乱世环境的。灵佑禅师为了沩仰宗长远之计，选择的对外和对内两条生存路线都很明智。

相类似的还有临济宗的创设。据《临济录·行录》记载，临济宗的开创者义玄禅师，早年曾奉师命去潭州大沩山同庆寺给灵佑送信，并得到灵佑弟子慧寂的接待。沩仰宗的蓬勃气象应该给义玄很大启发，这对他日后开宗立派是有着深远影响的。

① 《宋高僧传》卷十一，第264页。
② 《宋高僧传》卷十一，第264页。
③ 静、筠二禅师：《祖堂集》卷十七，中华书局，2007，第744页。
④ 《祖堂集》卷十七，第744页。

和灵佑一样，义玄也是怀海系的弟子，只是义玄是怀海的再传弟子，在传教过程中他也遵从祖师的"一日不作，一日不食"的家风，以自给自足的方式解决寺院日常开销问题。而在传教地点的选择问题上，义玄非常明确地寻求了河北地方军事强人庇护。他最终去河北镇州传法，根本原因就在于处在武宗禁断佛教期间，统治成德镇的节度使王绍懿，以及相邻的魏博镇节度使何敬弘，都礼敬佛法，敢于公开对抗中央的毁佛诏令。地方军政势力的强势支持，最终坚定了义玄到成德镇治所真定（今河北正定）开创宗派。据延昭《临济慧照禅师塔记》载：

> 适丁兵革，师即弃去……至河府，府主王常侍延以师礼。①

引文中的"府主王常侍"就是成德镇节度使王绍懿。因其礼敬佛法且深具禅思，故而义玄最后选择在成德镇的滹沱河北岸的临济院传教。

毫无疑问，节度使的亲敬给予临济宗强有力的军政保护，终其一生，义玄都十分重视与地方军政要员保持密切的关系。另据《魏州故禅大德奖公塔碑》记载，义玄在去世前的几年，还去过河中府和魏博镇，这两次远行均受到当地节度使的盛邀。

> （存奖）遽闻临济大师已受蒲相蒋公之请，才凝省侍，飞锡而遽及中条，寻获参随。置杯而将渡白马，当道先太尉中令何公，专发使人迎请临济大师。和尚翼从一行，不信宿而至于府下，而乃止于观音寺江西禅院，而得簪裾继踵，道俗连肩。曾未期年，是至迁化。②

上文是义玄高徒存奖禅师的塔铭，记载了在义玄生命的最后几年里，存奖追随其左右的经历。义玄先应河中节度使蒋伸之请去了蒲州（河中府治所，今山西省永济县西的蒲州，文中以"蒲"作为河中府的代称，故称蒋伸为"蒲相"）。在那里做了短暂停留之后，义玄本打算在白马这个地

---

① 《全唐文》卷九二〇，第 9589 页。
② 《全唐文》卷八一三，第 8559 页。

方北归河北，却因受魏博节度使何弘敬的坚请，又去了魏博镇的治所贵乡县，并一直住在那里的观音寺江西禅院，直至圆寂。

延至晚唐五代时期，僧人依靠地方军政长官求取传教利益的事例极多，云门宗的文偃禅师，就是得到南汉国君的顶礼膜拜，才得以在五代乱世中大弘其道的。

> 诏师入见，特恩赐紫。次敕师于本州厅开堂……至戊戌岁，高祖天皇大帝诏师入阙……帝悦云："知师孤戒，朕早钦敬。"宣下授师左右街僧录……翌日，赐内帑香药施利盐货等回山，并加号曰"匡真"。厥后每年频降颁宣，繁不尽记。①
>
> ——雷岳《匡真大师塔铭》

从引文中可知南汉高祖不仅出面确定文偃继任灵树寺住持，还安排他到州府讲法。其后，南汉高祖还时常召见文偃，并给以莫大礼遇。相似的记载还见于陈守中的《大汉韶州云门山大觉禅寺大慈云匡圣宏明大师碑铭并序》：

> 师是时奉诏对扬，便令说法，授以章服。次年，又赐于本州为军民开堂……至戊戌岁，高祖天皇大帝诏师入阙，朝对有容……帝知师洞韫元机，益加钦敬。其日欲授师左右街大僧录，邈孙再三而免。翌日，赐师号曰"匡真大师"。延驻浃旬，赐内帑银绢香药，遣回本院。厥后常注宸衷，频加赐赉。②

南汉刘氏政权三位皇帝都信敬佛教，这无疑为云门宗的传播创造了十分有利的外部环境。文偃于南汉中宗乾和七年（949）去世，死前写了致中宗的遗表，说自己深荷皇恩，"联叨凤诏，累对龙庭，继奉颁宣，重叠庆赐"，中宗则按文偃遗愿，将其遗体封藏在方丈之中，后来又以此为墓塔，并赐以塔额。至南汉大宝六年（963），后主又降敕地方官并派使者

---

① 《唐文拾遗》，《全唐文》，第 10918 页。
② 《全唐文》卷八九二，第 9318 页。

开塔将文偃的遗体迎奉到京，送入宫内，并举行盛大的供养仪式。这些在《大汉韶州云门山大觉禅寺大慈云匡圣宏明大师碑铭并序》中都有明确的记载。

> 寻伏遇中宗文武光圣明孝皇帝缵承鸿业，广布皇风。廓静九围，常敬三宝。复降诏旨，命师入于内殿，供养月余，仍赐六铢衣钱绢香药等，却旋武水，并显赐塔院额曰"瑞云之院""宝光之塔"……圣上（后主）谓近臣曰："此师道果满，坐化多年。今若托梦奏来，必有显现。宜降敕命，指挥韶州都监军府事梁延鄂，同本府官吏，往云门山开塔。如无所坏，则奏闻迎取入京。"①

在具体的禅法主张上，文偃认为佛法就体现在平平常常的日常生活中，解脱之路就在平日的行住坐卧以及各种行事之中，事实上，他常说的"日日是好日""法不远人"，都在讲佛法距离人们的平常生活并不远。对于普通百姓而言，云门宗法无疑有着莫大的吸引力，文偃让民众清楚地感知到佛与众生之间没有不可逾越的鸿沟。因而，不难想见云门宗在民间受欢迎的程度及其日后的兴旺发达了。

纵观佛史，我们发现晚唐禅宗能发展壮大，原因就在于动荡的时局促使禅宗大师们做出了"识时务"的应变之举，沩仰宗、临济宗、云门宗都是适应了险恶的生存环境，他们结交地方军政势力，使本宗兴旺壮大起来。此外，各宗派还注意做到强化禅宗在民间的发展，让禅法变得简单易行，从而获得社会民众的普遍支持。在理顺佛门与官府的关系、协调缁素关系上，晚唐禅宗走出了成功之路。

余论："会昌法难"缘由探微

虽然唐代塔铭中关于僧侣们在"会昌法难"期间遭遇的记载是简略、隐晦的，但这并不妨碍我们从零星的文字记述中感知那个时期僧侣们的真实生存情况，为了躲避官府严苛的毁寺、逐僧政策，他们或藏匿在信众家

---

① 《全唐文》卷八九二，第 9318 ~ 9319 页。

中，或独栖幽岩洞穴，或混迹在渔人樵夫里，或蓄发留须冒充儒者……总
之，为了坚守信念而惶恐度日。

僧侣们所遭受的这一切苦难，其直接原因是唐武宗推行的宗教政策。
史载唐武宗崇信道教，自其即位就贬抑佛教，至会昌五年（845）颁布了
全面毁佛诏令，《资治通鉴》谓：

> 上恶僧尼耗蠹天下，欲去之……先毁山野招提、兰若，敕上都、
> 东都两街各留二寺，每寺留僧三十人；天下节度、观察使治所及同、
> 华、商、汝各留一寺，分为三等：上等留僧二十人，中等留十人，下
> 等五人。余僧及尼并大秦穆护、祆僧皆勒归俗。寺非应留者，立期令
> 所在毁撤，仍遣御史分道督之。财货田产并没官，寺材以葺公廨驿
> 舍，铜像、钟磬以铸钱。①

唐武宗在反佛宰相李德裕的支持下，于会昌五年（845）四月下令
清查天下寺院及僧侣人数。五月，即正式颁布这道诏令，命令长安、洛
阳左右街各留二寺，每寺僧各三十人。天下诸郡各留一寺，寺分三等，
上寺二十人，中寺十人，下寺五人。八月，又令天下诸寺限期拆毁，包
括天下寺庙四千六百余所，兰若（私立的僧居）四万所。拆下来的寺
院材料用来修缮政府廨驿，金银佛像上缴国库，铁像用来铸造农器，铜
像及钟、磬用来铸钱。武宗抑佛、毁佛政策，并不是一时冲动，虽然他
宠信道士赵归真，武宗的政治头脑还是十分清醒的，他非常精明，曾对
宰相李德裕说："……我与之（道士赵归真）言，涤烦尔，至于军国政
事，唯卿等与次第官论，何须问道士？非直一归真，百归真亦不能相
惑。"② 因而，我们认为"会昌法难"绝不是唐武宗受道人蛊惑而率意
为之的。

其实从意识形态上分析，"会昌法难"是唐代多种文化思想相互冲突
撞击的必然结果。综观唐代佛教的发展，虽然佛教曾一度达到鼎盛，但事

---

① 《资治通鉴》，第 8015～8016 页。
② 《旧唐书》卷十八，第 603 页。

实上，限佛、排佛的言论始终不曾停歇。唐初就有傅奕、狄仁杰、辛替否、姚崇等人对佛教的批判；到了唐宪宗元和十四年（819）韩愈上《谏迎佛骨表》，可谓是正统儒家排佛舆论的一次最激烈的表达。这次反佛最后以韩愈被流放潮州而告终，但排佛者长期造成的舆论压力远比佛教获得的暂时胜利深远得多。各种排佛势力，或从思想方面，以儒、道对抗佛教，或从政治、经济利益角度，反对佛教多占社会利养。总之，长久积累的对抗情绪势必有其喷薄发作的时候，在唐宪宗敕迎佛骨之后 26 年，即会昌五年（845）这种反佛的思潮终于全面爆发了。这一年，唐武宗颁布了全面毁佛令，对有唐二百多年来几乎深入民众生活各个角落的佛教，强制取缔，其彻底的程度堪称佛史之最。直接后果便是中国佛教理论创造的黄金时代就此完结了，佛家元气大伤，儒、道两家长久以来积聚的反佛怒火终于在此得以释放。

最后，导致"会昌法难"的根本原因是经济原因。《剑桥中国隋唐史》认为："对佛教之所以肆行迫害，其动机是很复杂的，而最重要的原因为经济方面。"[1] 货币严重短缺一直是困扰唐王朝的经济难题，即便是在开元盛世，这一问题也非常棘手，以至当时的著名宰相张九龄曾建议唐玄宗允许民间私铸货币。[2] 到了中唐，财政的拮据状况丝毫没有改善，可是与国家的财政状况相反，佛教寺院集团却日益富足。寺院数百年来积累的财富不仅限于光彩夺目的金、银、铜制的圣像等，而且，较大的寺院还拥有土地（通常称为"寺庄"），它们大部分还都是免税的。我们可以从一些塔铭的记述中约略感知高僧及其僧团的富庶程度。

> 是故闻者斯来，得者斯止，自南自北，若天若人。或宿将重臣，或贤王爱主，或地连金屋，或家蓄铜山：皆毂击肩摩，陆聚水咽，花苾拂日，玉帛盈庭。[3]
>
> ——李邕《大照禅师塔铭》

---

[1]　崔瑞德：《剑桥中国隋唐史》，中国社会科学出版社，1990，第 612~613 页。
[2]　详见张九龄《敕议放私铸钱》，刘斯翰校注《曲江集》，广东人民出版社，1986，第 404 页。
[3]　《全唐文》卷二六二，第 2659 页。

这是大文豪李邕给北宗大师普寂写的塔铭，其中就谈及"宿将重臣""贤王爱主"礼拜普寂，并施舍给他"玉帛盈庭"的巨额财富。此外，一些考古发现，如法门寺地宫出土的那些美轮美奂的金银器等，也向世人昭示出当时佛家的富庶。

实际上，唐代僧徒拥有的那些极其丰润的产业，以及平日的生活享受竟也让一些达官显贵为之唏嘘感叹。狄仁杰就曾说过：

> 今之伽蓝制过宫阙，穷奢极壮，画缋尽工，宝珠瑺于缀饰，环材竭于轮奂……膏腴美业，倍取其多；水碾庄园，数亦非少。[1]
>
> ——《旧唐书·狄仁杰传》

如此数量庞大的贵金属的贮存以及税外田产的大量存在，对严重缺乏货币的国家经济来说是一个巨大的负担。另外，还有更令统治者气愤的是，在"出家"并因而摆脱民政控制之后，僧尼就再也不用付两税法规定的个人税项了，由此也产生了大量的国家税收的流失。唐武宗自己对"会昌灭佛"原因的解释也重在社会经济方面："（佛教）劳人力于土木之工，夺人利于金宝之饰，遗君亲于师资之际，违配偶于戒律之间。坏法害人，无逾此道。且一夫不田，有受其饥者，一妇不蚕，有受其寒者。今天下僧尼，不可胜数，皆待农而食，待蚕而衣。寺宇招提，莫知纪极，皆云构藻饰，僭拟宫居。晋、宋、齐、梁，物力凋瘵，风俗浇诈，莫不由是而致也。"[2] 由此可见，社会经济原因是武宗灭佛的最根本动因。

---

① 《旧唐书》卷八十九，第2893页。
② 《旧唐书》卷十八，第605页。

结　语

　　塔铭是一种应用文，作为写给僧人的墓志铭，塔铭有其实际应用价值。尤其是唐代丧葬风俗发达而导致碑志文写作空前繁盛，受世风影响，僧人的丧葬礼仪也讲究刻制塔铭。这从数量上可以反映出来，现存南北朝时期的塔铭不到 30 篇，而隋唐五代则激增至 400 余篇，创作盛况可谓空前。

　　塔铭作为记述圆寂僧人生平德履，评骘梵行，兼及帝王功德和佛法高妙的应用文，内容上意在阐扬出世间法，同时也因深受世俗价值观念的影响，而呈现出世间法的种种纠结，因而，塔铭的思想具有趋同性。万法皆空、平等无差别以及标立种种方便法门，指引后来者醒悟世间的荒谬，遵从入道的门径，这方面的内容最能体现出塔铭作为涉佛文学的特质。但是，不论造诣多深的作家去撰写塔铭，也不论塔主德行多么崇高，只要生活在尘世间，谁都不可能全然摆脱世俗价值观的影响，佛教的宗门意识折射出世俗血亲传承观念；塔铭中记载的高僧为宗门的长远利益考虑而出入宫廷、结交权贵，也是僧人们名利思维的变相反映；甚至还有的塔铭写得哀伤怅惘，就更显得与佛家的空空观念不搭调了。

　　应用文属性还决定塔铭的结撰也有一定套路。最初的塔铭受墓志铭写作思路影响，基本是先述世系、名字、爵里，之后是表其行治、寿年和卒葬年月。后来的短篇塔铭一直受这种简记式结撰方式的影响，尤其是普通文人的应景之作，往往会套用这个简单的思路，配以骈四俪六的行文风格。另一种结撰方式是柳辩创制的，他在《天台国清寺智者禅师碑文》中奠定了长篇塔铭的写作范式，思路大体是开篇使用宕开法，上要歌颂帝王鸿业，下要铺陈佛法高妙。之后详述塔主生平德业，受到的皇权礼敬，作者用多个情节连缀成文，不厌其烦地渲染塔主的高深莫测、丰德伟绩，以至人物对话、神态细节都一一再现，且行文上讲究丽辞藻饰和隶事用典，骈文间以散句的形式又让句式显得灵活，弥补了满篇骈句造成的审美疲劳。此后的中长篇塔铭，多则洋洋洒洒一两千字，少则千八百字，或华靡雕饰，或壮阔博雅，或磅礴畅达，总之，基本上都没有跳出柳辩的结撰模式。

塔铭属碑志文范畴，写的是死者，却相当于是给生者看的一篇传记。如何让笔下的人物形象生动起来，如何对后来者说教而又不显得枯燥，如何在撰写时不落窠臼，让人觉得耳目一新……这些无疑都是对作家文学写作能力提出了更高要求，由此也使得塔铭具备一定程度的艺术审美性。

中国文学基本上是重功利、重传道与非功利、重形式美两种思想交替发展的过程。散文追求实用、功利目的强，骈文追求形式美、抒情性强，历史上这两种文体经历了相互否定、相互竞争又相互融合发展的过程。隋唐五代三百八十年，塔铭的文体演进始终局限在骈体文与散体文之间。从隋朝柳辩写了第一篇长篇骈体塔铭，至唐德宗贞元年间，塔铭创作有明显的骈化倾向，张说、李邕、李华等人撰写的塔铭使用四六隔句，追求铺张和声韵和谐，但他们也不拘泥于对偶、辞采、声韵、用典等形式，骈中带散，行文很畅达，已经看不到六朝骈文的晦涩难通之病。不过，虽然初盛唐塔铭以骈文为主流，但其实这一阶段也出现了文从字顺的中短篇散体塔铭，独孤及、梁肃的塔铭就一变此前鸿篇巨制、骈四俪六的体貌，开中唐短小精悍、散体行文的先声。从唐德宗贞元年间至唐文宗大和末年，在这不到五十年的时间里，由于一批文学家参与到塔铭的创作中来，使得这一时期塔铭别开生面，最明显的特点就是篇幅大为缩减，以散体文为主，直述其事，追求言事明理、通俗易懂。此后直至五代末年，塔铭继承了此前的两种样式：一则是延续平实晓畅的散体文风，一则是恢复骈体行文、叙事冗长的风格。纵观隋唐五代塔铭序文的发展变化历程，其实与隋唐散文的发展潮流暗自吻合。隋及初盛唐时期，承袭六朝骈文余绪，文人们普遍推崇骈体，讲求文章形式华美。贞元之后，古文运动、新乐府运动蓬勃开展，提出了文章务实切要、言之有物、文从字顺、词必己出的主张，于是促成了散文领域文风为之一变。晚唐五代，文人们已再无改革创新之冲动，取而代之的是蜷缩在既定的狭小圈子中，文学创造力减弱，他们继续了前代已经成熟的散体与骈体塔铭文，无多新变。总体而言，塔铭不论是骈是散，是长是短，重叙事还是偏议论，其实都有可读性，都有文学审美特质。

作为碑志的一种，塔铭自有书学研究价值。有相当多著名书法家书写过塔铭，欧阳询《化度寺故僧邕禅师舍利塔铭》，欧阳通《益州多宝寺道因法师碑文并序》，史惟则《大智禅师碑铭并序》，颜真卿《大唐兴唐寺净善和尚塔铭》，徐浩《东京大敬爱寺大证禅师碑》和《大唐兴善寺大广智不空三藏和尚碑铭并序》，孙藏器《唐故招圣寺大德慧坚禅师碑铭并序》，刘禹锡《袁州萍乡县杨岐山故广禅师碑》，柳公权《唐故左街僧录内供奉三教谈论引驾大德安国寺上座赐紫方袍大达法师玄秘塔碑铭并序》和他篆额的《圭峰禅师碑铭并序》……毫无疑问，这些书法精品是研究唐五代书法特色及嬗变历程的宝贵资料。更为难得的是，还有许多僧人参与到塔铭的书法创作中，其中也不乏精品，楷书如僧智详书《进法师塔铭》（以下均为简称）、季良书《清真残塔铭》、僧无可书《寂照墓碑》；行书如僧温古书《景贤塔记》、僧勤□书《灵运禅师塔铭》、僧元应书《宪超塔铭》、僧元幽书《甄叔禅师塔碑铭》、僧建初书《玄奘塔铭》和《基公塔铭》……僧人的书法造诣很高，但长期以来不为人所知，这是有失允当的。其实，僧人书法所以高妙，最重要的原因在于书学与佛教心学有共通之处，正所谓"书也者，心学也"，书为心画，而佛教追求超然物外，讲究心性明净，极度肯定自心的自由状态与创造力，这便非常契合书法纵容个性气质的自由呈现以及静心、真心的境界。此外，佛教的戒律精神、规范化的生活态度也高度吻合书法（尤其是楷书）的法度意识。最后，也是最关键的原因在于僧人往往有渐修而至顿悟的经历，这与书法从基本功训练直至最终领悟书法真谛的过程是十分相似的。没有漫长岁月孜孜以求的磨炼，不会有灵光乍现的猛然醒悟，在讲究功夫与天然灵性方面，佛学与书学再次契合。

塔铭还是历史文化的见证。隋唐五代有很多高僧塔铭流传下来，天台智者大师——智颉，慈恩之祖——玄奘，禅宗六祖——神秀和慧能，禅宗七祖——神会，密宗高僧——无畏三藏、金刚三藏、不空三藏、一行、惠果，以及晚唐五代禅宗沩山灵佑、临济义玄、云门文偃等，他们的塔铭记叙了高僧的生平际遇，以及和权贵的交往等内容，往往牵扯到人生浮沉、时局变化及其宗派命运，为我们提供相关历史研究的线索和思路。比如智𫖮感人肺腑的临终说法换来了隋炀帝践行总持佛法的承诺，天台宗由此获得了帝室大力支持。玄奘莫名其妙被迁葬以及他异常迟到的塔铭，暗示出其晚境凄凉，慈恩宗极盛而早衰也可从中寻出原因。武则天隆礼神秀，促成了北宗取得在两京弘法的政治支持。"安史之乱"中神会积极售卖度牒帮助政府军筹措军饷，获得了唐肃宗的尊崇，也赢得了皇家此后对南宗禅法的认可。中唐以后，藩镇割据、军阀战乱搅扰几代帝王焦头烂额，在崇佛权臣与宦官的怂恿下，帝王们开始执迷崇拜佛教，玄妙的密宗便在此时大行其道，直至晚唐，帝室对密宗依旧尊崇有加，法门寺地宫的发现再次证明了这一点。面对晚唐社会秩序崩溃，依赖寺产、经籍、圣物的宗派纷纷衰落下去，而禅宗则审时度势，通过依靠地方军政势力和农禅精神，发展出自力更生且群众基础非常好的新型生存之道。

隋唐文化昌明、儒释道多元并存，彼此相互影响、相互吸收、相互改造，但也相互排斥。唐高祖、太宗时的傅奕以儒家伦理道德排斥佛教，武则天时期狄仁杰从经济利养流失角度反对佛教，唐宪宗时韩愈由儒家意识形态激切诋佛，直到唐武宗"会昌法难"，李德裕基于国家财政收益执行灭佛运动，可以说排佛的声音贯穿了唐代政治始终，但佛教并没有被彻底消灭掉。事实上，佛教一直很注意融入中华既有文化传统中，唐代儒释合流、相辅相成、共利苍生已成为社会共识，即便是那些反佛斗士对佛教侵入中国人的精神生活也没有太多敌意，韩愈就曾亲自拜访过大颠和三平和尚。这似乎很矛盾，但却是有深层原因的。士大夫把兼济与独善对接到佛教自修与度人，佛教又明智地支持奉君、孝亲与尊师的伦理纲常，这在基本价值观上让以儒学佛的士大夫们很轻易地就能认可佛教。反过来，佛教又裨补了儒家的缺失，如在哲学、文学、绘画、生活艺术等方面，佛教无疑给中国文化注入了新的滋养。虽然唐代佛教宗派众多，教旨各异，士大夫们接受佛教的渠道不同，与各宗派的亲疏各别，对佛教的理解能力也有高低差距，但总体而言，唐代士大夫对佛教色空、出世的主张，高水平的艺术以及神秘空间的想象等，都有不同程度的接受，以至佛教成为儒家立身处世之外的重要精神寄托。凡此种种，塔铭中都有大量的相关记载。更有意思的是，中国塔铭儒释合流的思想以及具体的写作技巧又东渐至朝鲜半岛，对半岛塔铭创作产生了深远影响。

　　隋唐五代，悠悠三百八十年，塔铭犹如一扇窗口，展现了僧人们的梵行业绩、生平遭遇，也暗示出政局变化、民俗风气、文化潮流，在沟通着人的生与死、社会文化与文学，同时又透视出佛教与政治种种纠葛的众多文体中，塔铭可以说是最具代表性的一种。文学是人学，表现人也反映社会生活，而人性与社会又是复杂的，经过塔铭作者个人认知加工而成的塔铭文，可能也不绝对符合历史实际，但塔铭确实是一个切入角度，它为后世提供了认识时代文学、社会文化、政治、历史的线索，从这个角度说，塔铭是非常有价值的。

参考文献

一　古籍文献

（一）经

[1]（汉）许慎：《说文解字》，北京：中华书局，1963。

[2]（晋）杜预：《春秋经传集解》，上海：上海人民出版社，1977。

[3]（清）阮元校刻《十三经注疏》（中华书局影印本），北京：中华书局，1980。

（二）史

[1]（汉）司马迁：《史记》，北京：中华书局，1959。

[2]（北齐）魏收：《魏书》，北京：中华书局，1974。

[3]（唐）令狐德棻：《周书》，北京：中华书局，1971。

[4]（唐）姚思廉：《陈书》，北京：中华书局，1972。

[5]（唐）魏徵：《隋书》，北京：中华书局，1973。

[6]（唐）李泰等著，贺次君辑校《括地志辑校》，北京：中华书局，1980。

[7]（唐）李林甫等撰，陈仲夫点校《唐六典》，北京：中华书局，2014。

[8]（唐）李吉甫撰，贺次君点校《元和郡县图志》，北京：中华书局，1983。

[9]（五代）刘昫：《旧唐书》，北京：中华书局，1987。

[10]（宋）王溥：《唐会要》，北京：中华书局，1960。

［11］（宋）薛居正：《旧五代史》（点校本二十四史修订本），北京：中华书局，2016。

［12］（宋）欧阳修、宋祁：《新唐书》，北京：中华书局，1987。

［13］（宋）欧阳修：《新五代史》（点校本二十四史修订本），北京：中华书局，2016。

［14］（宋）司马光：《资治通鉴》，北京：中华书局，1956。

［15］（清）吴任臣：《十国春秋》，北京：中华书局，1983。

（三）子

1. 道家、艺术、杂家、类书

［1］（汉）刘向著，王叔岷校笺《列仙传校笺》，北京：中华书局，2007。

［2］（唐）孙过庭著，陈硕评注《书谱》，杭州：浙江人民美术出版社，2012。

［3］（唐）张怀瓘著，石连坤评注《书断》，杭州：浙江人民美术出版社，2012。

［4］（唐）封演撰，赵贞信校注《封氏闻见记校注》，北京：中华书局，2005。

［5］（宋）王谠撰，周勋初校证《唐语林校证》，北京：中华书局，2008。

［6］（明）徐师曾著，罗根泽校点《文体明辨》，北京：人民文学出版社，1962。

［7］（明）王三聘：《古今事物考》，《丛书集成初编》，北京：商务印书馆，1936。

［8］（清）姚鼐纂集，胡士明、李祚唐标校《古文辞类纂》，上海：上海古籍出版社，1998。

［9］（清）刘熙载：《艺概》，上海：上海古籍出版社，1978。

［10］（清）刘熙载著，袁津琥笺释《书概笺释》，北京：中华书局，2018。

［11］（清）叶昌炽撰，柯昌泗评，陈公柔、张明善点校《语石　语石异同评》，北京：中华书局，1994。

［12］朱易安、傅璇琮主编《全宋笔记》，郑州：大象出版社，2003。

［13］赵超：《汉魏南北朝墓志汇编》，天津：天津古籍出版社，2008。

［14］ 郑炳林、郑怡楠：《敦煌碑铭赞辑释》（修订本），上海：上海古籍
出版社，2019。

［15］ 周绍良、赵超：《唐代墓志汇编》，上海：上海古籍出版社，1992。

［16］ 周绍良、赵超：《唐代墓志汇编续集》，上海：上海古籍出版
社，2001。

［17］《历代书法论文选》，上海：上海书画出版社，1979。

［18］《隋唐五代墓志汇编》，天津：天津古籍出版社，1991。

［19］《石刻史料新编》，台北：新文丰出版社，1977。

2. 佛家典籍

［1］（后秦）鸠摩罗什译，王月清注评《金刚经》，南京：江苏古籍出版
社，2001。

［2］（梁）宝唱著，王孺童校注《比丘尼传校注》，北京：中华书
局，2006。

［3］（梁）僧祐撰，李小荣校笺《弘明集校笺》，上海：上海古籍出版
社，2013。

［4］（梁）慧皎撰，汤用彤点校，汤一玄整理《高僧传》，北京：中华书
局，1992。

［5］（唐）道世撰，周叔迦、苏晋仁校注《法苑珠林校注》，北京：中华
书局，2003。

［6］（唐）玄奘译，韩廷杰校释《成唯识论校释》，北京：中华书
局，1998。

［7］（唐）玄奘、辩机著，季羡林等校注《大唐西域记校注》，北京：中
华书局，2000。

［8］（唐）玄奘著，闫小芬、邹同庆、范振国编校《玄奘集编年校注》，
郑州：河南大学出版社，2012。

［9］（唐）慧能著，郭朋校释《坛经校释》，北京：中华书局，1983。

［10］（唐）神会著，杨曾文编校《神会和尚禅话录》，北京：中华书
局，1996。

［11］（唐）道宣撰，郭绍林点校《续高僧传》，北京：中华书局，1992。

［12］（唐）义净著，王邦维校注《大唐西域求法高僧传校注》，北京：

中华书局，1988。

[13]（唐）窥基撰，梅德愚校释《因明大疏校释》，北京：中华书局，2013。

[14]（唐）慧立、彦悰著，孙毓棠、谢方点校《大慈恩寺三藏法师传》，北京：中华书局，2000。

[15]〔日〕真人元开著，汪向荣校注《唐大和上东征传》，北京：中华书局，2000。

[16]（唐）神清撰，富世平校注《北山录校注》，北京：中华书局，2014。

[17]（唐）宗密撰，邱高兴校释《禅源诸诠集都序》，郑州：中州古籍出版社，2008。

[18]〔日〕圆仁著，白化文、李鼎霞、徐德楠校注《入唐求法巡礼行记校注》，北京：中华书局，2019。

[19]（唐）张彦远辑，范祥雍点校《法书要录》，北京：人民美术出版社，1984。

[20]（南唐）静、筠二禅师撰，孙昌武、〔日〕西口芳男、〔日〕衣川贤次点校《祖堂集》，北京：中华书局，2007。

[21]（宋）赞宁撰，范祥雍点校《宋高僧传》，北京：中华书局，1987。

[22]（宋）赞宁撰，富世平校注《大宋僧史略校注》，北京：中华书局，2015。

[23]（宋）道诚撰，富世平校注《释氏要览校注》，北京：中华书局，2014。

[24]（宋）志磐撰，道法校注《佛祖统纪校注》，上海：上海古籍出版社，2012。

[25]（宋）普济著，苏渊雷点校《五灯会元》，北京：中华书局，1984。

[26]（宋）赜藏集，萧楚父、吕有祥、蔡兆华点校《古尊宿语录》，北京：中华书局，1994。

[27]（明）智旭撰，丁海波点校《净土十要》，北京：中华书局，2015。

[28]陈林译注《无量寿经》，北京：中华书局，2010。

[29]大正一切经刊行会编《大正新修大藏经》，台北：新文丰出版公司，1983。

[30] 刘鹿鸣译注《金光明经》，北京：中华书局，2010。

[31] 赖永海、高永旺译注《维摩诘经》，北京：中华书局，2010。

[32] 徐自强主编《中国历代禅师传记资料汇编》，全国图书馆文献缩微
复制中心，1994。

（四）集

[1]（齐）刘勰著，周振甫注《文心雕龙注释》，北京：人民文学出版
社，1981。

[2]（唐）张九龄著，刘斯翰校注《曲江集》，广州：广东人民出版
社，1986。

[3]（唐）刘禹锡著，陶敏、陶红雨校注《刘禹锡全集编年校注》，长沙：
岳麓书社，2003。

[4]（清）彭定求辑，中华书局编辑部点校《全唐诗》（增订本），北京：
中华书局，2005。

[5]（清）董诰：《全唐文》，北京：中华书局，1983。

[6]（清）严可均：《全晋文》，北京：商务印书馆，1999。

[7]（清）严可均：《全宋文》，北京：商务印书馆，1999。

[8]（清）严可均：《全梁文》，北京：商务印书馆，1999。

[9]（清）严可均：《全齐文 全陈文》，北京：商务印书馆，1999。

[10]（清）严可均：《全后魏文》，北京：商务印书馆，1999。

[11]（清）严可均：《全北齐文 先后周文》，北京：商务出版社，1999。

[12]（清）严可均：《全隋文 先唐文》，北京：商务出版社，1999。

[13]（清）陈鸿墀辑《全唐文纪事》，上海：中华书局上海编辑
所，1959。

[14] 陈尚君编《全唐文补编》，北京：中华书局，2005。

[15] 吴钢主编《全唐文补遗》（第一至九辑），西安：三秦出版社，1994～
2007。

[16] 吴钢主编《全唐文补遗》（千唐志斋新藏专辑），西安：三秦出版
社，2006。

[17] 曾枣庄主编《全宋文》，上海：上海辞书出版社，2006。

[18] 王水照编《历代文话》，上海：复旦大学出版社，2007。

二 现当代论著

[1] 常乃惠：《中国思想小史》，上海：上海古籍出版社，2005。

[2] 岑仲勉：《隋唐史》，北京：中华书局，1982。

[3] 岑仲勉：《金石论丛》，上海：上海古籍出版社，1981。

[4] 陈望衡：《中国美学史》，北京：人民出版社，2005。

[5] 陈寅恪：《唐代政治史述论稿》，北京：上海三联书店，2015。

[6] 陈垣：《中国佛教史籍概论》，上海：上海书店出版社，2001。

[7] 陈垣：《释氏疑年录》，北京：中华书局，1964。

[8] 陈垣：《清初僧诤记》，北京：中华书局，1962。

[9] 陈允吉：《古典文学佛教溯缘十论》，上海：复旦大学出版社，2002。

[10] 褚斌杰：《中国古代文体概论》，北京：北京大学出版社，1984。

[11] 杜继文、魏道儒：《中国禅宗通史》，南京：江苏人民出版社，2007。

[12] 方立天：《中国佛教与传统文化》，北京：中国人民大学出版社，2010。

[13] 葛兆光：《中国禅思想史——从六世纪到十世纪》（增订本），上海：上海古籍出版社，2008。

[14] 葛兆光：《中国思想史》，上海：复旦大学出版社，2001。

[15] 葛兆光：《中国宗教与文学论集》，北京：清华大学出版社，1998。

[16] 龚隽：《禅史钩沉：以问题为中心的思想史论述》，北京：生活·读书·新知三联书店，2006。

[17] 顾祖钊：《文学原理新释》，北京：人民文学出版社，2000。

[18] 郭预衡：《中国散文史》，上海：上海古籍出版社，1993。

[19] 郭绍林：《唐代士大夫与佛教》，西安：三秦出版社，2006。

[20] 何劲松：《韩国佛教史》，北京：社会科学文献出版社，2008。

[21] 侯外庐：《中国思想通史》（第四卷），北京：人民出版社，1957。

[22] 胡适：《中国中古思想小史》，台北：胡适纪念馆，1969。

[23] 黄忏华：《佛学概论》，扬州：广陵书社，2009。

[24] 黄永年：《唐史史料学》，北京：中华书局，2015。

[25] 黄宗羲：《认识书法艺术》，台北：台湾艺术教育馆，1997。

[26] 蒋维乔：《中国佛教史》，上海：上海古籍出版社，2004。

［27］赖永海：《中国佛教文化论》，北京：中国人民大学出版社，2007。

［28］李斌城：《唐代文化》，北京：中国社会科学出版社，2002。

［29］李明权：《佛门典故》，上海：汉语大词典出版社，2006。

［30］李四龙：《中国佛教与民间社会》，郑州：大象出版社，2009。

［31］李小荣：《晋唐佛教文学史》，北京：人民出版社，2017。

［32］李泽厚：《美的历程》，北京：文物出版社，1981。

［33］梁启超：《中国佛教研究史》，北京：中国社会科学出版社，2008。

［34］梁漱溟：《中国文化要义》，上海：上海人民出版社，2005。

［35］林语堂：《中国人》，上海：学林出版社，1994。

［36］罗根泽：《中国文学批评史》，北京：商务印书馆，2015。

［37］罗伟国：《经典佛偈解析》，上海：上海书店出版社，2015。

［38］罗哲文：《中国古塔》，北京：文物出版社，1985。

［39］罗宗强：《隋唐五代文学思想史》，北京：中华书局，1999。

［40］吕澂：《中国佛学源流略讲》，北京：中华书局，1979。

［41］麻天祥：《中国禅宗思想发展史》，武汉：武汉大学出版社，2007。

［42］马焯荣：《中国宗教文学史》，北京：中国社会科学出版社，2014。

［43］马宗霍：《书林藻鉴》，北京：文物出版社，1984。

［44］孟宪实：《出土文献与中古史研究》，北京：中华书局，2017。

［45］明旸：《佛法概要》，上海：上海古籍出版社，1998。

［46］牛致功：《唐代碑石与文化研究》，西安：三秦出版社，2002。

［47］潘桂明：《智顗评传》，南京：南京大学出版社，1996。

［48］潘树广、涂小马、黄镇伟主编《中国文学史料学》，上海：华东师
范大学出版社，2012。

［49］钱穆：《国史大纲》，北京：商务印书馆，1996。

［50］钱穆：《论语新解》，北京：生活·读书·新知三联书店，2002。

［51］乔象钟、陈铁民：《唐代文学史》，北京：人民文学出版社，2006。

［52］任继愈：《任继愈禅学论集》，北京：商务印书馆，2005。

［53］任继愈：《中国哲学史》，北京：人民出版社，1964。

［54］施蛰存：《金石丛话》，北京：中华书局，2005。

［55］史念海：《唐代历史地理研究》，北京：中国社会科学出版社，1998。

［56］ 苏渊雷、宋云彬、孙毓修：《玄奘传三种》，上海：上海人民出版
社，2008。

［57］ 孙昌武：《佛教与中国文学》，上海：上海人民出版社，2007。

［58］ 陶敏、李一飞：《隋唐五代文学史料学》，北京：中华书局，2001。

［59］ 汤用彤：《汉魏两晋南北朝佛教史》，武汉：武汉大学出版社，2008。

［60］ 汤用彤：《隋唐佛教史稿》，南京：江苏教育出版社，2007。

［61］ 王树海：《禅魄诗魂》，北京：知识出版社，1999。

［62］ 王治心：《中国宗教思想史大纲》，北京：商务印书馆，2015。

［63］ （清）方若著，王壮弘增补，上海：上海书店出版社，2008。

［64］ 王壮弘：《碑帖鉴别常识》，上海：上海书店出版社，2008。

［65］ 熊十力：《境由心生》，西安：陕西师范大学出版社，2008。

［66］ 徐海容：《唐代碑志文研究》，北京：中华书局，2018。

［67］ 薛国屏编著《中国古今地名对照表》，上海：上海辞书出版
社，2010。

［68］ 薛克翘：《佛教与中国文化》，北京：昆仑出版社，2006。

［69］ 严耕望：《唐史研究丛稿》，香港：新亚研究所，1969。

［70］ 杨伯峻译注《孟子译注》，北京：中华书局，1960。

［71］ 杨文会著，万钧注《佛教宗派详注》，扬州：广陵书社，2008。

［72］ 杨曾文：《唐五代禅宗史》，北京：中国社会科学出版社，1995。

［73］ 印顺：《中国禅宗史》，南昌：江西人民出版社，1999。

［74］ 张弓主编《敦煌典籍与唐五代历史》，北京：中国社会科学出版
社，2006。

［75］ 张友鸾：《古译佛经寓言选》，北京：商务印书馆，2015。

［76］ 赵超：《石刻古文字》，北京：文物出版社，2006。

［77］ 赵超：《中国古代石刻概论》（增订本），北京：中华书局，2019。

［78］ 赵贞：《敦煌文献与唐代社会文化研究》，北京：北京师范大学出版
社，2017。

［79］ 周叔迦：《佛教基本知识》，北京：中华书局，2005。

［80］ 朱剑心：《金石学》，杭州：浙江人民美术出版社，2015。

［81］ 陕西省考古研究院、法门寺博物馆、宝鸡市文物局、扶风县博物馆

编著《法门寺考古发掘报告》，北京：文物出版社，2007。

[82] 《中国历史年代简表》，北京：文物出版社，1973。

[83] 中国历史地图集编辑组编辑《中国历史地图集》，北京：中华地图学社，1975。

[84] 〔日〕冢本善隆：《唐中期以来的长安功德使》，《冢本善隆著作集》（第三卷），东京：大东出版社，1974。

[85] 〔英〕崔瑞德编，中国社会科学院历史研究所、西方汉学研究课题组译《剑桥中国隋唐史》，北京：中国社会科学出版社，1990。

[86] 〔美〕爱德华·J.贾吉编《世界十大宗教》，刘鹏辉译，长春：吉林文史出版社，1991。

[87] 〔美〕斯坦利·威斯坦因：《唐代佛教》，张煜译，上海：上海古籍出版社，2015。

[88] 〔荷〕许理和：《佛教征服中国——佛教在中国中古早期的传播与适应》，李四龙、裴勇等译，南京：江苏人民出版社，2017。

[89] 〔美〕包弼德：《斯文——唐宋思想的转型》，刘宁译，南京：江苏人民出版社，2017。

[90] 〔美〕明恩溥：《中国人的素质》，秦悦译，上海：学林出版社，1999。

[91] 〔美〕孙康宜、宇文所安主编《剑桥中国文学史》，上海：生活·读书·新知三联书店，2013。

[92] 〔法〕谢和耐：《中国五——十世纪的寺院经济》，耿昇译，兰州：甘肃人民出版社，1987。

三　论文

[1] 曹旅宁：《读〈道德寺碑〉论杨隋皇室的佛教信仰》，《佛学研究》2000年第00期。

[2] 曹旅宁：《唐代度牒考略》，《陕西师范大学学报》1990年第2期。

[3] 陈景富：《圆测与玄奘、窥基关系小考》，《南亚研究》1994年第3期。

[4] 陈铁民：《王维与僧人的交往》，《文献》1989年第3期。

［5］ 陈允吉：《王维与华严宗诗僧道光》，《复旦大学学报》1981 年第 3 期。

［6］ 陈允吉：《王维与南北宗禅僧关系考略》，《文献》1981 年第 2 期。

［7］ 崔耕：《唐同光禅师塔铭》，《中原文物》1994 年第 1 期。

［8］ 杜斗城、吴通：《隋代独孤皇后与佛教关系述论》，《新疆师范大学学报》2014 年第 3 期。

［9］ 杜寒风：《柳宗元的净土宗天台宗教派观》，《湖南科技学院学报》2005 年第 3 期。

［10］ 樊波：《六朝的书法品评及其三大标准体系》，《中国书法》2019 年第 10 期。

［11］ 冯国栋：《钱谦益塔铭体论略》，《文学遗产》2009 年第 5 期。

［12］ 郭绍虞：《草体在字体演变上的关系》，《学术月刊》1961 年第 12 期。

［13］ 韩金科、王均显：《新发现唐法门寺住持〈惠恭禅师大德之碑〉》，《文博》1991 年第 4 期。

［14］ 韩金科：《法门寺地宫唐密曼荼罗世界全面破译》，《世界宗教研究》1995 年第 3 期。

［15］ 韩理洲、张卫宏：《读〈全隋文〉札记》，《西北大学学报》2007 年第 2 期。

［16］ 韩理洲：《新出土墓碑墓志在唐代文史研究方面的学术价值》，《西北大学学报》1996 年第 3 期。

［17］ 何剑明：《论佛教法眼禅宗的兴盛与南唐国的衰亡》，《学海》2004 年第 5 期。

［18］ 黄德昌：《马祖道一禅学思想探析》，《宗教学研究》2007 年第 1 期。

［19］ 黄清发：《〈唐故禅大德演公塔铭〉真伪考辨》，《文献季刊》2001 年第 2 期。

［20］ 黄盛璋：《关于悟空禅师塔铭主要问题辨证》，《文博》1992 年第 6 期。

［21］ 黄永年：《碑刻学》，《新美术》1999 年第 3 期。

[22] 纪华传:《菩提达摩碑文考释》,《世界宗教研究》2002 年第 4 期。

[23] 李士彪:《汉魏六朝的禁碑与碑文的演变》,《中国典籍与文化》1999 年第 4 期。

[24] 李文生:《论中国佛教禅宗定祖之争》,《敦煌研究》2008 年第 3 期。

[25] 刘素琴:《新罗僧侣对唐代佛教的贡献》,《北京大学学报》1995 年第 1 期。

[26] 刘小平:《〈百丈清规〉与唐代佛教寺院经济变迁》,《江西社会科学》2009 年第 2 期。

[27] 刘泽亮:《黄檗禅学与裴休、李忱》,《湖北大学学报》1997 年第 4 期。

[28] 楼宇烈:《胡适禅宗史研究平议》,《江海学刊》2005 年第 6 期。

[29] 任新来:《试论法门寺地宫文物与唐代佛教密宗的关系》,《文博》1992 年第 4 期。

[30] 施安昌:《观〈化度寺邕禅师舍利塔铭〉敦煌本补记》,《故宫博物院院刊》1996 年第 3 期。

[31] 孙昌武:《唐代"古文运动"与佛教》,《文学遗产》1982 年第 3 期。

[32] 魏承思:《唐代经济与佛教兴衰》,《法音》1988 年第 4 期。

[33] 肖一亭:《萍乡杨歧寺唐碑校勘记》,《江西历史文物》1986 年第 1 期。

[34] 徐文明:《唐衡岳大律师希操考》,《舟山学刊》2000 年第 3 期。

[35] 徐文明:《天台宗玉泉一派的传承》,《佛学研究》1998 年第 7 期。

[36] 徐文明:《禅宗三百丈大师考》,《佛教研究》2000 年第 00 期。

[37] 徐文明:《曹山本寂禅师的禅法思想》,《世界宗教研究》2001 年第 2 期。

[38] 薛龙春:《二王用笔无"提按"》,《中国书法》2019 年第 7 期。

[39] 杨梅:《唐代尼僧与世俗家庭的关系》,《首都师范大学学报》2004 年第 5 期。

[40] 杨兴华:《西安曲江发现唐尼真如塔铭》,《文博》1987 年第 5 期。

［41］杨曾文：《关于〈唐故招圣寺大德慧坚禅师碑〉的补充说明》，《中国社会科学院研究生院学报》1995 年第 4 期。

［42］杨曾文：《〈神会塔铭〉和〈慧坚碑铭〉的注释》，《佛教研究》1998 年第 00 期。

［43］杨曾文：《〈唐同德寺无名和尚塔铭并序〉的发现及其学术价值》，《佛教研究》2000 年第 00 期。

［44］叶树仁：《读〈全唐文〉札记》，《北京师范学院学报》1983 年第 3 期。

［45］雍文昂：《试析书体史的双线脉络与"真草隶篆"的循环》，《艺术学研究》2020 年第 1 期。

［46］俞学明：《梁肃与天台宗——唐代儒释交游的一个范例》，《佛教文化》2005 年第 4 期。

［47］张乃翥、叶万松：《禅宗七祖荷泽大师神会塔铭引论》，《中原文物》1991 年第 4 期。

［48］张乃翥：《洛阳新辑石刻所见唐代中原之佛教》，《中原文物》2008 年第 5 期。

［49］仲威：《化度寺塔铭传世藏本考》，《收藏家》2007 年第 2 期。

［50］周全田：《禅宗文化的悟性》，《安徽大学学报》2005 年第 9 期。

［51］周裕楷：《老僧已死成新塔——略论禅林僧塔之体制及其丧葬文化观念》，《宗教学研究》2013 年第 3 期。

［52］〔日〕田中良昭：《从 P.3913 谈唐代佛教诸派之关系》，《敦煌学辑刊》1992 年第 1、2 期。

［53］〔美〕梅维恒：《哥伦比亚中国文学史》，北京：新星出版社，2016。

［54］Robert J. Krompart，"Review on Study of the Relationship Between the Regional Commanders and the Central Government During the T'ang Dynasty, A. D. 618 – 907. by Shou-nan Wang," *The Journal of Asian Studies*，1971，（3）.

［55］John R. Mcrae，"Buddhism," *The Journal of Asian Studies*，1995，（2）.

［56］Henry Trubner，"Three Important Buddhist Bronzes of the T'ang Dynasty," *Artibus Asian*，1957，（2/3）.

［57］ Philip Hefner， "Theory and Practice： Neural Buddhism， Ethics， and Cultural Captivity，" *Zygon*， 2008， (3).

［58］ Leslie S. ， "Kawamura. Principles of Buddhism，" *Zygon*， 1990， (1).

附　录

隋唐五代僧人塔铭篇目索引①②

《全隋文》中的塔铭

江总：明庆寺尚禅师碑 P117

　　　　建初寺琼法师碑③ P117

柳辩：天台国清寺智者禅师碑文 P134

《全唐文》中的塔铭

李志暕（彭王志暕）：兴圣寺主尼法澄塔铭并序 P1027

李百药：化度寺故僧邕禅师舍利塔铭④ P1446

李　俨：益州多宝寺道因法师碑文并序 P2033

---

①　本文采用的总集版本分别为：《全隋文》（商务印书馆，1999），《全唐文》（中华书局，1983，后附《唐文拾遗》和《唐文续拾》），《全唐文补遗》（1～9 辑）、《全唐文补遗（千唐志斋新藏专辑）》（三秦出版社，1994～2007），《全唐文补编》（中华书局，2005，后附《全唐文再补》《全唐文又再补》），《唐代墓志汇编》（上海古籍出版社，1992），《唐代墓志汇编续集》（上海古籍出版社，2001），《中国历代石刻汇编》（中州古籍出版社，1989）。

②　凡有重出篇目，选其存留字数多者入本索引。

③　江总历梁、陈入隋，卒于开皇十四年（594），他写的这两篇塔铭均未记载禅师卒年，成文时间亦不详，待日后考证，此处姑且入本目录。

④　《敦煌碑铭赞辑释》（修订本）第1555页也收录此文，索引号 P.4510 + S.5791。

张　说：唐玉泉寺大通禅师碑铭并序 P2334

李　邕：大照禅师塔铭 P2657

严挺之：大智禅师碑铭并序 P2841

崔　琪：唐少林寺灵运禅师塔碑 P3080

李适之：大唐蕲州龙兴寺故法现大禅师碑铭 P3091

徐安贞：唐元览法师碑 P3098

毕彦雄：大唐龙兴大德香积寺主净业法师灵塔铭并序 P3107

李　华：故中岳越禅师塔记 P3210

　　　　杭州余姚县龙泉寺故大律师碑 P3233

　　　　衢州龙兴寺故律师体公碑 P3235

　　　　荆州南泉大云寺故兰若和尚碑 P3236

　　　　东都圣善寺无畏三藏碑 P3238

　　　　故左溪大师碑 P3241

　　　　润州天乡寺故大德云禅师碑 P3242

　　　　扬州龙兴寺经律院和尚碑 P3244

　　　　润州鹤林寺故径山大师碑铭 P3246

王　维：大荐福寺大德道光禅师塔铭 P3312

　　　　六祖能禅师碑铭 P3313

　　　　大唐大安国寺故大德净觉师塔铭 P3314

田休光：法藏禅师塔铭并序 P3328

卢　涣：大唐河南府阳翟县善才寺文荡律师塔碑铭并序 P3341

阳伯成：大智禅师碑阴记 P3353

羊　愉：嵩山会善寺故景贤大师身塔石记 P3676

沈兴宗：大唐开元寺故禅师贞和尚塔铭并序 P3709

王　缙：东京大敬爱寺大证禅师碑 P3757

严　郢：大唐兴善寺大广智不空三藏和尚碑铭并序 P3782

独孤及：唐故扬州庆云寺律师一公塔铭并序 P3962

　　　　舒州山谷寺觉寂塔隋故镜智禅师碑铭并序 P3972

　　　　舒州山谷寺上方禅门第三祖璨大师塔铭 P3991

常东名：唐思恒律师志铭 P4042

　　　　唐杭州灵隐山天竺寺故大和尚塔铭并序 P9560

　　　　唐湖州大云寺故禅师瑀公碑铭并序 P9561

　　　　唐苏州东武邱寺律师塔铭并序 P9563

　　　　唐杭州灵隐山天竺寺大德诜法师塔铭并序 P9564

　　　　唐苏州开元寺律和尚坟铭并序 P9564

　　　　苏州支硎山报恩寺大和尚碑 P9565

　　　　唐洞庭山福愿寺律和尚坟塔铭并序 P9567

　至　贤：杨岐山甄叔大师碑铭 P9574

　元　应：兴国寺故大德上座号宪超塔铭并序 P9582

　延　昭：临济慧照禅师塔记① P9588

　虚　受：大唐嵩山少林寺故寺主法华钧大德塔铭 P9598

　守　澄：陕府夏县景福寺故思道和尚重修宝塔铭并序 P9601

　辛　溥：大唐故真空寺尼韦提墓志铭 P9839

　阙　名：道安禅师塔记 P10207

　　　　金光照和尚碑 P10290

　　　　大唐济度寺大比邱尼墓志铭 P10326

　　　　威神寺故思道禅师墓志铭 P10327

　　　　唐故张禅师墓志铭 P10328

　　　　唐故凤光寺俊禅和上墓铭 P10328

　　　　慈润寺故大灵琛禅师煅身塔铭 P10328

　　　　嵩山（阙三字）故大德净藏禅师身塔铭② P10329

　　　　宣化寺故比邱尼坚行禅师塔铭 P10330

　　　　唐崇业寺故大德禅师尼真空塔铭 P10330

　李朝正：重建禅门第一祖菩提达摩大师碑阴文 P10333

　崔仁滫：新罗国故两朝国师教谥朗空大师白月栖云之塔碑铭 P10358

　高丽王王建：高丽国原州灵凤山兴法寺忠湛大师塔铭 P10364

---

① 《全唐文补编》中陈尚君认为此篇为沼和尚撰，沼和尚是临济义玄法嗣，与《全唐文》
　此处所录的延昭并非同一人，延昭是南院守廓的法嗣。具体参见《全唐文补编》，第
　1010 页。

② 《唐文拾遗》，第 10938 页，录为慧云撰，两文可互相参考。

《唐文拾遗》中的塔铭

杜正伦：释法护葬铭 P10530

许敬宗：唐故卧龙寺黄叶和尚墓志铭① P10534

杜　昱：有唐故大智禅师塔铭 P10571

王叔通：唐故了缘和尚灵塔铭并序 P10600

王延昌：大唐兴唐寺净善和尚塔铭② P10624

韦同翊：唐故龙花寺内外临坛大德韦和尚墓志铭并序 P10650

令狐专：唐故上都唐安寺外临坛律大德比邱尼广惠塔铭并序 P10722

崔致远：有唐新罗国故知异山双谿寺教谥真鉴禅师碑铭并序 P10864

　　　　有唐新罗国故两朝国师教谥大朗慧和尚白月葆光之塔碑铭并
　　　　序 P10867

　　　　大唐新罗国故凤严山寺教谥智证大师寂照之塔碑铭并
　　　　序 P10873

雷　岳：匡真大师塔铭 P10917

法　宣：释道庆圹铭 P10927

　　　　释慧颙砖塔铭 P10928

慧　云：嵩山故大德净藏禅师身塔铭并序 P10938

季　良：沙弥尼清真塔碑铭并序 P10939

行　坚：惠光和尚舍利铭记 P10939

□　泌：长安昭成寺尼塔铭 P10961

徐　□：吴越国故僧统慧因普光大师塔铭并序 P10964

阙　名：唐观心寺禅律故尼大德坟前尊胜石幢记 P11057

　　　　大周相州安阳灵泉寺故寺主大德智□师像塔之铭并
　　　　序③ P11064

　　　　大唐相州安阳县大云寺故大德灵慧法师影塔之铭 P11065

　　　　唐故方律师像塔之铭 P11066

---

① 陆增祥《八琼室金石祛伪》认为此篇是伪刻。
② 陆增祥《八琼室金石祛伪》，周绍良《唐代墓志汇编》均认为此篇是伪刻。
③ 《全唐文》第8848页也录有此文，作者于兢。但此处保留文字优于《全唐文》。

《唐文续拾》中的塔铭

《全唐文补遗》中的塔铭

---

① 陆增祥疑为伪作，详见《中国历代石刻汇编》（第十三册），第68页。

---

① 《唐代墓志汇编续集》"贞元 041"，署宋埙撰。

---

① 《敦煌碑铭赞辑释》（修订本）第 69 页也收录此文，题为《沙州报恩寺刘金霞和尚迁神志铭并序》，索引号 P. 3677。

《全唐文补编》中的塔铭

---

① 《敦煌碑铭赞辑释》（修订本）第 292 页也收录此文，索引号 P. 4640。

② 《敦煌碑铭赞辑释》（修订本）第 672 页也收录此文，题为《河西都僧统阴海晏墓志铭
　　并序》，索引号 P. 3720。

③ 杨曾文在《唐五代禅宗史》第九章第一节对该碑有考辨，认为该碑文系伪作。

《唐代墓志汇编》中的塔铭

《唐代墓志续编》中的塔铭

清行寺故大□菩尼智□灰身塔（贞观廿二年七月八日）P43

永徽：

010 光天寺故大比丘尼大智禅师灰身塔（永徽二年十月八日）P61

026 光天寺乞食众故大比丘尼海德禅师灰身塔（永徽五年五月八日）P70

027 圣道寺故大比丘尼明行法师灰身塔（永徽五年七月八日）P71

032 圣道寺故大比丘尼大信法师灰身塔（永徽六年二月八日）P73

037 圣道寺故大比丘尼大善法师灰身塔（永徽六年五月八日）P76

039 圣道寺故大比丘尼□□法师灰身塔（永徽六年七月八日）P77

显庆：

017 寺故大比丘尼妙信法师灰身塔（显庆三年二月八日）P96

019 光天寺故大都维那正信法师灰身塔（显庆三年四月六日）P96

040 圣道寺故大比丘尼修行法师灰身塔（显庆五年二月八日）P109

053 □□都维那慧云法师灰身塔（无年月，疑是高宗时代，暂置显庆后）P117

龙朔：

002 圣道寺故大比丘尼□□法师灰身窣堵□（龙朔元年四月八日）P119

031 圣道寺故大比丘尼道藏灰身塔（龙朔三年十一月廿一日）P138

乾封：

001 圣道寺比丘尼善意灰身支提塔（乾封元年二月三日）P157

009 圣道寺比丘尼善滕灰身塔（乾封二年二月十五日）P163

总章：

002 圣道寺故大比丘尼法思灰身塔（总章元年三月廿八日）P173

上元：

013 圣道寺故比丘尼本行灰身塔（上元三年正月四日）P218

垂拱：

014□明寺故大法师比丘静行灰身塔（垂拱三年二月十五日）P288

永昌：

002 大唐故德业寺亡尼七品墓志（永昌元年二月十四日）P298

《中国历代石刻汇编》中的塔铭

隋代塔铭

阙　名：□静墓志（第九册）P12

阙　名：璨大士塔铭（第九册）P78

阙　名：大融塔记（第九册）P88

阙　名：静证法师塔记（第九册）P95

阙　名：道寂塔记（第九册）P136

阙　名：慈明塔记（第九册）P151

唐代塔铭

阙　名：僧堪塔记（第十一册）P78

阙　名：慧静塔铭（第十一册）P93

阙　名：大智律师塔记（第十一册）P122

阙　名：大云法师塔铭（第十一册）P130

阙　名：道云塔记（第十二册）P25

阙　名：僧朗塔铭（第十九册）P89

阙　名：灵觉塔铭（第二十四册）P73

阙　名：了悟塔铭（第二十七册）P18

阙　名：大德三乘墓志（第二十九册）P24

僧文遄：大德塔铭（第二十九册）P142

阙　名：大僧□法师灰身塔记（第三十四册）P60

阙　名：残塔铭（第三十五册）P56

阙　名：惠光舍利塔铭（第三十六册）P10

学术新发现的塔铭

陈　潭：大唐西崇福寺故侍书僧崇简上人墓志铭并序①

阙　名：唐故安国寺大德卢和上依止弟子尼悟因墓志铭并序②

---

① 详见张乃翥《洛阳新辑石刻所见唐代中原之佛教》，《中原文物》2008 年第 5 期，第 81～93 页。

② 同上。

王　铄：大唐天宫寺岩和尚墓志①

王　谅：大唐皇再从祖姑故宁刹寺比丘尼志弘墓志铭并序②

宋　复：大周西明寺故大德圆测法师舍利塔铭并序

阙　名：大唐大慈恩寺故大德大乘光法师墓志铭③

---

① 详见张乃翥《洛阳新辑石刻所见唐代中原之佛教》，《中原文物》2008 年第 5 期，第 81～93 页。

② 同上。

③ 载于杜玉文《〈唐慈恩寺普光禅师墓志考释〉》，《唐研究》第五卷，第 466 页。另外，此塔铭在台湾中研院历史语言研究所傅斯年图书馆藏拓本，第 01208 号，题目为《唐大慈恩寺故大德大□（乘）光法师墓志》。

后　记

一

关于奶奶，真是千言万语也说不尽，这个家如果没有她的善良与智慧，可能早就不存在了，所以我一定要先写写她老人家。

奶奶1911年生人，与中华民国同岁，一生经历了天翻地覆的变化。她出生在一个非常殷实的地主家庭，当年她的父亲和哥哥们是从老怀德（公主岭市）北迁到四棵树（大安市四棵树乡），经过十多年的拓荒、经商，日子终于红火起来。奶奶说，日子最好的时候家里有十多个伙计，土围子（宅院的院墙）南北长100多米，东西大概80米，四角设有炮台，以防匪患。在南院墙外，我太姥爷种下四棵柳树，后来成为当地的地标，"四棵树乡"的名字沿用至今。

奶奶姓崔，没有名字，后来嫁给我爷爷，就叫李崔氏了。爷爷长得其貌不扬，能娶上地主女儿，是因为他念过12年私塾，博学强记，写得一笔漂亮的小楷，当时在伪满商工会工作，刚参加工作就挣22块大洋，在县城里绝对是高工薪了。我太姥爷认可爷爷的人品，觉得把姑娘嫁过去会过上好日子，就同意了这门亲。

可是奶奶并不知道，爷爷家其实很穷，而且他受的是旧教育，儒家思想渗透到了灵魂深处。爷爷总觉得自己有出息了就要反哺家庭，所以也要求我奶奶恪守妇道，这不但让奶奶多操劳，还让她吃了很多亏。从1932年到1946年的15年里，爷爷和奶奶先后给两个小叔子娶上了媳妇，送小姑子出嫁，给婆婆治病……此外，奶奶还生了七个孩子（不幸夭亡一个），此间花销可想而知，以至于在这人生"最富有"的阶段，他们几乎没攒下什么钱，一大家子始终租房子住。但奶奶无怨无悔，她觉得婆婆一辈子不容易，培养一个儿子有出息了，作为大儿媳妇，她应该付出。

1945 年，我爷爷丢了工作，没了收入。在困顿的时候，他听信了弟弟的主意，用手里仅存的一点现钱购进一批黄米，准备熬糖稀卖钱。然而，在那个惨淡年代，老百姓连基本衣食都难以保证，又有谁会去买糖吃呢？经营不善是必然的。爷爷急得一下子得了黄疸病，只好把塘坊交给弟弟打理。于是《猫和耗子一起藏油》故事的现实版上演了，他弟弟把所有可以偷走的东西全都拿走了，甚至连塘坊的烧柴和大铁锅也没放过。转过头来，他骗我爷爷说资不抵债了，那些东西还不够还清欠款的，贫病交加又胆小怕事的爷爷，无奈之下同意把家里最后的财富——奶奶养的八口肥猪卖掉抵债。辛辛苦苦养了一年的肥猪都被弄走了，奶奶一边掉眼泪，一边央求小叔子能不能帮忙带回一块肉，一块就行，让家里的孩子能再吃一回自己家养的猪肉。多年以后，当真相早已大白，奶奶重提此事，也只是埋怨那个小叔子太绝情，当时没给孩子们拿一块猪肉回来。奶奶的善良也许在当时亲戚的眼里，不过是可欺的"愚蠢"吧。

这个家，彻底破产了。爷爷也没钱治病，大概是天佑善人吧，他的病竟逐渐好了，只是人更瘦弱了。最要命的打击来自精神上的难堪，爷爷由一个受人尊重的"先生"一下子跌入贫病凄苦的困境里，他觉得实在是太丢人了，以至在很长一段时间里他都不好意思出门。但日子总还得过，无奈之下，他决定投奔乡下亲戚去种地。可想而知，他拿笔的手又怎么会用各种农具呢？听老人们讲，爷爷种地的姿势实在可笑，他总是两脚横跨垄沟，双手僵直地拿着锄头，上身随着起落的锄头做前后 70 度左右的前倾弯腰动作，就像油田上的磕头机。糟糕的劳作导致他那几亩地每年都打不出多少粮食，于是，全家八口的生计总要乡下亲戚接济才能勉强维持。

日子异常煎熬。奶奶说，最难的时候是孩子生病了，因为药是肯定买不起的，所以就想着给孩子做一碗热面片，发发汗、补补营养，可家里往往连一碗面都没有，这时候就只得硬着头皮求邻居借给一碗面，等家里有细粮的时候，奶奶总想着要多还邻居一些，她在努力维护着穷人的最后一点儿尊严。还有一个难题就是过去租的房子由于欠了房租，房东便一直催奶奶搬走。后来打听到一处房子，此前租住的人家因为感染霍乱全死了，所以后来再没人愿意住的，于是奶奶就用很少的钱把它租了下来。据我爸爸说，刚住进去的时候，他还见到了盖过那一家死尸的破席子，就在炕上那么随意扔着……

转机出现在1951年的春节。爷爷在农历二十八从乡下背回来半袋高粱米和一小袋绿豆。看着别人家都买些过年的吃食，奶奶不忍心看着六个孩子无助却又十分期盼的眼神，她想到可以生一些绿豆芽给孩子们当青菜吃。

奶奶把绿豆放在一个大泥盆里，每过三两个钟头，她就会给豆芽浇一遍微温的水，四天之后生出来的豆芽白净净、水灵灵的，自家吃不完，奶奶就打发我伯父去街上试着把剩下的十多斤卖掉。伯父很快就回来了，拿回来六七毛钱。原来是一家饭店看中了伯父卖的豆芽，全包下买走了。这让奶奶很兴奋，奶奶粗略算了一下，认定这是个一本万利的买卖（事实上她的计算有误，因为她不认为自己的劳动也是成本）。此后若干年内，纤弱的豆芽成为家里的经济支柱，给这个家带来了生的希望。

奶奶勤劳、聪明、细心、好问，这让她逐渐掌握了自家生豆芽的最佳办法。奶奶不仅因陋就简地把四口大水缸改造成发豆芽神器，还谙熟浇水的间隔时间与温度。奶奶为了不让豆芽缺水，每天晚上都要起来两次去浇水，那时，家里连个暖壶都没有，她每次都是现烧一点温水。爸爸说无数个夜晚，他看着奶奶一个人在昏黄的油灯下，费力地端着泥盆子往那齐胸口高的大缸里倒水，两只被裹脚布摧残过的小脚被迫踮起，身体越发颤巍巍的。诚心尽力是有回报的，奶奶的豆芽始终是县里最受欢迎的，好多饭店都预订她的豆芽。

奶奶没文化，她一生崇拜爷爷，相信知识改变命运，也殷切期望有朝一日孩子们出息了，改变整个家庭的困境。所以当乡下亲戚建议让我伯父放弃学业去农村种地的时候，她老人家毅然决然地拒绝了。日子再苦，她都要孩子多读书。但事实上，同时供六个孩子念书，对于这样的家庭是多么奢侈呀！这也造成她老人家周而复始的愁苦，每到新学期开学，她都必须面对无法同时凑齐六份学费的窘迫，凑足大孩子的高中学费，小孩子的钱就拿不出来了。每到这时候，她总是吃力地挪着那双小脚走很远的路，去孩子们就读的小学和初中请求人家再延期几天。

儿女们的心目中，母亲勤劳、乐观，日子虽然苦，但总有奔头。冬天没有棉鞋，冻僵的脚丫垫在母亲的屁股底下暖一暖，就是人间最大的温暖；半夜读书觉得饿了，就着凉水吃一口母亲做的干咸菜，这世界还是美好的。在父辈的心中，奶奶是家的精神支柱，有她，就有一切。爸爸兄弟姐妹六个，每个人都有自己的励志故事，都干出了一番成绩。1960年以后，随着孩子们一个个考学、工作，家里日子便逐渐好起来了，奶奶苦尽甘来。

在奶奶生命的最后几年，她把残年余力都用在我身上了。那时她已经行动不便，视物模糊，羸弱以至浑身都疼，但她仍旧来长春照看我。爸爸说那年冬天，奶奶强打精神给我做了大大小小八条棉裤，她是怕我尿床、尿裤子，溻了湿裤子会得病，坚持说多做几条棉裤才能应付得过来，而那几条稍大些的棉裤可以留着，等我大的时候再穿。晚上，她担心我踢掉被子着凉，所以就每天等我睡熟以后，用针线把我的被子和褥子的边缘缝合在一起。如果不是毅力，我真无法想象，奶奶那半失明的眼睛是怎么坚持完成这些针线活的。

奶奶一生克己复礼，劳累了一辈子，总怕对不住别人。她似乎已经超越了"忍"与"让"，对于生活的穷与富、苦与乐，总是坦然面对，按照自己的善意去生活。奶奶心契真谛，德泽子孙。

二

真正引领我进入佛教文学领域的是王树海老师。回想当年打算考博的时候，我甚至都不知道自己的学术兴趣何在，那时的思维比较混乱，想过考现代文学、新闻或者古代文学……似乎什么都可以试试，又都很茫然。一次在浏览吉林大学文学院博士招生简章时，我无意间看到王老师的招生方向是佛禅与中国古代文学，将古代的一种文化思想与某时期的文学相结合，搞交叉学科研究，这很有挑战性，但无疑也很有学术前途，我不自觉地被这个方向吸引了。更让我振奋的是，爸爸说他早年跟王老师共过事，只是后来再不曾见过面。爸爸回忆了好些他们年轻时候的事，他不仅肯定王老师的学术功底，认同他的人品，还坚定地告诉我要努力跟王老师学习，将来做出些成绩，不枉费老师教导的苦心。多么不容易，我家两代人跟王老师的交集，真是一种缘分。

跟随王老师读博士的时候，他已年近花甲，由于我对佛教没有太深的理解，他便勤勤恳恳地利用课上和课下的时间来指导我。老师上课经常汗水湿透，一黑板一黑板地给我们写板书；课下，他给我们布置书目，每次都要十几本书。当时我们几个都是半脱产学习，偶尔不能在规定时间里完成阅读任务，不免有些忐忑，但王老师从来不苛责我们，反而安慰我们说："运水搬柴皆是妙道。只要你心在学术，不论你是在读书，抑或是不读，都不妨碍你领悟其中的道理。"他认为读书是个发酵的过程，适当停一停，有助于把问题理解得更深、更透。而且，他还有一种悲天悯人的情怀，总是很同情我们现实的困境，时常宽慰我们说："活在当下，你们必须先好好地生活，然后才能做学问。"而当我们有了一点成绩，王老师会高兴得像个孩子。今年春节前夕，我请他为这本书写序言，出乎意料的是，春节刚过，他就发信息告诉我，说整个春节他都在看我的书稿，越看越欢喜，且已完成了序言的写作。老师是个讲究礼仪传统的人，很在意年节习俗，但他竟把我的书稿看得比过春节还重要，并在这么短的时间里赶完了稿子，此间恩情莫可言表。

我博士毕业已经十余年了，十多年间，王老师对我的指导从未间断，他不惜时间与精力，时常指出我研究中的不足，并不断地向我介绍浩如烟海的中国佛教典籍和相关的研究成果。慈悲的导师，感化着我、指引着我，我甚至觉得如果我不努力，真的无法面对他，自己也不能原谅自己。

三

在我的学术道路上，还有一个人对我影响非常大，那就是我的伯父。伯父一生都在东北师范大学工作，当了一辈子老师，他记忆力之强、分析问题之深、文采之妙、书法之美，起码在我认识的先生里面，是极不寻常的。伯父曾三次去日本访学、讲学，第一次是教育部资助的，后两次都应日本大学的邀请。每次去日本，少不了给外国友人带礼物，他都是自创曲词，并写成书法送人家。

我脑子灵，比起表哥表姐，最得伯父喜爱，他说我是这个家的"千里驹"（写这句话，让我觉得很惭愧）。小时候，我不会写作文，伯父便手把手地教给我。现在想来，他是把文章学乃至文学理论用极浅显的话讲给我听，这也是我小时候特别爱跟他在一起的一个原因，他用很多文学名著当例子，一边给我讲故事，一边分析作家哪里写得好、还可以怎么写。小学、中学直到大学，他给我买了好些书，还给我写了好些范文，直到现在，我还把他给我买的书、写过的文章珍藏在书架里。我必须感谢这一路的写作启发、一路的文学陪伴，最终使我愿意徜徉在文学的国度里。

伯父对我还有一个重大影响，就是他坚定地希望我成为一名大学老师。回想当年研究生毕业的时候，我其实是举棋不定的。当公务员、去媒体做记者还是去学校当老师，那时我都有机会。是伯父言之凿凿地告诉我，工作的直接目的是赚钱养活自己，但最根本的是要符合自己的性情与才智，这样你一辈子才会身心愉悦。我为人太直率、不够圆滑，性情又散淡，所以比较起来，觉得当老师最适合，就这样，我才下定决心去高校当老师的。伯父言行一致，他是这么说的，也用行动鼓励我。记得那是十二月底的一天，天极冷，他特意起了大早给我做了碗热面条，说要为我图个顺顺当当，然后陪我坐了一个多小时的公交车去一所高校面试，回来的时候，他还在指点我试讲环节哪里说得好，哪里欠考虑了。一晃儿，这事将有二十年了，他对我的好，一桩又一桩，我都记在心里。

当老师的最大好处是思维自由，我总有充分的时间去思考自己感兴趣的问题。记得当我选中唐代僧人塔铭作为博士论文的时候，王老师和伯父都认为很好。王老师从专业的角度告诉我这个论题只有零星的研究成果，伯父从文学与文化研究的视角，告诉我这个选题涉及多学科交叉研究，非常符未来学界发展的大方向。后来，我完成了《唐代僧人塔铭研究》博士论文，当时由于急着毕业，文中有好些不成熟的地方，好在我听了伯父的话，当了大学老师，让我毕业后还有时间把这项研究做得更深入一些，这使得我的博士论文最后又有了重生的机会。

四

这本书是在博士论文的基础上深加修改，重新写成的，填补或改动的文字量占到全文的70%，应该说增补力度相当大。

我离国学通还有一定的距离，所以本书一定会有这样那样的不足。首先从文学批评的角度，由于历代文论涉及塔铭的内容比较少，这让我可资借鉴的文学批评不多。其次也是我觉得最遗憾的是，我的文献查找能力太弱了，比如日本、韩国和中国台湾地区的相关论著，我获取的非常有限。另外，与宋、元不同，隋、唐佛教没有粗具梗概的佛教编年体著作，这给梳理佛史人物事迹和宗派承传都带来了难度。我只是尽力到各种文献里寻找所需材料，其中既包括正史、各种高僧传记、文人笔记，也包括后世编纂的各种文章总集、类书等等。由于我没有历史研究的学术经验，所以对相关史料文献的解读也可能并不完全正确，文中涉及到的对隋唐佛史的理解也许只是我目前阶段的认知水平，以后可能还会进一步完善。最后是佛教哲学实在太渊博深奥了，我充其量是个小沙弥级的学生，只能说是略闻皮毛而已，所以书中有关佛学哲理认知层面的问题，也一定存在浅薄以至疏漏之处。

的确，我非常了解这本书的缺点，书中可能错过了一些重要内容，但是我认为，与其拖延下去，让我孤军困顿，不如将之付印，这样更有利于学界同好帮我指正，也许还可以促使其他研究者在这个领域做出更深刻的研究。我觉得于人于己，这都是方便法门。因而，本书保留了详尽的引文和注释，并指出资料的出处，希望这能对其他研究者有所裨益。现在它获得了国家社科基金后期资助，并得以出版，我真心高兴。

我是幸运的。我的父母都爱我，不论生活境遇怎样，我总觉得我精神上是最富有的。小时候，我想养鱼，爸爸就求人给我做了一个一米八十长的大鱼缸子，这在三十多年前是罕见的；我想养鸟，父母为了给鸟最大的自由空间，就任由那些鸟在屋里乱飞，可想而知，这给他们增添了多少不必要的劳动麻烦。不过也不要误会，其实父母从不惯着我，当我整天玩鸽子不务正业，他们竟也会把我最心爱的鸽子送人，就为让我明白玩物丧志的道理。父母教会了我博爱、善良、自由与克制，我永远感激他们。

我更是幸运的。我结识了好多真朋友，他们都是真实的人、纯粹的人。立敏师兄和春侠，与我是同窗之好，算来已经二十年了。毕业后虽然天各一方，平时联系不多，但只要对方有难处，我们彼此都是全力以赴。围绕这部书稿，他们给予我太多帮助了，如果没有他俩的坚定支持与付出，我想我可能连申报这个项目的勇气都没有。还有社会科学文献出版社的任文武老师，在我们还不曾谋面的时候，他就特别认真地给我邮寄各种资料，有很多次，我拆开顺丰文件袋的时候，都是双手合十感谢上苍给我安排了这样好的朋友。还有王玉霞老师和李艳芳老师，一直在我稀里糊涂不知详情的情况下，默默地帮我审校编辑书稿，每当我说到感谢，她们总是说这是正常工作，应该的。其实，天下哪有什么"应该"，只是人的善良与真诚使然罢了。

真的很遗憾、很惭愧，在这里无法悉数列举出这些年来给予我鼓励、爱护和帮助的所有教授、学者与朋友的姓名，他们牺牲了自己的时间与精力帮助我，我希望将来能有机会，让我"鸦有反哺之义"吧。

2022 年春天，长春新冠肺炎疫情形势严峻，一度出现了青菜短缺的生活难题。我气定神闲，自力更生地发起了绿豆芽。其实，不论疫情来与不来，生豆芽都是我家每年的必修课，前些年是爸爸做，近年来我接过了这个活计，不为别的，就是想纪念奶奶。奶奶生豆芽，温度、水量和豆芽粗细，全凭她一双手去感知、去调节，她想让豆芽生得粗，就能粗些；想让豆芽根子短些，就能短些。她的手比我在现代厨房里使用的各种设备都灵，我真心佩服她老人家的悟性，大概也只有将一斤豆子发成九斤豆芽这一个指标上，我还算是及格了吧。真希望奶奶还活着，她应该想不到当年她给做了八条棉裤的小孩，现在竟也会生豆芽了吧。

大地绵延须勤奋，一辈接一辈。

李谷乔

2022 年 4 月 18 日于长春

图书在版编目（CIP）数据

隋唐五代僧人塔铭研究 / 李谷乔著 . -- 北京：社
会科学文献出版社，2022.12
国家社科基金后期资助项目
ISBN 978 - 7 - 5228 - 0332 - 6

Ⅰ. ①隋…　Ⅱ. ①李…　Ⅲ. ①僧侣 - 碑刻 - 研究 - 中
国 - 隋唐时代②僧侣 - 碑刻 - 研究 - 中国 - 五代十国时期
Ⅳ. ①K877.42

中国版本图书馆 CIP 数据核字（2022）第 109803 号

· 国家社科基金后期资助项目 ·
隋唐五代僧人塔铭研究

著　　者 / 李谷乔

出 版 人 / 王利民
组稿编辑 / 任文武
责任编辑 / 王玉霞
责任印制 / 王京美

出　　版 / 社会科学文献出版社·城市和绿色发展分社（010）59367143
　　　　　　地址：北京市北三环中路甲 29 号院华龙大厦　邮编：100029
　　　　　　网址：www.ssap.com.cn
发　　行 / 社会科学文献出版社（010）59367028
印　　装 / 三河市龙林印务有限公司

规　　格 / 开　本：787mm × 1092mm　1/16
　　　　　　印　张：18　字　数：282 千字
版　　次 / 2022 年 12 月第 1 版　2022 年 12 月第 1 次印刷
书　　号 / ISBN 978 - 7 - 5228 - 0332 - 6
定　　价 / 88.00 元

读者服务电话：4008918866